教育部人文社科基金项目结项成果，2011年度，项目批准号：11YJC820046

Criminal Policy

刑事政策运行的社会基础研究

焦俊峰 ◎ 著

·广州·

版权所有　　翻印必究

图书在版编目（CIP）数据

刑事政策运行的社会基础研究/焦俊峰著．—广州：中山大学出版社，2017.8

ISBN 978-7-306-06055-6

Ⅰ．①刑… Ⅱ．①焦… Ⅲ．①刑事政策—研究 Ⅳ．① D914.04

中国版本图书馆 CIP 数据核字 (2017) 第 112100 号

xing shi zheng ce yun xing de she hui ji chu yan jiu

出版人：	徐　劲
策划编辑：	陈　露
责任编辑：	赵爱平
封面设计：	楚芊沅
责任校对：	秦　夏
责任技编：	王宋平
出版发行：	中山大学出版社
电　话：	编辑部 020-84111996，84113349，84111997，84110779
	发行部 020-84111998，84111981，84111160
地　址：	广州市新港西路 135 号
邮　编：	510275　传　真：020-84036565
网　址：	http://www.zsup.com.cn　E-mail：zdcbs@mail.sysu.edu.cn
印刷者：	虎彩印艺股份有限公司
规　格：	787mm×1092mm　1/16　15.5 印张　214 千字
版　次：	2017 年 8 月第 1 版　2017 年 8 月第 1 次印刷
定　价：	46.00 元

如发现本书因印装质量影响阅读，请与出版社发行部联系调换

目录

第一章 刑事政策的运行机制 ·· 1

    第一节 刑事政策运行机制的基本范畴 ······························ 1

        一、刑事政策的概念 ·· 2

        二、刑事政策运行机制的内涵 ·· 5

    第二节 刑事政策运行机制的内容 ···································· 13

        一、刑事政策运行机制的一般原理 ···································· 13

        二、刑事政策的制定 ··· 15

        三、刑事政策的执行 ··· 23

        四、刑事政策的评估 ··· 28

        五、刑事政策的调整 ··· 33

    第三节 影响刑事政策运行的因素 ···································· 35

        一、影响刑事政策制定的因素 ·· 35

        二、影响刑事政策执行的因素 ·· 37

        三、影响形势政策评估的因素 ·· 39

        四、影响刑事政策调整或终结的主要因素 ························· 42

第二章 社会基础：刑事政策运行的基石 ······························ 44

    第一节 社会基础与刑事政策的嵌入 ································ 45

一、社会基础的基本含义 …………………………………… 46
二、社会基础的构成内容 …………………………………… 51
三、刑事政策的社会嵌入性 ………………………………… 57

第二节 国家与社会：刑事政策运行的一个分析框架 ……… 61
一、国家与社会关系的经典理论 …………………………… 61
二、国家与社会关系的对立统一 …………………………… 66
三、国家与社会关系理论和刑事政策的运行过程 ………… 68

第三节 社会治安综合治理：刑事政策运行的一个例证 …… 73
一、提出与确立：对社会基础的依赖 ……………………… 74
二、特征、原则和基本内容：社会基础的具体体现 ……… 76
三、经验与问题：社会基础的羸弱 ………………………… 79
四、体系的重构：对社会力量的充分吸纳 ………………… 83

第三章 社会力量参与刑事政策运行的实践现状 …………… 90

第一节 刑事政策制定中的社会参与 ……………………… 90
一、刑事政策制定过程中的社会参与现状 ………………… 90
二、刑事政策制定过程中社会参与的主要问题 …………… 96
三、刑事政策制定过程中社会参与的影响意义 …………… 98

第二节 刑事政策执行中的社会参与 ……………………… 101
一、犯罪预防中的社会参与 ………………………………… 101
二、刑事诉讼中的社会参与 ………………………………… 105
三、刑罚执行中的社会参与 ………………………………… 112

第三节 刑事政策评估中的社会参与 ……………………… 118
一、刑事政策的评估体系 …………………………………… 118
二、刑事政策评估中社会参与的形式 ……………………… 121
三、社会参与刑事政策评估过程中的问题及成因 ………… 126
四、社会参与刑事政策评估的意义 ………………………… 129

目录

第四节　社区警务：社会力量参与刑事政策的另一种方式 …… 131
- 一、社区警务的概念 ………………………………………… 131
- 二、我国社区警务的运行现状 …………………………… 133
- 三、社区警务对社会力量参与刑事政策运行的影响 …… 137

第四章　社会关联形式的转变与刑事政策运行社会基础的消解
　　　　………………………………………………………… 140

第一节　刑事政策视野下的社会关联及其形式 …………… 140
- 一、社会关联的含义及基本分类 ………………………… 141
- 二、刑事政策视野下的社会关联 ………………………… 143
- 三、当前中国社会关联的具体类型 ……………………… 144
- 四、社会关联主导下的刑事政策运行模式 ……………… 146

第二节　社会关联形式的转变与基层社区的消解 ………… 151
- 一、关联形式的转变与农村基层社会的消解 …………… 152
- 二、关联形式的转变与城市基层社区的变迁 …………… 156
- 三、社会基础的消解对刑事政策运行过程的影响 ……… 167

第三节　社会关联形式的转变与基层社区社会参与的消解 …… 168
- 一、社会关联形式与社会参与 …………………………… 168
- 二、社会关联形式的转变与参与意识的消解 …………… 172
- 三、社会关联形式的转变与参与机制的消解 …………… 176

第五章　制度建设与创新：优化刑事政策运行的社会基础 … 182

第一节　社区的重建与参与意识的增强 …………………… 182
- 一、从"共同体"到"社区"：重建的基础 …………… 183
- 二、社区重建 ……………………………………………… 186
- 三、公众参与意识的增强 ………………………………… 191

第二节　完善社会公众参与刑事政策运行的立法 ………… 195

· 3 ·

一、社会公众参与刑事政策运行的宪法基础 …………………… 195
　　二、社会公众参与刑事政策运行的立法现状和问题 ……… 197
　　三、社会公众参与刑事政策运行的立法建议 ………………… 203
第三节　健全社会公众参与刑事政策运行的机制 ………………… 207
　　一、公众参与机制的含义 ……………………………………… 207
　　二、当前我国社会公众参与刑事政策运行机制存在的问题　210
　　三、社会公众参与机制的健全 ………………………………… 214
第四节　刑事政策运行中社会参与的职业化和专业化建设 …… 219
　　一、职业化和专业化的概念 …………………………………… 219
　　二、职业化和专业化面临的困境 ……………………………… 223
　　三、职业化和专业化建设的途径 ……………………………… 227

参考文献 ……………………………………………………………… 232

第一章 刑事政策的运行机制

一般认为"刑事政策"一词是源于西方的一个概念,是由德国教授费尔巴哈在1803年首次提出的。在相当长的时间里,刑事政策一词常被认为是刑法理论及其实践的同义词。包括费尔巴哈本人也都认为,"刑事政策就是国家据以与犯罪作斗争的惩罚措施的总和。"从这种原始的观点来看,刑事政策就是刑法的另外一种为人们所不熟知的称谓而已,在这种情况下规定一个新的词汇"刑事政策"就显得没有实际意义了。

随着时代的发展与社会的进步,刑事政策的内涵不断地在进行着充实与完善,进而刑事政策与刑法等相分离,形成了一个相对独立的、全新的体系。由于我国刑法体系的原因,"刑事政策"这一概念引入我国的时间并不长,但我国学者对刑事政策的研究却已经非常久远,相关部门对此也越来越重视。因为刑事政策是从刑法中分离出来的,所以刑事政策与刑法有着千丝万缕的联系,甚至可以说,一个国家的刑事政策在一定程度上是可以影响这个国家刑法的价值观的。因此,对于刑事政策的研究非常之必要,而本书也是以此为出发点进行论述的。

第一节 刑事政策运行机制的基本范畴

刑事政策的运行是一个与社会紧密联系的动态系统,其制定、实施及评估都会受到各种社会因素的影响,要想对这个动态系统进行深入剖析,就需要先界定刑事政策的概念、起源和体系。

一、刑事政策的概念

在我国,刑事政策的含义在不同的时期是不尽相同的。在相对较早的时期,我国学者对刑事政策的定义与苏联是相近的。而后,随着社会的进步与发展,国家社会状态和经济状况的不断变化,刑事政策的含义也发生了变化,相比较早时期的定义,引入了权利的概念,同时对刑事政策研究的范围也进行了相应的扩展。

王学沛先生认为:"我国的刑事政策应该定义为:国家专门同犯罪作斗争而制定和运用的策略和手段。"[①] 甘雨沛教授认为:"刑事政策是策略性的强制措施和具体的实践活动","是国家和社会团体对犯罪、犯罪者以及犯罪诸现象,根据以镇压、压制或压抑和预防犯罪为目的的原则,采取有效的有指导意义的活动或措施。"[②] 杨春洗教授认为:"刑事政策是指国家或执政党根据犯罪态势对犯罪行为和犯罪人运用刑罚和有关措施以期有效地实现惩罚和预防犯罪的方略。""我国的刑事政策是我们党和国家为有效地惩罚和预防犯罪,依据我国的犯罪状况和犯罪产生的原因而确定的,对犯罪行为和犯罪人,区别不同情况,运用刑罚或其他处理手段的行为准则和方略。"[③] 王牧教授认为:"在现代文献中,有关刑事政策概念存在两种观点:一种是传统的狭义的观点,另一种是现代的广义的观点。"同时,他分别对狭义与广义的刑事政策进行了定义:"狭义的刑事政策是指国家为了打击和防止犯罪而运用刑事法律武器与犯罪作斗争的各种手段、方法和对策。它涉及的内容主要是刑事立法、司法和司法机关的

---

① 王学沛:《刑事政策学刍议》,载《法学季刊》1987年第4期。
② 甘雨沛:《我国刑法学科学体系中的刑事政策学》,载《社会科学战线》1987年第1期。
③ 杨春洗:《刑事政策论》,北京大学出版社1994年版,第7页、第155页。

刑事政策的运行机制　第一章

刑事惩罚政策。广义的刑事政策是指国家为打击和防止犯罪而与犯罪作斗争的各种手段、方法和对策。它不仅包括以直接防止犯罪为目的的各种刑罚政策,还包括能够间接防止犯罪的有关各种社会政策。这种观点实际上认为,刑事政策包括目的在于一直犯罪的一切活动。在现代文献中,持这种观点的人越来越多,占有主导地位。"① 陈兴良教授在承认现行的广义说与狭义说的前提下对刑事政策的定义提出了自己的观点和看法。他认为,应把建立在对犯罪的社会分析基础之上的对犯罪的社会治理对策称之为宏观的刑事政策;建立在对犯罪人的人身分析基础之上的对犯罪人的人身矫正对策称之为微观刑事政策。陈教授的这一分类观点为刑事政策研究开阔了新视野。在对广义说与狭义说的态度上,他采取在赞成狭义说的同时承认"刑事政策广义说仍有启发意义"的态度,实质上就是一种折中的态度。②周振想教授认为:"我国的刑事政策是党为了指导国家创制与实施刑事法律的活动而制定的政策,是国家机关为进行刑事法律活动而制定的政策,是国家机关进行刑事立法与司法等项活动所遵循的准则。""从内容上看是以指导犯罪的认定与刑罚的适用为出发点,以预防犯罪为归属的。实质上它指的是党为了指导国家同犯罪作斗争而制定的一系列政策。"③何秉松教授主编的《刑事政策学》认为:"所谓刑事政策是指国家基于预防犯罪、控制犯罪以保障自由、维持秩序、实现正义的目的而制定、实施的准则、策略、方针、计划以及具体措施的总称。"④ 张远煌教授认为:"刑事政策是国家基于指导打击及预防犯罪的活动而制定的各种原则的总称,是国家政策体系的有机组成部分。"⑤《刑事法学大辞书》认为:"刑事政策是指根据犯罪变化运用刑罚制度及有关制度,有效地同犯罪作斗争,

---

① 王牧:《犯罪学》,吉林大学出版社1992年版,第379-380页。
② 陈兴良:《刑事政策视野中的刑罚结构调整》,载《法学研究》1998年第6期。
③ 周振想:《论刑事政策》,载《中国人民大学学报》1990年第1期。
④ 何秉松:《刑事政策学》,群众出版社2002年版,第39页。
⑤ 张远煌:《现代犯罪学的基本问题》,中国检察出版社1998年版,第220页。

以期实现抑制和预防犯罪之目的的策略、方针、措施和原则。"①《中国刑事政策和策略问题》认为:"刑事政策和策略,简略来说就是一个国家在同犯罪作斗争中,根据犯罪的实际状况和趋势,运用刑罚和其他一系列抗制犯罪的制度,为达到有效抑制和预防犯罪的目的,所提出的方针、准则、决策和方法等。""目前在我国,刑事政策和策略是党和国家指定的,或者政法机关制定并经党和国家的肯定、推行的运用刑事法律武器同犯罪作斗争的一系列方针、措施、政策、办法的总和。"②严励教授认为,刑事政策是指国家和社会以打击犯罪、预防犯罪、维护稳定的社会秩序为目的而制定的行为规范和行为准则。该观点内涵扩展得比较大。③

从前文总结的我国学者以及相关著作对刑事政策的定义可以看出,我国学者在刑事政策概念上的观点基本上就是西方学者观点的总和,并且在往更长、更复杂的方向上发展,以此来更全面地涵盖刑事政策的内容。这一点,也充分印证了刑事政策这一概念在我国是属于外来引进的概念。综合分析我国刑事政策定义的历史发展历程,针对刑事政策概念,我们可以总结出以下几点结论:

第一,刑事政策的目的越来越明确,即打击犯罪、预防犯罪,其中主要目的是预防犯罪,这是不同时期中外不同学者共同认可的观点。第二,刑事政策的手段越来越多样化。由单一的刑罚手段发展到刑罚与保安处分相互结合的双重手段,再到刑罚手段,最后到非刑罚的、非惩罚性的、非国家的打击与预防犯罪的对策的多样化手段体系。在不同时期,中外学者在刑事政策的手段上的观点存在分歧。第三,刑事政策的主体越来越多元化。手段的日益多样化导致了刑事政策主体的多元化,由单一的实施刑罚权的国家作为主体,发展为国家、社会共同参与的打击与预防犯罪的多元

---

① 杨春洗、高铭暄、马克昌、余叔通:《刑事法学大辞书》,南京大学出版社 1990 年版,第 578 页。
② 肖扬:《中国刑事政策和策略问题》,法律出版社 1996 年版,第 2—3 页。
③ 严励:《刑事政策的概念分析》,载《江苏警官学院学报》2003 年第 3 期。

化主体。不同时期中外学者对此也持不同的意见。第四，刑事政策的对象越来越有针对性。刑事政策打击犯罪和预防犯罪的目的日益明确，同时其手段也日益多元化，那么刑事政策的对象也必然会发生变化。其中，报应主义认为设立刑事政策的目的就是为了惩罚犯罪行为，而目的主义则认为刑事政策的目的是为了教育犯罪人并督促犯罪人改过从而预防犯罪。随着社会防卫思想的不断发展，预防犯罪的范围必然会有所扩大，由犯罪扩展成为"犯罪现象"，即"包括一切不符合规范的犯罪行为或越轨行为"[①]，总的来说就是犯罪、违法行为和越轨行为。在这方面，不同时期不同国家的学者亦有不同看法。

二、刑事政策运行机制的内涵

刑事政策运行机制属于刑事政策的动态机制，而刑事政策的建构机制则属于静态机制，两者属于相对应的概念。刑事政策的建构机制即静态机制，包括刑事政策的内部结构、外部环境、功能以及作用。刑事政策动态机制的运行是以刑事政策的静态机制的建构为前提的，而刑事政策的静态机制建构的目的也是为了运行实施，从而发挥其相应的作用，同时，在运行和实施的过程中发现建构机制的问题，对其进行相应的改造完善，从而使其更好地运行，两者之间相辅相成。因此，对刑事政策的研究必须将动态机制和静态机制，即运行机制和建构机制结合起来进行研究。"为了正确界定刑事政策的本体内部，我们确实需要有意识地在静态的意义上理解刑事政策，并从中发掘刑事政策的内涵、外延等，但是，刑事政策的这种静止只是相对的，运动才是其绝对的本性。刑事政策的过程，也可称之为刑事政策的生命周期，是指刑事政策从产生、发展到终结的历程。刑事政策在过程中存在。只有在过程中，刑事政策才能获得其生命的原动力。研究刑事政策，如果只注意到静态的刑事政策，那么我们就只能了解其局部

---

① 米海伊尔·戴尔玛斯-马蒂：《刑事政策的主要体系》，法律出版社2000年版，第25–26页。

的侧面,只有在过程中理解刑事政策,才能对刑事政策有全面的把握。"①

(一)运行机制的内涵

机制一词来源于自然科学,一般被理解为物理学和机械工程学中的机械装置或机械构造。机制一词最早是源于拉丁语的,过去主要是用于描述自然现象等方面的物理过程或物理学中所谓的机械运动,后来被应用到生理学、心理学、哲学和经济学等多种学科之中。

在对机制的阐述中可以看出,机制这一通用术语的基本含义是指制度加方法或者就是制度化了的方法。它主要包括以下几个含义:第一,机制是经过实践证明的有效且较为固定的方法,是具有相互影响的结构部分;第二,机制本身含有制度因素,要求所有相关人员遵守,并且要按照一定的方式遵守;第三,机制是在各种有效方式、方法的基础上总结和提炼的随时间发生变化的过程;第四,机制一般是依赖各种方式、方法来起作用的,相对运动的性质主要取决于构成部分的数量以及联系或影响方式。

"运行机制"是学术界常用的术语,但如同"社会基础"一样,对其含义学者们并无统一认识。在刑事政策的相关文献中鲜有针对"运行机制"的研究,大部分研究集中在静态的刑事政策体系上,对于刑事政策在实践中是如何运行的则少有提及。在有限的涉及刑事政策运行机制的文献中,学者们也更多地将其看作一种给定的制度安排,而非实际产生抑制犯罪发生效果的运行机制。

(二)刑事政策的制定

有学者提出,刑事政策的运行机制不包括刑事政策制定的环节,刑事政策的制定只是一个前提,因为只有在刑事政策制定出来以后,才可说刑事政策有了生命,才可讨论刑事政策的运行。但笔者认为,刑事政策的运行机制是一整个系统的运作过程,没有刑事政策的制定就没有后面的其他

---

① 侯宏林:《刑事政策的价值分析》,中国政法大学出版社2005年版,第116页。

环节可言,刑事政策的制定相当于刑事政策运行机制这一整个生命体的开始,是刑事政策运行机制的重要环节。

1. 刑事政策制定原则

(1)公正和效率原则。刑事政策的基本要求主要有两点,一是要实现社会公平,二是要追求社会效率。实现社会公平,即要求刑事政策在制定的过程中要兼顾各个阶层,各个方面的利益,在价值确立上亦不可有偏向性。而追求社会效率正是实现社会公平的重要途径。

(2)利益原则。所谓利益原则,就是说,刑事政策的制定必须要反映和表达绝大多数人民的利益并满足绝大多数人的利益,同时对于各种不同的利益,比如国家利益、集体利益和个人利益,长远利益和近期利益等,进行协调和统筹兼顾。

(3)系统原则。所谓系统原则,就是制定刑事政策时必须把刑事政策看作一个相互联系、相互依赖、相互制约的有机整体,把刑事政策的制定过程作为一项系统工程,在纵向上使各层的刑事政策上下一致,在横向上使各方面的刑事政策相互协调。

(4)连续性原则。所谓连续性原则,就是制定刑事政策时必须注意刑事政策发展过程的继承性和连续性,使刑事政策具有稳定性,以保证社会的稳定发展。连续性原则是制定政策、法规的重要原则。

(5)可行性原则。所谓可行性原则,就是在制定刑事政策时要使刑事政策符合事物的规律性,立足于实际,便于相关主体执行,以顺利实现刑事政策的目标。刑事政策只有具备了可行性,才能增强人们的刑事政策意识,调动人们执行刑事政策的积极性,才能有效地规范人们的行动,发挥刑事政策的效力,顺利实现政策法规的目标。

2. 刑事政策制定过程

从程序上讲,刑事政策制定一般包括刑事政策问题界定、目标确立、方案设计、后果预测、方案抉择和合法化等六个相互关联又相互区别的环节。

（三）刑事政策的执行

刑事政策的执行，是刑事政策制定后紧接着进行的一个环节。这个环节的作用就是将刑事政策方案转化为现实，从而实现刑事政策的目标。刑事政策执行过程一般应包括执行准备、组织、实施、控制、考核等具体环节。刑事政策执行对于解决刑事政策问题、实现刑事政策目标具有决定性的意义。

西方学者对公共政策执行提出的分析理论对我们研究刑事政策执行很有借鉴意义，主要包括：（1）组织理论。组织理论认为政策执行的关键是组织问题。（2）行动理论。行动理论认为政策执行中的关键是解释、组织和实施等行为。（3）交易理论。交易理论认为政策执行是各种政治力量站在各自利益的角度上的讨价还价的互动过程。（4）系统理论。系统理论认为政策执行就是政策系统内外能量交换与功能体现以及运行的过程。而美国学者史密斯在1973年发表的《政策执行过程》一文中，首次提出了影响政策执行的"四因素论"，一直受到各国学者的推崇。他认为："理想的政策、执行机构、目标群体、环境因素四者，为政策执行过程中所牵涉的重大因素。"[①] 刑事政策执行的基本原则主要有以下三个：

第一，目标与手段相统一的基本原则。这一原则是刑事政策运行的首要原则，决定着刑事政策运行的方向。刑事政策本身就是一种目的性很强的政策，所以我们所制定的刑事政策都有着很多的目标要去实现，而要实现这一目标，就必须依赖有效的手段，目标与手段是相辅相成、相互促进的。目标引导手段，而手段则促成目标的实现。要实现目标，首先就要求我们的手段具有有效性，但在目标与手段相统一的基本原则下，有效性并不是唯一的要求，它更要求我们的手段处在一些价值观念的约束下，比如：

---

① "四因素论"：（1）理想化的政策，即科学合理的政策方案；（2）执行机构，指负责政策执行的单位；（3）目标群体，即政策对象，是政策的直接影响者；（4）环境因素，包括政治、经济、文化环境中那些影响政策执行和受政策执行影响的因素。

公平公正、文明合法等。而且，在使用手段的过程中，我们也要保证手段的使用时时刻刻是朝着实现目标的方向进行的。

第二，原则性与灵活性相结合的原则。原则性与灵活性相结合，被政策学者认为是政策执行中最基本的原则。在刑事政策的执行中同样也是如此。刑事政策执行中的原则性即指，刑事政策在执行的过程中必须要遵循既定的原则，以保证刑事政策的稳定性，从而维护刑事政策的权威性，进而保障刑事政策朝着既定的目标方向前进。而刑事政策执行中的灵活性则是说，在保证维护刑事政策稳定性、严密性和权威性，保障刑事政策朝着既定的目标方向前进的前提下，在允许的范围内对刑事政策的执行进行一定的调整，因地制宜，结合实际情况，以更好地执行刑事政策，实现刑事政策的目标。同时，我们也要注意，刑事政策执行的原则性和灵活性是并列的，二者之间没有先后之分，相辅相成、共同促进。

第三，监管与执行相同步的原则。我国政策学者在论述对政策执行进行监控的必要性时，指出："由于政策执行者认知的缺陷以及政策制定者与执行者之间存在的利益差别，在政策执行过程中往往会出现程度不同的政策失真，表现为政策表面化、政策扩大化、政策缺损和政策替换。为有效地消除和削弱政策失真，必须建立有效的监督机制。"[①] 在刑事政策执行领域，由于它事关公民的人身权利和民主权利，因而监控更显必要。事实证明，能否对刑事政策的执行进行有效的监控，对于及时发现政策执行中出现的问题，及时对偏离轨道的行为进行纠正，使刑事政策在执行的过程中不断完善，从而更好地实现制定的目标有着决定性的作用。

（四）刑事政策的评估

刑事政策的评估是指，依据一定的标准和程序，运用一定的方式和方法，通过考察刑事政策的制定和执行过程，对刑事政策的效率、效能、效

---

① 李成智：《公共政策》，团结出版社2000年版，第100页。

益以及价值等进行检测和评价,从而判断刑事政策的效果。

刑事政策评估时,最重要、最核心的问题就是评估的标准。而笔者认为,刑事政策评估的标准应当与刑事政策运行的效果密切相关,因为刑事政策的评估就是建立在观察刑事政策运行的效果的基础上的。刑事政策运行的效果,就是刑事政策在运行过程中对相关客体及环境所造成的影响。刑事政策运行的效果分直接效果和间接效果。直接效果就是刑事政策在运行过程中对政策作用的客体或所要解决的问题所产生的效果,而间接效果则是指对政策作用的客体以外的客体或所要解决的问题以外的问题所产生的效果。以"严打"为例,"严打"这一刑事政策运行的直接效果就是社会治安形势直接好转,而其间接效果就是"严打"过后,社会经济状况也相应好转。

一般来说,刑事政策评估有三个标准:

生产力标准。"评估一个国家的政治制度、政治结构和政策是否正确,关键看三条:第一是看国家的政局是否稳定;第二是看能否增进人民的团结,改善人民的生活;第三是看生产力能否得到持续发展。"[①] 刑事政策的实施是为了维护良好的社会秩序,打击和抑制犯罪的发生,为经济社会发展创造良好的环境,从而提高生产力。

效率效益标准。效益就是指一个刑事政策在投入相关资金和资源后所能给人们和社会带来的收益,而效率则是指在一定时间内刑事政策能带来收益的量的多少。评估刑事政策要兼顾效益和效率这两个标准,这样才能既发挥刑事政策的灵活性,又能使其发挥其应有的作用。

公平公正标准。遵循公平公正标准即指在刑事政策运行时要关注其所导致的资源或利益的分配是否公平。

---

① 中共中央文献编辑委员会:《邓小平文选》(第三卷),人民出版社1993年版,第213页。

（五）刑事政策的调整或终结

刑事政策的调整或终结是紧接着刑事政策评估后的运行机制的一个步骤。刑事政策在运行的过程中一直存在着调整或者终结的可能。在对刑事政策进行评估后，根据评估的结果，若针对一些小问题，进行相应的调整就可纠正的就对其进行调整，若出现了一些原则性问题或实质性的问题，通过调整已无法解决问题，那么，此时就只有将这项刑事政策终结。刑事政策的运行就是在这样的过程中不断调整或将不可行的部分去掉，从而保证刑事政策向着正确的方向和目标运行。

刑事政策终结是刑事政策运行过程的最后一个环节，同时，也是刑事政策运行机制的一个有机组成部分。在国外，对公共政策终结的理解，有两种代表性观点：P.德龙认为，公共政策终结是"政府当局对某一项特殊功能、计划、刑事政策或组织，经过审慎评估的过程，而加以结束或终止"，并提出关于公共政策终结障碍的理论框架（termination obstacles），它包括六种障碍：心理上的抵抗；机构的持久性；组织和机构对环境的适应性；反终结的联盟；法律程序上的障碍；终结的高成本。[①] G.D.布鲁尔则认为，政策终结是"政策与计划的调适，但凡政策与计划无法发生功能或已成为多余与过时，甚至不必要时，则将政策与计划予以终止或结束。"[②] 在20世纪70年代，西方的政策学者普遍认为，政策的终结包括两个方面的含义：一个是政策已经无法适应现在的情况，因而被废止；另一个则是政策在多年运行的过程中进行了相应的调整，已经具有一定的稳定性，能够适应未来一段时间的情况并发挥作用，从而上升为法律。

刑事政策的调整和刑事政策的终结有时区分得并不是那么明确。根据刑事政策调整的内容和范围以及刑事政策终结的内容和范围的不同，刑事

---

① Mark R. Daniels, Terminating Programs: An American Political Paradox. Armonk, New York: M. E. Sharp, Inc., 1997, pp. 5-6, 15-40.

② 转引自王传宏、李燕凌编著：《公共政策行为》，中国国际广播出版社2002年版，第321页。

政策的调整或终结大致可以分为以下三种情况：

修改。修改主要就是指对一些小的问题或瑕疵进行改正或调整，其中包括对目标的修改、对手段的修改等。

变更。变更也叫作大调整或者小终结。刑事政策的变更一般包括刑事政策的分解、合并和替代。刑事政策的分解即指，将原来的刑事政策分开成为好几个相互独立、不同的刑事政策，而原来的刑事政策随即作废。刑事政策的合并则是说将几个不同的刑事政策合并为一个刑事政策，而原来的几个刑事政策不再独立运行。而刑事政策的替代则是指，新制定一个刑事政策来代替原来的刑事政策运行，而原来的刑事政策随即作废。这里我们需要注意的是，相对于被分解、合并、替代的原刑事政策而言，新的刑事政策与它并不是完全不同的，它们所针对的应该还是同一个刑事政策问题，只是在一些细节上面有所不同，比如刑事政策手段、方式方法等。

终结。根据前文所述西方政策学者的观点，政策的终结主要有两种情况，笔者认为，此处刑事政策的终结，也应当分为两种情况：一是刑事政策法律上的废止，另一种则是刑事政策的法律化。

首先看刑事政策的废止。一般情况下，刑事政策在执行完毕并达到相应的目标以后，会有相应的部门来对其进行验收，然后，以一种正式的、公开的方式宣布刑事政策的终止，这就是刑事政策法律上的废止。然而，并不是所有的刑事政策都可以做到这样"寿终正寝"，也有一些刑事政策会出现一些失误或错误，导致其不能够继续执行下去，此时就必须将该刑事政策废止。但在这种情况下，相关部门或其他主体并不想向社会公众正式宣布这个终止行为，但在事实上却已经终止了该刑事政策的实施，这种情况就不属于刑事政策法律上的废止，而是事实上的终止。

刑事政策终结的另一种情况就是法律化。此处的法律化也包括两个方面的含义：一个是刑事政策的合法化，一个是狭义的刑事政策法律化。刑事政策的合法化就是指刑事政策在制定、执行、评估、调整以及终结的过程中都必须符合相关法律规定，法律必须贯穿整个运行机制的始终。而狭义的刑事政策法律化则是指，对于某一些具有长期稳定性的、成熟的政策，在经过一段时间的执行和调整之后，可以保证该刑事政策短期内不需要再进行调整而可以持续执行下去、发挥相应的作用并对全局有重大影响，此时，就将该刑事政策上升为法律，使其具有更高的权威性。

第二节 刑事政策运行机制的内容

一、刑事政策运行机制的一般原理

（一）我国学者对刑事政策过程的表述

从刑事政策研究的现有文献中，从政策学原理出发对刑事政策进行研究的，都将刑事政策的制定、执行、调整作为一整个过程体系进行研究。其中，有代表性的有刘仁文博士的《刑事政策初步》，该书将刑事政策的过程分为刑事政策的制定、执行、评估三个阶段或三个环节；而侯宏林博士的《刑事政策的价值分析》一书则将刑事政策的过程分为刑事政策的制定、执行、变动三个阶段，并对刑事政策的过程的一般原理进行了论述。还有一些学者并没有从过程角度论述，而是分别从刑事政策的制定和实施①、刑事政策的制定与执行②等方面进行了论述。在这些论述中，侯宏林博士的分析论证比较符合刑事政策运行发展的规律。但从政策学的原理出发，侯宏林博士将刑事政策评估与调整两个阶段强硬地改造成为刑事政策变动阶段，有违政策学原理，同时也难以指导实践。从多年来我国刑事政策的实践看，由于缺少刑事政策的评估环节，加之我国刑事政策先天科学性也有不足，因而刑事政策的盲目性、随意性较大，难以指导实践。

---

① 杨春洗：《刑事政策论》，北京大学出版社1994年版，第31-58页。
② 卢建平：《刑事政策学》，中国人民大学出版社2007年版，第201-234页。

（二）刑事政策运行机制的表述

从政策本质看，政策是对社会资源的配置，而"刑事政策就是社会公共权威为防控犯罪而对刑事资源进行的配置"。刑事政策运行的过程就是通过刑事政策的规划、制定、实施、评估、调整等活动，对社会的人力、物力、财力、信息、时间等刑事资源予以分配，并在分配过程中根据实际情况适当进行调整的过程。刑事政策运行机制是否科学、合理就取决于对刑事资源分配和调整的科学、合理的程度。

政策运行机制并不是主观臆断的创造，而是一种客观存在。首先，政策运行机制是一个严肃有序的过程，它是一个由制定、执行、评估、调整再到制定、执行、评估、调整的周而复始的过程。然而，这个周而复始的过程并不是无序的、任由其自由发挥的，它有着一定的规则和秩序，并按照这个规则秩序有条理地运行。其次，政策在周而复始的运行过程中也不是毫无变化的，它的循环是一种进化发展的循环。在循环的过程中不断发现问题，不断进行调整，每一个循环的结束都是原来政策的废止，也是一个新的政策的开始。最后，政策运行也是信息、能量在政策系统内外交流的过程。政策的周期性并不意味着政策系统自身的封闭性，相反，具有相当的开放性。实际上，只有在政策系统内外交流信息、互换能量的基础上，政策运行才具有生命力和动力，也才有其真正的政策运行"生命"周期。[①]

美国政策学家C.D.琼斯认为，政策过程是由5个环节11项要素构成的周期运行过程，即：① 问题认定，包括了认知界定、集结、组织等功能活动；② 政策制定，包括方案规划、合法化等功能活动；③ 政策执行；④ 政策评估；⑤ 政策终结。[②] 我国学者刘斌、王春福等认为，政策制定、政策执行、政策评价和政策调整是政策运行过程的几个环节。应该说政策运行过程的以上几个方面是政策运行过程的不同阶段或环节，这几个阶段

---

① 郑传坤：《公共政策学》，法律出版社2001年版，第163页。
② 郑传坤：《公共政策学》，法律出版社2001年版，第162页。

和环节相互联结,构成了政策运行的循环过程。因而,在政策研究中,我们不仅要关注不同的阶段和环节,更应该关注作为一个整体的整个运行机制,以及其运行的规律。但"我国至今缺少对政策法规运行的研究,使得政策法规运行难以得到科学的调控,而出现政策法规大起大落的现象,在相当大程度上阻碍了社会经济的良性循环。探索政策法规运行的规律,加强政策法规运行整体效益的考察,减少其负效益和不合理性,增强其正效益和合理性,将使政策法规对社会经济发展发挥应有的促进作用。"[①] 同样,在刑事政策上我国也存在对运行研究不够的问题,使得刑事政策对预防和控制犯罪明显力不从心。

刑事政策运行机制的建构包括两个方面的内容:一是建立配套完整、运转灵活、科学高效的刑事政策康态机制;二是转换、改造、修复僵化、紊乱、逆反的病态机制,从而将刑事政策的结构、要素逐步发展完善。其中,建立康态机制是刑事政策运行机制的基础,是刑事政策机制正常运转的前提;转换、改造、修复病态机制是刑事政策机制运行的必然要求。

二、刑事政策的制定

刑事政策的制定,顾名思义是指刑事政策的创制和确定,它是由一系列的环节构成的,包括方案选择至其合法化的整个过程。刑事政策的制定是刑事政策运行机制的基础,刑事政策运行机制的一切问题的发生和解决都与刑事政策的制定相关联,可以说刑事政策是刑事政策相关问题的起点和终点。而如何才能使刑事政策的制定过程和制定结果更加科学化是刑事政策的关键问题。由于不同学者的认识视角不同,目前,对于刑事政策制定过程中不同环节的认识也不统一。其中,有代表性的看法是:"刑事政策的制定过程分为刑事政策问题的确认、刑事政策规划与刑事政策合法化

---

① 叶海平、李冬妮:《社会政策与法规》,华东理工大学出版社 2001 年版,第 281 页。

三个环节"①;"依据公共政策理论,理想的公共政策制定过程包括问题界定、目标确立、方案设计、效果预测和方案选择等五个相互关联又相互区别的环节,刑事政策制定也是如此。"②刑事政策制定过程中的一般程序是:发现问题、议程设立、分析问题、确立目的、方案设计、方案论证、方案选择、方案合法化。③从以上三位学者的论述看,三者都比较注重刑事政策在制定过程中的程序化的问题,但也都忽略了刑事政策制定的主体的问题。刑事政策制定实际上是刑事政策制定主体"根据自己所处的条件和环境,在多个可能的行动方案中选取一个符合自己偏好的行动方案的过程"。④曲新久教授的这一分析是正确的,刑事政策制定主要解决"由谁制定(刑事政策制定的主体)""刑事政策制定的标准是什么""依照什么程序制定"或"怎样制定"这三个基本问题。

(一)刑事政策制定的主体

刑事政策制定的主体即社会公共权威。侯宏林博士认为:"社会公共权威是对社会治理拥有权力、负有责任的组织和个人。特别在现代社会,刑罚权被国家垄断,控制甚至预防犯罪的权力都被归于国家、执政党等社会公共权威。因而,只有社会公共权威才拥有组织社会多方面力量进行防控犯罪工作所必需的力量。"⑤照此理解,侯宏林博士的观点为,在我国,社会公共权威主要是指中共中央、全国人大及其常委会、国务院及其各部门、最高司法机关以及党和国家的领导人等。地方国家机关在特定的情况下也可以成为刑事政策的主体。⑥曲新久教授认为,"在我国,公共政策的决策主体主要包括三个系统:执政党系统、权力机关系统、行政机关系

---

① 侯宏林:《刑事政策的价值分析》,中国政法大学出版社2005年版,第121页。
② 卢建平:《刑事政策与刑法》,中国人民公安大学出版社2004年版,第211页。
③ 刘仁文:《刑事政策初步》,中国人民公安大学出版社2004年版,第188-196页。
④ 曲新久:《刑事政策的权力分析》,中国政法大学出版社2002年版,第79页。
⑤ 侯宏林:《刑事政策的价值分析》,中国政法大学出版社2005年版,第122页。
⑥ 侯宏林:《刑事政策的价值分析》,中国政法大学出版社2005年版,第91页。

统。执政党系统处于最高层，执政党的决策具有综合性、根本性和指导性，对于其他系统具有普遍指导意义；国家权力机关系统的决策具有权威性、强制性，它可以将重要的决策转变成法律；行政机关即政府系统的决策具有具体性、补充性。"他认为，决策包括两个层次，即中央集权决策和地方政权分层决策。中央集权决策主要是重大决策和政策执行的领导、督促、指导，较少直接参与政策的执行。地方决策主要是按照中央、省级国家机关的决策，学习、领会上级党政机关的刑事政策精神，根据本地方的特点和实际情况，作出地方性决策。①

我们认为，侯宏林博士和曲新久教授的观点都是正确的。但需要补充的是，刑事政策主体既包括直接参与刑事政策制定的个人、团体或组织，也包括间接参与刑事政策制定的个人、团体或组织。在我国，直接拥有政策决策权的直接主体是政党、立法机关、行政机关、司法机关；间接拥有政策决策权的间接主体是利益团体和公民。在我国社会转型时期和提倡刑事政策制定民主化、科学化的条件下，更应该注重间接拥有决策权的主体对刑事政策制定的作用。

1. 政党

政党，尤其是执政党，是政策制定主体的核心，现代国家的政治统治大都是通过政党政治的途径来实现的，执政党的政策在很大程度上可以视为国家政策。在我国，中国共产党是全国人民的领导核心，它在政策制定（包括刑事政策制定）中起着主导作用。中国共产党所制定的刑事政策具有以下两个特征：① 根本性和全面性。我国实行的是中国共产党领导的多党合作制度，其他各民主党派是参政党而不是在野党，在作出相关决策的时候，并不是中国共产党"一手遮天"，而是所有党派积极讨论，共同决策。这就保证了我国刑事政策在制定和决策的时候有着大量的调查研究以及综合分析作为其背景，同时，中国共产党掌控着一切防控犯罪的刑事资源，把

---

① 曲新久：《刑法的精神与范畴》，中国政法大学出版社 2000 年版，第 80–84 页。

握着防控犯罪的发展动向,这就保证了党所制定的刑事政策的根本性和全面性。② 综合指导性。党的刑事政策的表现形式就是党所制定的方针,所以党的刑事政策不仅包括通过直接手段预防与控制犯罪的方面的问题,也包括从政治、经济、文化方面间接地预防与控制犯罪的方面的问题,因而党的刑事政策具有综合指导性。

在我国,政党的决策主要体现在中共中央的决策。"中共中央是领导机关,又以某一领袖为核心,当然也就是重大决策的领导核心和源泉。"①中共中央的决策主要有两种表现形式:① 中共中央直接发布文件,其中有的是中共中央直接发出的文件,如中共中央关于加强社会治安综合治理的决定;有的是中共中央批转印发的文件,如1981年6月14日中共中央批转印发的《京、津、沪、穗、汉五大城市治安座谈会纪要》,其中明确提出了社会治安综合治理方针和我国"两极化"的刑事政策。② 中央领导同志在有关会议上的报告或在各种场合的正式讲话。"这种报告和讲话,多经过领导人的反复思考或通过集体讨论,是代表领导集体发表意见的,在报告或讲话中提出的重大方针和策略,自然是党和国家的路线、方针和政策的表现。"例如,毛泽东同志在党的七届三中全会上做的《为争取国家财政经济状况的基本好转而斗争》的书面报告中,最早明确提出对反革命分子实行"镇压与宽大相结合的政策,即首恶者必办、胁从者不问、立功者受奖"的政策就是典型的适例之一。②

2. 立法机关

立法机关就是拥有立法权的机关,其主要职能就是制定法律。在我国,立法机关不仅有权制定法律,同时也有权审查或制定许多国家事务中的重大或重要决策,是刑事政策制定主体的主要因素。在我国,立法机关是指全国和地方各级人民代表大会及其常务委员会。全国人民代表大会是我国最高权力机关,享有最高的立法权、最高的任免权、最高的决策权和最高

---

① 曲新久:《刑法的精神与范畴》,中国政法大学出版社2000年版,第80页。
② 马克昌:《中国刑事政策学》,武汉大学出版社1992年版,第80页。

的监督权。在刑事政策制定中，它主要是将中共中央的决策转化为国家的意志，以国家法律的形式体现出来。"在这一意义上讲，人大就是把党的政策法律化。例如，中共中央依据经济犯罪和社会治安形势提出'从重从快'的刑事政策，全国人大常委会便迅速制定并颁布相关的刑事法律：《关于严惩严重破坏经济的犯罪的决定》（1982年）、《关于严惩严重危害社会治安的犯罪分子的决定》（1983年）、《关于迅速审判严重危害社会治安的犯罪分子的程序的决定》（1983年）。这是我国最为重要的刑事政策决策模式，即中共中央提出的重要刑事政策通过立法机关的立法活动转化为国家的法律。"①

3. 行政机关

行政机关即国家权力机关的执行机关。在我国，行政机关是指国务院及地方各级人民政府。国务院即中央人民政府，是最高国家权力机关的执行机关，是最高国家行政机关。行政机关是政策制定主体的重要因素。"行政机关有权根据基本国策制定出具体的政策法规。行政机关制定的政策不仅是多方面、多层次、大量的，而且在时间上要求是迅速及时的。"②行政机关在刑事政策决策中主要有三种形式：① 以国务院与中共中央联合发布文件，如1982年4月13日中共中央、国务院《关于打击经济领域中严重犯罪活动的决定》详细阐述了严惩严重破坏经济犯罪的政策。② 国务院文件，其中有国务院直接发布文件和由国务院转发所属部门文件两种类型。③ 国务院各部门文件，其中有国务院某一部门单独发出的，如1979年12月28日公安部《关于管制、拘役、缓刑、假释、监外执行、监视居住的具体执行办法的通知》；还有国务院某几个部门联合发出的，如1994年2月14日中央社会治安综合治理委员会、公安部、司法部、劳动部、民政部、工商局等联合发出的《关于进一步加强对刑满释放、解除劳教人员安置和帮教工作的意见》。

---

① 曲新久：《刑法的精神与范畴》，中国政法大学出版社2000年版，第81页。
② 刘斌、王春福：《政策科学研究》，人民出版社2000年版，第201页。

4. 司法机关

司法机关是指国家赋予其司法权进行司法活动的一个特定的国家机关。在我国宪法和法律中都将审判机关和检察机关称作司法机关。① 我国司法机关在刑事政策制定中发挥着重要的职能,其表现形式主要有以下几种情况:① 最高人民法院、最高人民检察院根据中共中央提出的政策活动;② 最高人民法院、最高人民检察院与国务院所属部门联合发文将刑事政策具体化;③ 最高人民法院、最高人民检察院与有关部门就刑事政策领域的某方面的问题而作出的决定或意见,以引起各有关部门的重视,形成对某方面问题的刑事政策活动。

5. 利益团体

利益团体是由具有共同的立场、观点和利益的个人组成的,并试图影响政策制定的社会组织。② 利益团体不是刑事政策制定的直接主体,但它对刑事政策的制定有着重要的影响。利益团体可以代表某些利益集团向政府游说、宣传或者制造舆论影响政策制定。在我国,随着市场经济体制的建立和完善,以及利益多元化格局的出现,各种利益团体也将进一步形成和发展,成为一种重要的社会力量,并将对刑事政策的制定产生重要的影响。

6. 公民

"公民是政策制定者的一个重要组成部分,或者说是一种最广泛的间接政策制定者。在现代民主社会中,公民通过各种政治参与途径,去影响和制约政策的制定过程。"③ 在我国当前的社会主义制度下,人民群众是国家的主人,所以在刑事政策的制定过程中他们应当发挥主要的作用。但是,由于过去封建制度的影响,国家一直扮演着刑事政策制定的主要角色,人民只是被动地参与甚至根本不参与,人民在刑事政策制定中的作用是非

---

① 张福森:《社会主义法治理论读本》,人民出版社2002年版,第218-220页。
② 刘斌、王春福:《政策科学研究》,人民出版社2000年版,第200页。
③ 刘斌、王春福:《政策科学研究》,人民出版社2000年版,第201页。

常有限的。但是，刑事政策与人民生活息息相关，人民主动参与刑事政策的制定是未来发展的必然趋势。另外，人民群众对社会生活状况最为了解，人民更多地参与刑事政策的制定能更好地提高刑事政策的实践性和可行性。

（二）刑事政策制定的程序

刑事政策的制定作为刑事政策运行机制的一个重要环节，是运行机制的起点，其制定应当符合一定的程序。要强调的是，我们这里研究的刑事政策的制定程序是指一般情况下刑事政策制定的理论程序，而非实践中刑事政策实际运行时的制定程序。一般情况下刑事政策的制定过程包括发现问题、设立议程、分析问题、确立目标、方案设计、方案论证、方案选择和方案的合法性研究这几个步骤。"刑事政策的制定者首先是要发现和确认社会面临的问题，分析问题的成因以及严重程度并对此作出相应的预测，对一个决策者来说，用一个完整的方案去解决一个错误问题对其机构产生的不良影响，比用较不完整的方案去解决一个正确的问题大得多。"[①] 确实，如果对问题的性质把握不准，把本来很严重的问题当作不严重的问题，或者把本来不严重的问题当作严重的问题，就会使刑事政策决策者对形势作出错误判断，使最终制定出来的刑事政策不符合实际情况。所以，对社会出现的问题的分析是刑事政策制定的第一步，如果第一步出现错误，则后续的步骤都将是错误的。当发现确实需要制定相应的刑事政策时，就需要把问题提上议程。根据问题的性质、大小、影响范围等因素的不同，它将分别被提上不同级别和类别的决策机关。从级别来讲，大至中央，小至乡镇一级，从类别来讲，可以是党委、政府和人大，也可以是政法委、综治委，还可以是公检法司等业务部门，它们均可在其职权的范围内制定相应的政策。一般而言，如果某个问题带有地方局部性，则由地方一级来解

---

① 转引自李成智：《公共政策》，团结出版社2000年版，第83页。

决；如果某个问题带有全国普遍性，则要上升到中央一级来解决。再者，如果某个问题仅牵涉到某一部门，则提到该部门加以讨论即可。如果牵涉到好几个部门甚至更多的部门，则将提到政法委、综治委甚至党委、政府和人大一级来加以解决。在发现问题后，接下来就是将相关的问题提交相关的单位或部门进行分析，所以找对相关的单位或部门也是很重要的。议程设立之后，接下来要做的就是对问题进行全面深入的分析，判明其性质和症结，挖掘其背景和原因，也就是分析问题的步骤。首先，要对问题的性质和严重程度进行准确的诊断，分清轻重缓急，由此确定解决问题的方式、手段及途径。其次，要对产生问题的原因进行剖析，包括主观原因和客观原因、主要原因和次要原因、直接原因和间接原因，等等。只有把原因找准了，才好对症下药，制定相应的解决问题的方案。分析完问题后，相关部门就应该考虑制定刑事政策所欲达到的刑事政策的目标的问题，进入目标确认的阶段。目标确立是刑事政策制定过程中一个非常重要的阶段，因为目标一旦确立下来，就决定了刑事政策的方向，同时也决定了评判刑事政策的标准。目标确立之后，下一步就要着手进行实现目标的方案设计。一般而言，方案设计可分成轮廓设计和细节设计两个步骤。轮廓设计，就是要从不同角度、不同途径提出多种多样的方案设想，它主要包括两个步骤：第一步是根据既定的政策目标，尽可能多地提出相应方案；第二步则是将各方案的轮廓勾画出来。在经过层层筛选，最后选出了合适的轮廓设计之后，就要针对该轮廓进行细节设计。在进行细节设计时要注意深度和广度兼顾，既要全面地覆盖相关的内容，又要对每个内容进行细致深入的规划。方案设计出来之后，即进入方案论证阶段。该阶段的主要内容就是后果预测。刑事政策方案的制定就是为了运行，其后果往往要经过一段时间的运行之后才能出现。为了正确地评估方案，必须对方案的后果进行科学预测。预测内容包括：该方案是否可能达到目标？能在多大程度上达到目标？差距有多大？其执行会否遇到阻力和困难？有多大的阻力和困难？有什么风险？可能产生什么消极后果？如何补救？等等。在预测时，既要考虑到有利的因素和成功的可能，又要考虑到不利的因素和失败的风险，权衡利弊，综合比较，择优而取。当如上几个步骤全部完成之后，最后的步骤就是进行方案的合法性研究。方案的合法性研究主要是考查刑事政策是否同相关的强制性的规范和相应的法规相冲突，如若不冲突就应该将该刑事政策以法定形式予以公布，这是刑事政策的合法化的重要标准。但这并不是刑事政策合法化的唯一标准，针对不同的刑事政策会有不同的合法化的途径，相应机关应该用适宜的方式对刑事政策进行合法化的公布，使之具有相应的公示性，为社会公众所熟知、接受并遵从。

三、刑事政策的执行

（一）刑事政策执行的主体

刑事政策执行主体是指负责执行刑事政策的组织和人员。"刑事政策能否贯彻实施，很大程度上取决于执行主体对政策精神的理解和把握，对政策目标的认同，以及追求政策目标的决心和努力。因此，执行主体自身的素质，如执行组织的层级、自主性、内部凝聚力，执行人员的知识能力、思维水平、职业道德等对刑事政策的执行都会产生非常重要的影响。"[①]

在我国现行政治体制下，刑事政策执行主体主要是政党、人民代表大会、政府、司法机关、国有企事业单位、社会组织以及公民。

1. 政党

政党既是刑事政策的制定者，同时也是刑事政策的执行者。但与刑事政策制定的主体中的政党不同的是，此处的政党是指政党的各级组织，尤其是中央组织以下的各级组织。"这一领导地位和作用也直接体现在一系列具体的刑事政策之中：'综合治理'是在党和政府的统一领导下的综合治理；政法工作的路线是'党领导下的专门机关工作与群众路线相结合'；

---

① 侯宏林：《刑事政策的价值分析》，中国政法大学出版社2005年版，第133页。

'服从和服务于党和国家的中心工作'；'重大案件一定要请示党委'；等等。"① 在我国，政党组织执行政策的手段主要有：一是通过各级党组织坚决执行党的政策；二是通过各级政府的党组织把党的政策转化为各级政府的政策；三是通过领导人大立法，将党的政策转变为国家的法律和地方法规。如"严打"的政策就是通过人大立法转变为国家法律，即"两个决定"（1983年全国人民代表大会常务委员会的《关于严惩严重危害社会治安的犯罪分子的决定》《关于迅速审判严重危害社会治安的犯罪分子的程序的决定》）。

2. 人大

在我国，人大是立法机关也是权力机关。依据宪法规定，各级权力机关监督同级政府、检察机关和法院，这就使人大具有刑事政策执行的权力，而人大对刑事政策执行主要就体现在行使监督权上。《中华人民共和国宪法》规定，各级人民代表大会有权监督同级人民法院的审判活动，但是，这种监督不能构成对人民法院的司法活动的干预。人大不仅可以对法院的工作进行监督，同时也可以对检察机关和行政机关的工作进行监督。在刑事政策领域，人大的主要作用应当是通过审查政府的工作报告、检察机关和执法机关的工作报告，以及专题汇报等形式，就政府、检察机关和执法机关打击、预防犯罪的工作进行审查、督促，以此影响政府、检察机关等的工作安排。

3. 政府

政府组织从两方面扮演着政策执行的角色：一是将政党的刑事政策转化为政府指导的各项政策；二是执行各级政府指导的刑事政策。政府组织从刑事政策的角度可分为两类：一是按国务院所属各部委的工作性质划分，刑事政策执行主要是公安部、司法部、国家安全部、民政部、海关总署及行政监察等部门来进行；二是按地区划分的各级政府在控制和预防犯罪方

---

① 曲新久：《刑法的精神与范畴》，中国政法大学出版社2000年版，第123页。

面执行政策，此时地方政府在刑事政策的执行中应该注意的是要避免地方保护主义的问题。

4. 司法机关

在刑事政策执行中，司法机关处于非常重要的地位。司法机关在执行刑事政策时应该注意的是刑事政策和刑事法律的关系的问题；坚持党的领导和司法机关独立行使检察权、司法权的关系问题。

5. 社会组织

社会组织虽然刚刚起步，党在其中的领导作用决定了大部分社会组织都在执行党和政府的政策。其中，群众自治组织长期在公安机关的指导下工作，在执行刑事政策方面发挥着重要作用。而非营利性组织可以为社会成员提供政府所难以提供的物品——精神安慰、慈善救济、道德教育、纠纷调解等，从而直接或间接地起到预防犯罪的作用。

6. 社会公众

刑事政策主要是由国家机关执行，所以从理论上说，公民个人并不是刑事政策执行的主体。但是在实际刑事政策执行的过程中，公民个人实际上拥有在一定范围内和程度上执行刑事政策的能力，例如公民正当防卫、扭送犯罪分子、举报案件线索、揭发检举犯罪分子等。因而，从这一角度看，公民在实际生活中对刑事政策的执行也是有重要作用的。

（二）刑事政策执行的程序

1. 刑事政策执行的准备阶段

刑事政策执行前的准备阶段，是指刑事政策的执行者为刑事政策的执行而做相关准备工作的阶段，具体包括：

（1）制订执行计划。即根据刑事政策要求，科学地制定出为达到刑事政策目标的具体行动方案。制订执行计划是实现刑事政策目标的必经之路。一般说来，一项刑事政策的推出，往往只是提出实现政策目标的基本方向。要使政策执行顺利进行，就必须在这些基本原则的指导下对总体目标进行拆分,针对每一个小目标做好细节设计,明确工作任务,使执行活动有条不紊地进行。政策执行计划的主要内容是:①分解目标;②明确任务;③规定措施;④规定程序和步骤;⑤调配力量;⑥组织领导。当然,政策执行是一个动态过程,所以执行计划制订好以后也不是一成不变的,也是要根据实际情况进行相应的改动以更好地适应新的情况。

(2)做好组织准备。要有效地执行刑事政策,就必须确定好刑事政策的主体,即相关部门和相关组织。要做好组织落实,首先是要确定执行政策的主管机构及其权责,其次是要在各执行机关中选配精干、高效的执行主管人员和工作人员。在我国,政策执行组织有两种。一种是常规的刑事政策执行组织,主要包括:中央政法委和中央综治委,以及各级地方政法委和综治委;公安部及地方公安机关;最高人民检察院及地方各级人民检察院,最高人民法院及地方各级人民法院;司法行政部门和其他有关行政执法部门。另一种是为了适应实际需要临时组建的刑事政策执行组织,例如,1983年、1996年和2001年"严打"统一行动期间,为贯彻落实"严打"刑事政策,各地都成立了相应的"严打"领导小组和"严打办公室"。①

(3)做好物质准备。物质准备是保证刑事政策顺利进行的经济基础,是必不可少的环节。物质准备即合理地配置与使用人力、物力、财力等刑事政策资源。

(4)注意制度配套。即要注重制度体系建设。包括目标责任制、检查监督制、奖励惩罚制度等,形成较完备的制度体系,以确保刑事政策的执行。

2. 刑事政策执行的实施阶段

实施阶段是刑事政策执行的中心环节,它包括政策的宣传、试点、全面推广三个子环节,同时,在政策实施阶段必须注重整个过程的协调、监督和控制。

---

① 刘仁文:《刑事政策初步》,中国人民公安大学出版社2004年版,第217页。

（1）政策宣传。政策的宣传在政策的执行中具有非常重要的作用。因为一个新的刑事政策在出台以后刚一开始是少有人知的，甚至在执行了一段时间以后都还是没有多少人知道，这就给刑事政策的执行工作带来了很大的阻碍。所以，首先我们要对刑事政策进行宣传，使得刑事政策的执行机构与公民都对刑事政策有着充分和深刻的理解，从而自觉地执行和接受该刑事政策。在政策宣传中，要注意坚持说服教育的原则，要从正面进行细心的引导，避免简单粗暴和强加于人；同时也要注意"因人而异"，根据不同的情况进行不同的宣传引导。

（2）政策试点。政策试点可以提前验证政策的执行，也可以从中获得具有指导意义的执行经验，对整个政策的全面实施有着非常重要的意义。在实践中会有很多涉及全局、关系重大，或者影响因素繁多、风险性很大的刑事政策，如果贸然将他们投入执行会有很大的风险，很有可能会造成不必要的资源损失。这时，政策试点就是一个很好的解决方案。先对其部分进行试点执行，掌握相关情况以后再稳妥地对整个政策进行正式的执行，此时政策的执行也会稳妥很多。政策试点的本身也是一个需要精心准备的政策执行过程。试点的步骤大致包括选点、设计试点方案、完善政策方案、指导政策的普遍执行，解决面上的推广问题。

（3）政策全面推广。这是政策执行中涉及面最广、变量最多，因而也是最为艰难的一个环节，为此应注意具体的执行策略、艺术性，要注意坚持原则性与灵活性相结合，把握重点与解决难点相结合等原则，始终围绕政策目标开展执行工作。

（4）协调、监督和控制。刑事政策执行过程就是对刑事政策资源进行合理配置，从而实现刑事政策目标的过程，因此，必须对执行进行协调、监督和控制，使各级执行机构和执行人员严格按照政策规定开展各项工作，保证执行系统的畅通和高效，使政策落实到位。其中，协调就是指将刑事政策的资源进行合理的调动和配置，使之相互配合，从而高效率地实现政策。监督控制是政策执行过程中的保障机制和保障环节。所谓监督控制，是指在政策执行过程中,政策执行机关和人员依照一定的监控标准和规范,使用适当的监督方法,对相关主体的刑事政策执行行为进行检查、控制、督促和矫正活动的过程。在刑事政策执行领域,由于其事关公民的人身权利和民主权利,因而监控更为必要。对刑事政策的执行过程进行有效的监控和控制,对及时发现和纠正偏离政策目标的行为,保证政策运行朝着正确的方向前进,都起着十分重要的作用。

3. 刑事政策执行的总结阶段

刑事政策执行的总结,即对执行全过程进行回顾、检查,对执行成果进行整理,总结经验教训,落实奖惩措施。在总结中,首先,要注意总结的全面性,也就是从质量和数量上,把政策目标和政策实施的标准、要求同执行情况进行对比,检查执行的效果,查找问题、原因和经验、教训;其次,要对政策执行情况,包括成绩和缺点进行实事求是的评定,作出客观的结论;最后,要从政策执行中总结出经验、教训,以利于发扬成功的经验和吸取失败的教训。①

四、刑事政策的评估

刑事政策评估,也称刑事政策评价,是刑事政策运行过程的重要环节和内容,也是刑事政策运行科学化的重要保障。通过评估,不仅可以判断某项刑事政策的价值,从而决定其延续、调整或终结,而且还能够对刑事政策的各个阶段进行全面的考察和分析,总结经验、吸取教训,为以后的政策实践奠定良好的基础。

(一)刑事政策评估的含义

在政策科学界,"政策评估是一个存在广泛歧义的概念和方法。"②

---

① 刘斌、王春福:《政策科学研究》,人民出版社2000年版,第243页。
② 张国庆:《现代公共政策导论》,北京大学出版社2000年版,第186页。

归纳起来，政策学界有三种主流观点：① 政策方案评估论，认为政策评估主要是对各种各样的政策进行可行性的论证和估价，以供政策方案的优选[①]；② 政策过程评估论，认为政策评估是政策方案科学性、可行性及实施效果的综合评价[②]；③ 政策效果评估论，认为政策评估是对政策实施效果所进行的研究，它包括政策结果评价、政策效益评价和政策效力评价三个方面[③]。从刑事政策运行机制的视角看，刑事政策评估应该是刑事政策运行及其效果的综合论证和评价。据此，所谓刑事政策评估，就是刑事政策评估机构依据一定的标准和程序，运用一定的手段和方法，通过考察刑事政策过程的各个阶段、各个环节，对刑事政策的效率、效益以及价值等进行的检测和评价，从而判断刑事政策的效果。

其概念可以反映出刑事政策评估具有以下的特点：① 刑事政策评估是刑事政策评估机构的一项活动。刑事政策评估机构和人员的素质、评估的标准和程序、评估机制和体制对于刑事政策评估工作都会产生一定的影响。② 刑事政策评估的范围涉及刑事政策运行的全过程。政策要顺利地运行，必然要求政策方案的制定、政策的采纳、政策的调整等都要经过必要的分析评价，因而，政策评价的范围必然要涵盖政策运行的全过程。③ 刑事政策评估的内容是政策运行的效率、效果及影响力。政策评估所关注的重点是政策运行能否实现目标。实现目标的程度以及政策运行的效率、社会影响力等问题，因此，政策评估的对象是政策运行的效果。对于政策效果的评价，主要可以从政策结果评价、政策效率评价和政策影响力评价三个方面着手。政策结果评价，就是对政策运行所产生的结果，即实现政策目标的状况之评价；政策效率评价，就是对政策运行的结果与所消耗的人力、物力、财力、信息、时间等成本资源之间的对比进行分析评价；政策影响力评价，就是对政策运行及其结果对政策所作用的客体以及社会各方面所

---

① 林水波、张世贤：《公共政策》，五南图书出版公司1984年版，第326页。
② 沈承刚：《政策学》，北京经济学院出版社1996年版，第414页。
③ 陈庆云：《公共政策分析》，中国经济出版社1996年版，第255页。

产生的影响力之分析评价。

(二)刑事政策评估的内容

刑事政策的评估内容主要包括以下几个方面：

第一，刑事政策成本评估，即评估刑事政策资源投入与效益产出之间的比例关系。这里的政策成本，包括在整个刑事政策运行过程中所投入的全部刑事政策资源，如人力、物力、财力和时间、风险等。在假定一项刑事政策效益不变的情况下，成本愈小，就说明该项刑事政策愈成功，反之，成本愈大，就说明愈不成功。[①] 例如，荷兰司法部曾做过这样一项评估，他们认为在刑事政策运行的过程中，增加警察力量的资本投入所耗费的资源较多，加强基层预防犯罪措施的资本投入所耗费的资源较少，但是前者在减少犯罪方面所收到的成效甚微，而后者反而能够收到更多的成效。此时，荷兰司法部就是进行了一个刑事政策成本的评估，从而选择了以加强基层预防犯罪措施的方法来减少犯罪。

第二，刑事政策的效益评估，即对刑事政策目标的实现加以评估。一项刑事政策的实施效果离预定的目标越近，说明其效益越好，反之，其实施效果离预期目标越远，说明其效益越不好。

第三，刑事政策影响评估，即对刑事政策在实施过程中对刑事政策客体乃至整个社会所产生的影响进行评估。影响分为积极影响和消极影响，或者说是正面影响和负面影响。刑事政策评估者既要重视刑事政策的积极影响或正面影响，同时也不能忽视其消极影响或负面影响，并要对消极影响或负面影响的形成成因及过程进行剖析，从而进一步消除该消极影响或负面影响，或者将其影响尽可能降到最低。

第四，刑事政策的价值评估。刑事政策价值评估，即对一项刑事政策在价值上所具有的意义进行评估。在政策评估的历史发展中，曾经有相当

---

① 周勇：《犯罪耗费及其研究价值》，载《国外犯罪与监狱信息》1999年第2期。

长的一个时期受行为主义的影响,只重视事实评估,而不重视价值评估,但自20世纪70年代以罗尔斯发表《正义论》为标志,后行为主义和政治哲学复苏以来,一些政策学者开始对传统的政策评估的合理性提出质疑。他们指出:一项政策的效率、效能等固然重要,但这一切又是为了什么呢?因此,不弄清政策的价值问题,进而弄清楚政策的正当性、公正性等问题而去评估其效果,无异于本末倒置。①

第五,刑事政策的过程评估,即对刑事政策运行的各个环节进行评估。实践是检验真理的唯一标准,经过政策实施,再反过去考察政策实施过程的各个环节,对准确发现问题、改进工作有着重要的意义。因此,刑事政策评估就要对刑事政策问题的确定、刑事政策的制定、刑事政策的执行和刑事政策的监控与调整等逐一进行考察,看对刑事政策问题的把握是否科学,刑事政策的制定是否规范,刑事政策的执行是否得当,对刑事政策的监控是否到位,刑事政策的调整是否合适,并对相应的改进和完善提出意见。

(三)刑事政策评估的意义

(1)刑事政策评估有利于引导社会公众正确认识刑事政策。社会公众对某项刑事政策的态度是制定、执行和调整该项刑事政策的重要参考,也是判断某项刑事政策是否具有正义性和合理性的重要依据,因而,社会公众对一项刑事政策的运行与实施具有重要的影响作用。但是,需要我们注意的是,社会公众并不是刑事政策领域的专家,对刑事政策的认知和提出的意见并不具有专业性,因而,他们对一项刑事政策的反应往往很容易受到舆论的影响,不可避免地带有表面性和不专业性,如果使这种不专业的群众意见反过来影响刑事政策的制定、执行和调整,将难以使刑事政策的运行走向正确的方向。而科学、理性的刑事政策评估,则有利于引导社

---

① 刘仁文:《刑事政策初步》,中国人民公安大学出版社2004年版,第249页。

会公众正确认识某项刑事政策的效果，纠正某些不正确的认识，有利于引导社会公众正确认识刑事政策。①

（2）刑事政策评估能够为刑事政策运行的方向提供科学依据。在过去，我们对刑事政策的评估总是处于忽视的状态，在一项刑事政策执行结束之后，就直接宣布刑事政策的终结，并不会对该刑事政策运行过程中的优点、做得好的地方和缺点以及做得不好的地方进行评估与总结。这就使得后面刑事政策的运行均处于一个盲目、模糊、没有实践经验指导的状态。而如果对刑事政策进行了评估，就可以在实际调查研究的基础上，对刑事政策的效益、效率、价值进行分析评判，从而为刑事政策的制定者和执行者把握刑事政策的正确运行方向提供科学、实际的依据。

（3）刑事政策评估能够为刑事政策资源的合理配置提供条件。刑事政策实施的过程的实质就是刑事政策资源配置的过程，过去由于缺乏对刑事政策的评估，刑事政策资源配置是否正确合理无从得知，这必然就会产生刑事资源配置不当的问题。例如，"严打"的最大失误就是刑事政策资源严重透支，并且没有达到刑事政策目标的效果。通过刑事政策评估，对刑事政策运行成果进行分析和评价，从而为刑事政策资源的合理配置、调整提供条件。通过刑事政策评估，明确刑事政策的重点，可以将有限的资源投入刑事政策的主要方面和重点环节，从而最大限度地发挥刑事政策资源的作用，最大程度地实现刑事政策的目标。

（4）刑事政策评估可以为刑事政策的调整提供依据。刑事政策在运行的过程中总会出现不同的问题，及时地对刑事政策进行评估，就可以及时甚至尽早地发现刑事政策在运行时的问题。根据评估的状况进行适当的调整，就可以预防、避免刑事政策在运行过程中出现错误，从而更好地向着刑事政策的目标前进。

（5）刑事政策评估是刑事政策运行民主化、科学化的重要保障。通

---

① 严励：《中国刑事政策的建构理性》，中国政法大学出版社2010年版，第215页。

过刑事政策评估活动，能够广泛动员人民群众参加刑事政策的制定和实施，使刑事政策运行能真正融入人民生活当中，保障人民当家做主，调动人民参加预防和控制犯罪的主动性、积极性，有助于刑事政策运行的民主化。通过刑事政策评估，能够减少政策失误，科学而理性地选择刑事政策和实施刑事政策，有助于刑事政策运行的科学化。①

五、刑事政策的调整

刑事政策的调整，是刑事政策在运行过程中与刑事政策评估紧密相连的一个不可缺少的环节，是刑事政策的制定者根据评估所得到的反馈信息，对刑事政策的内容或运行形式予以部分改变或全部改变的行为。这实质上是刑事政策制定过程的延续或者说是补充，也是刑事政策运行机制的纠错措施，即通过对刑事政策进行相应的调整，及时纠正刑事政策的失误和偏差，以使刑事政策更加符合客观实际的需要，尽快地实现刑事政策目标。例如，经过二十多年的"严打"实践，"严打"刑事政策确实发挥了应有的作用，但在执行中也出现了偏差，为了更好地体现"严打"刑事政策，党中央又适时地提出了"宽严相济"的刑事司法政策，这就是刑事政策的调整。

（一）刑事政策调整的特点

刑事政策调整与刑事政策运行过程中其他环节相比较，具有以下几个方面的特点：

第一，刑事政策调整的依据是刑事政策评估的科学结果。刑事政策的调整并不是漫无目的毫无根据的调整，它是建立在刑事政策评估的基础之上的。它根据刑事政策评估所得出的科学的结论，来对其不足或有偏差的部分进行完善或改正。

---

① 郑传坤：《公共政策学》，法律出版社2001年版，第203页。

第二,刑事政策调整的目的是使现有的刑事政策更加完善、科学、有效,因此,刑事政策的调整必须注意其延续性,避免出现由于刑事政策的调整而带来的不良后果。例如,提出"宽严相济"的刑事政策是针对"严打"政策执行中出现的偏差而进行的调整,但是该政策并没有完全否定"严打"刑事政策,因而,在贯彻"宽严相济"刑事政策时,仍要坚持"严打"刑事政策。

第三,刑事政策调整的目的就是为了调整政策方案和所要实现的政策目标之间的关系,通过修正方案使其与新的状况相适应。所以,刑事政策的调整实质上就是政策的再制定与再执行。但是,刑事政策的再制定与再执行并不是从头再来,而是对原来的政策进行调整,使其得到进一步完善。

(二)刑事政策调整的作用

刑事政策调整作为政策运行中的重要环节,同刑事政策制定、执行一样具有十分重要的积极作用,其主要表现为:

第一,通过刑事政策调整可以纠正政策的偏差和失误。无论刑事政策在制定的时候考虑得多么全面,在执行过程中由于受到各方面不确定因素的影响,其执行的实际效果和预想的情况都会有所不同,这就会导致执行的失误和偏差,此时如果不对刑事政策进行适当的调整,就会影响刑事政策执行的效果,造成不应有的损失。因此,在刑事政策出台后,必须要随时关注其实施情况,一旦出现偏差,就应当及时进行调整。

第二,通过刑事政策调整可以保持政策的稳定性和连续性。需要注意的是,这里所说的稳定性并不是说刑事政策在执行的过程中要一成不变,相反,我们就是要通过对刑事政策的评估来对刑事政策进行合适恰当的调整和改动,保证其能适应实践中所遇到的一些突发情况,从而连续、稳定地一直运行下去。

第三节 影响刑事政策运行的因素

一、影响刑事政策制定的因素

前面的内容中笔者分析了刑事政策的制定的基本原则,这五条基本原则贯穿了刑事政策制定的始终。但在实践中,刑事政策的制定除了要受基本原则的指导外,还会受到其他因素的影响。

(一)治安形势和犯罪现状

刑事政策的制定过程一定要与社会的治安形势和犯罪现状等社会动态相适应,最新的治安形势和犯罪动态有时甚至能够直接影响刑事政策的制定。刑事政策的发展历史也证明了社会治安形势和犯罪状况能直接引起刑事政策的变动。正如日本学者大谷实所指出的:"刑事政策的科学的研究至于被促进的,是因为19世纪欧洲累犯增加的犯罪现象引起注意,所以对根据传统的刑法及刑罚论的犯罪防止效果产生了怀疑。促进少年犯罪对策、精神障碍者的犯罪对策等近代的诸施策及诸制度的展开的,是对发生的具体的犯罪现象认识的结果。"① 再以美国刑事政策的制定为例,美国曾经在1967年至1977年的十年间取消了死刑的执行,但这一政策的实行却使美国在接下来的一段时间内的犯罪率急剧升高,其中恶性犯罪尤为明显,因此,美国政府不得不在1977年又恢复了死刑的执行。

(二)政治、经济和社会形势

因为刑事政策的制定就是为了执行并产生效果,所以刑事政策的制定还必须与一定时期的政治经济和社会状况相适应。不同时期的政治经济社会状况会催生出不同的刑事政策,刑事政策的制定也在一定程度上反作用

---

① 转引自马克昌:《中国刑事政策学》,武汉大学出版社1992年版,第71页。

于当时政治经济和社会,两者之间相辅相成、相互作用。如我国在改革开放以后,随着经济社会的发展,新的违法犯罪行为不断出现,为了打击犯罪,国家通过刑事立法弥补经济领域立法的不足,同时,国家还出台了"严打"政策以指导司法实践,而后我国相关类型的犯罪就得到了有效的打击和控制。由此就说明,国家的政治、经济和社会形势可以影响刑事政策的制定,反过来刑事政策的制定也可以改变国家的政治、经济和社会形势。

(三)理论学说

关于理论学说对刑事政策制定的影响,我国学者储槐植从不同刑事政策模式的形成这个角度做了探讨,他认为:刑事法网是严密还是稀疏,刑罚是轻还是重,与一定的刑事学说理论有联系。例如,在道德主义法律观的影响下,违法与犯罪没有截然的界限,刑事法网将是严密的,而在权力主义法律观的影响下,刑事法网不可能也不必要严密,"缩小打击面"往往是应有之意。又如,在刑罚是轻还是重上,强调一般预防的刑事政策主体往往将惩罚犯罪人作为手段,其逻辑结论将是刑罚愈严厉,便愈能收到威慑犯罪的效果;强调个别预防的刑事政策主体则往往重视通过适用刑罚来改造犯人,改造以认罪伏法为前提,而伏法又以罪刑相称为条件,所以刑罚要适度,而不是"重比轻好"。[①] 在人类历史上,因理论学说导致刑事政策发生重大变革的例子很多。例如,以贝卡利亚、费尔巴哈、边沁等为代表的刑事古典学派,以"理性至上"的启蒙思想为指导,"树立了功利主义、合理主义、人道主义的刑罚观,主张以排除不合理的非人道的犯罪者处遇为中心的刑事政策。"[②] 他们的刑事政策思想直接影响了欧洲资本主义国家刑事政策的制定,如 1789 年法国《人权宣言》采纳启蒙思想家的主张,在该宣言第 8 条规定:"法律只应当制定严格的、明显的必需的刑罚,而且除非根据在违法行为之前制定、公布并且合法地适用的法律,

---

① 杨春洗主编:《刑事政策论》,北京大学出版社 1994 年版,第 31—35 页。
② 转引自马克昌主编:《中国刑事政策学》,武汉大学出版社 1992 年版,第 37 页。

任何人都不受处罚。"1791 年的《法国刑法典》，特别是 1810 年的《拿破仑刑法典》，可以说集中反映了启蒙思想的刑事政策：以死刑为中心的刑事政策观点让位了，以改善为目的的自由刑占据了刑罚的中心，身体刑和流放刑也被废止。① 可见，理论学说对刑事政策制定有重要影响。

（四）领导人的意志

任何政策的制定实质上都是人的意志的体现，并通过人的执行来实现，因此，人的意志对于刑事政策的制定来说都是至关重要的。我国的公共政策决策模式即领导人决策模式，党政领袖和其他领导在各项政策决策与政策活动中起着非常重要的作用，当然，刑事政策也不例外。例如，毛泽东等人的一些刑事政策思想对我国刑事政策的制定就发挥了重要的指导作用，无论是惩办与宽大相结合这样的基本刑事政策，还是死刑缓期执行这样的具体刑事政策，最初都是来源于其指示。当然，有的学者也提出，领导人决策模式有一个很大的弊端，就是领导人的意志很有可能导致政策的片面性，甚至会有领导人垄断刑事政策制定的情况出现。因此，我们需要多加注意，防范此种情况的发生。当前，随着我国政治体制改革的不断深入，我国政策的制定必然会逐步向民主决策的方向改变。但是即使在民主决策模式中，领导人的个人意志不可否认地也会对刑事政策的制定产生很大的影响。

二、影响刑事政策执行的因素

形势政策的执行过程也会受到各种因素的影响，如刑事政策自身、刑事政策执行者、刑事政策资源以及外部环境等。在此，我们就从这四个方面来讨论对刑事政策执行的影响。

第一点，刑事政策自身。在讨论影响刑事政策执行的外部原因之前，

---

① 转引自马克昌主编：《中国刑事政策学》，武汉大学出版社 1992 年版，第 35—37 页。

我们先来分析一下影响其执行的内部原因。就一项刑事政策来说，如果其涉及的问题复杂、执行的主体和执行的对象人数较多、执行行为幅度大，那么该刑事政策的执行难度就会比较大；相反，如果该刑事政策涉及的问题比较简单，涉及的主体和对象也比较少，那么执行起来也会相对简单。另外，如果刑事政策在制定的过程中对于相关问题的考虑比较全面，那么此项刑事政策在实际执行的过程中应对障碍和突发问题的能力就比较强，该项刑事政策的执行也会比较容易；相反，如果刑事政策在制定的过程中对于相关问题的考虑没有那么周全，那么该刑事政策在实际执行的时候如果遇到了问题就必须临时再来作出应对政策，此时刑事政策的执行就没有那么容易。因此，刑事政策本身在制定的时候的质量的高低，会直接影响刑事政策的执行。

第二点，刑事政策的执行者。任何政策的制定就是为了执行，而任何政策的执行都离不开相应的执行者，所以执行者自身的执行能力也是影响政策执行好坏的一个重要的因素。刑事政策执行者，是指参与刑事政策执行组织和人员，是刑事政策执行的主体。刑事政策能否顺利地贯彻落实，很大程度上取决于刑事政策执行组织和人员对刑事政策精神的理解与把握，对刑事政策目标的把握，以及完成政策目标的态度和决心。因此，刑事政策执行的状况取决于刑事政策执行组织的领导者的管理水平和协调能力，以及具体执行刑事政策人员的主观能动性和执行能力。实践证明，同一项刑事政策，在不同的地方，由于其执行组织的重视程度不同，执行人员的能力不同，其实施结果是大不一样的。

第三点，刑事政策的资源。刑事政策制定得再好，如果缺乏必要的、充足的用于执行政策的相关资源，那么，执行的结果也不能达到预期的目标。因此，刑事政策执行所需要的相关资源的落实情况，也会直接影响刑事政策的执行。一般而言，刑事政策资源主要有经费资源、人力资源、信息资源和权威资源，其中经费资源和人力资源是刑事政策执行的物质基础。因此，要想刑事政策执行好，就必须给它提供充足的资源，尤其是经费资源和人力资源。

第四点，外部的环境因素。任何刑事政策的执行都是在一定的社会环境中进行的，无论刑事政策执行组织和人员，还是刑事政策对象，都受到外部环境直接或间接的影响。良好的外部环境有利于刑事政策的执行，反之，恶劣的外部环境将给刑事政策的执行带来困难。影响刑事政策执行的环境因素可以分为国际环境因素和国内环境因素：从国际环境因素看，和平、稳定、友好的国际环境将使国际范围内的刑事政策执行更为容易，如联手打击毒品犯罪、有组织犯罪等犯罪活动，以及在引渡等领域加强司法合作和司法协助；相反，不和平、不稳定、不友好的国际环境将使国际范围内的刑事政策执行成为难事。国内环境因素又可分为全国环境因素和地方环境因素。就全国环境因素而言，国家不同时期的政治、经济和社会形势对刑事政策的执行有一定影响；而就地方环境因素而言，某一地区的地方文化、风土人情也会对刑事政策的执行造成直接或间接的影响。①

三、影响形势政策评估的因素

刑事政策评估质量的高低，不仅决定着评估环节在政策过程中的地位，而且也对新一轮政策运行起着重要的影响作用。因此，深入剖析制约、影响和妨碍刑事政策评估的因素，对刑事政策整个运行机制来说也是非常有意义的。

（一）刑事政策评估机制本身

一个良好的刑事政策评估机制本身就对刑事政策的评估质量有着决定性的意义。如果刑事政策评估体制不健全或者不科学，那就会使刑事政策的评估质量大打折扣。有的政策学者认为，一个科学的政策评估体制应当包括以下几个方面内容：形成与决策工作既相对独立又有一定关联的运行

---

① 严励：《中国刑事政策的构建理性》，中国政法大学出版社2010年版，第212页。

机制；建立适合政策评估工作需要的信息网络；官方政策评估机构、企业政策评估机构和民间政策评估机构相互配合。①另有刑事政策学者对"局内人"评估和"局外人"评估两种不同评估体制的优劣进行了对比，认为"局外人"评估具有下列特点：能够以客观、公正的态度进行评估，其评估不会受先入为主的偏见、切身利益或其他利害关系的约束；但对刑事政策的目标的理解不一定十分准确，对刑事政策执行效果的信息等资源的了解不一定充分；而"局内人"评估具有的特点则是：对刑事政策制定的意图的理解很准确，对刑事政策执行效果的信息等资源的了解可以十分充分；评估活动易受先入为主的偏见、切身利益或其他利害关系的约束，难以用客观、公正的态度来进行评估。应当承认，由于我国将刑事政策评估作为一项真正规范化的工作来开展还处于起步阶段，因而在刑事政策评估体制方面还存在一系列有待完善的地方，例如：在刑事政策评估中，准确的信息资源是高质量评估工作的前提和基础，但目前我国在信息公开方面还存在制度上和观念上的障碍，以至于许多信息无从获悉，这无疑给刑事政策评估带来极大的困难。②以死刑政策为例，在西方，保留死刑的国家公开死刑的数字被视为公众知情权的应有含义，这也就使得他们对死刑政策的评估可以建立在实证研究的基础上，因而得出的结论也就比较有说服力。但在我国，"司法机关判处和执行死刑的数字，一直被视为国家的绝密材料，从未向世人公布。于是，死刑被蒙上一层神秘的色彩，使人们欲知不能，竞相猜测。"③很显然，这种状况不利于对死刑效果的评估，使死刑对犯罪的威慑力永远建立在假设之上。

（二）刑事政策的评估主体

刑事政策评估主体是指进行刑事政策评估的组织机构或人员，主要有

---

① 刘斌、王春福：《政策科学研究》，人民出版社2000年版，第321-323页。
② 刘仁文：《刑事政策初步》，中国人民公安大学出版社2004年版，第256页。
③ 转引自刘仁文：《刑事政策初步》，中国人民公安大学出版社2004年版，第257页。

以下几种类型：政府决策部门、政府研究机构、临时任命的小组、社会科学院等公共研究机构和大学的研究机构、其他私营研究机构和个人，等等。当然，上述每一种主体内部又可做进一步的区分，如评估机构或评估项目的领导人员、评估方案的设计人员、评估活动的实施人员、评估结论的得出人员等。不论哪一种评估主体，他们的价值取向、态度立场和个人背景都会对刑事政策评估的结果产生相当程度的影响。价值取向是刑事政策评估的出发点。不同的价值取向会导致其采用不同的评估标准，自然也就会得出不同的评估结论。此外，评估者的个人背景也会影响刑事政策的评估，这些背景包括评估者的学习经历、知识结构和生活阅历等多方面。①

（三）刑事政策评估方法

科学的评估方法是提高刑事政策评估质量的重要保证。评估者应当针对不同的刑事政策选择适当的评估模式，并综合运用统计分析等分析手段，遵循评估的逻辑程序，从而使刑事政策评估能获得理想的结果。

刑事政策评估的方法主要有以下两种：

（1）对比分析法。即指将刑事政策执行前后的相关情况进行对比分析，分析出刑事政策的执行对客体及周围环境所产生的影响，进而对刑事政策的制定、执行进行评估。

（2）问卷调查法。即指针对刑事政策的运行，对相关的人员进行问卷调查，以此来对刑事政策进行评估的方法。问卷调查法又分为对象评定法和自我评定法。对象评定法是对刑事政策执行的对象进行问卷调查，通过了解他们对刑事政策的理解和执行程度，来对刑事政策进行评估的方法。自我评定法则是刑事政策的制定者和执行者将现实的刑事政策运行情况和预期目标进行对比，来对刑事政策进行评估的方法。②

---

① 刘仁文：《刑事政策初步》，中国人民公安大学出版社2004年版，第257页。
② 严励：《中国刑事政策原理》，法律出版社2011年版，第139页。

四、影响刑事政策调整或终结的主要因素

首先,刑事政策制定者价值取向的变化。刑事政策制定者的思想认识与价值观念对刑事政策的调整或终结起着直接的,有时甚至是至关重要的作用。当刑事政策制定者有所变化时,新的制定者就会依据自己的思想观念对原来的刑事政策进行修改和调整;就算刑事政策制定者没有更换,不同时期该制定者的想法也不会是完全一样的,随着时间的改变,他也会对刑事政策进行一定的调整。

其次,刑事政策的客体发生了变化。就以"严打"中的"打黑除恶"专项斗争为例,在"严打"整治斗争开始后,"打黑除恶"被作为重中之重来加以贯彻,当取得重大成果并进行评估后,"严打"的重点就开始转移。这就是刑事政策目标群体的变化导致的刑事政策的调整。假如再通过一段时间的"严打",社会的治安状况得到明显的好转,那么此时的刑事政策就会从"严打"向"非严打"的方向转变。

再次,刑事政策环境的变化。刑事政策是根据社会环境的需要,为解决社会问题而制定的,因而刑事政策也必然要随着社会环境的变化而调整,刑事政策的运行过程实际上就是刑事政策与环境相互交流、作用的过程。能够影响、引导刑事政策调整的环境因素主要有政治的、经济的、文化的、国际的和社会的因素以及各种自然和社会资源因素。如我国加入世贸组织,就对我国的刑事政策产生了影响,我国的部分刑事政策必须顺应世贸组织的要求进行调整,而有的则必须终结。2000年11月10日至14日,我国在海南省海口市联合召开了中国刑法学研究会2000年年会"新千年中国刑法问题研讨会",我国加入WTO后的刑法对策问题是会议主要议题之一。会议认为面对刑事犯罪在加入WTO后出现的新情况,我国现行刑事政策的下列缺陷必将日益凸显:缺乏现实的理论体系;缺乏稳定性与连续性;缺乏科学性与法制性;过多使用了刑罚手段;刑法用语明确性不足。因而必须调整革新我国现行刑事政策,必须注意抓好以下几个方面的工作:深

化基本理论研究,建立刑事政策理论新体系;确立有利于被告人原则,强化对犯罪公民的人权保护;微调定罪政策,科学划定犯罪圈;大调刑事处罚政策,革新刑事处罚理念;增设恩赦制度,发挥其刑事政策功能;改革行刑政策,重构行刑模式。① 而这,就意味着我国的刑事政策必须依照这些新情况做相应的改变。

最后,刑事政策制定及执行的失误。由于刑事政策制定者及执行者素质的差异和行为的失误,就会导致刑事政策失误,有时还会引起刑事政策的调整或终结。刑事政策及其执行的失误包括两个方面:一是刑事政策制定的失误,比如在制定时对刑事政策的目标、指导思想定位不准确。二是刑事政策执行的失误,比如刑事政策在执行时被曲解;刑事政策执行遇到了突发状况和其他不稳定因素并且没有及时制定出合适的对策;刑事政策执行不够灵活,僵化死板等情况。

---

① 赵秉志:《新千年刑法热点问题研究与适用》,中国检察出版社2001年版,第512-518页。

第二章 社会基础：刑事政策运行的基石

刑事政策的运行是一个公安机关、检察院、法院、司法行政机关等国家正式力量和基层社区、社会公众、社会组织等社会力量互动的过程，在这个过程中，国家正式力量无疑占据主导地位，发挥着无可替代的作用，这些机关通过法律授权确立了权威地位，且拥有强大的权力、庞大的专业队伍和各种各样的执法司法措施与手段，这些都是社会力量，尤其是个体社会成员所无法比拟的资源优势。这种资源优势可以为刑事政策的运行提供系统性保障，但同时，这一系统受制于官僚科层制而表现出的效率低下弊端又导致其无法脱离社会和公众的支持与配合。换而言之，刑事政策体系只有在上述国家机关的主导下才能运行，但这种运行又因其社会的嵌入性不仅无法排斥社会力量的参与，相反还需要社会力量的大力支持。不过，社会力量有效参与刑事政策体系运行的前提是基层社区必须是成熟的社区，能够进行有效的自我治理，社区公众有积极的参与意识，社区建立了良好的参与机制，只有这样，才能保证刑事政策的运行效果。从国内外刑事政策的运行实践看，如社区警务、社区矫正、刑事和解等，不同的国家和不同的地区社会基础存在比较大的差异，在我国，受社会转型的影响，社会结构的调整和重构还未达到相对稳定的状态，基层社区建设还处于起步阶段，这在一定程度上影响了基层社区在刑事政策运行中的有效参与。

第一节 社会基础与刑事政策的嵌入

刑事政策可以从多个视角加以审视，其中，法社会学是一个较为独特的视角。在这一视角下，有的学者使用了"社会资本"这一概念和分析工具来研究刑事政策[①]，也有学者使用了"公民参与"这一概念来分析刑事政策[②]，还有学者使用了"社会支持""社会网络"等概念来探讨犯罪治理和社区矫正中的社会参与问题。上述概念虽然内涵各不相同，但都是从不同的角度切入以分析刑事政策运行过程中的"社会基础"问题。然而，对于"社会基础"这一概念，学术界并没有比较一致的界定。"在多数社会研究中，'社会基础'一词虽然极其常见，但通常是作为含义不言自明的概念来处理的，并不会对其进行严格的界定和说明，在这些时候，'社会基础'实际上并不具备学术术语的意义，更近乎于一个普通的习语。"[③]从现有的研究来看，"社会基础"一词被广泛运用于社会科学的各个领域，涵盖了政治学、社会学、管理学、哲学、伦理学、经济学和法学，甚至是情报学、人才学和水利水电工程学等学科。基于研究主题的限定，我们是在法社会学的框架下使用"社会基础"这一概念的。但即便是在这一领域，"社会基础"仍是一个比较模糊的概念，因此，我们力图在刑事政策研究领域对"社会基础"的学术意义进行分析，将其视为分析刑事政策运行过程及其实施机制时最为基本和核心的重要概念，并期望通过本研究将"社会基础"作为刑事政策研究中的一个分析工具，并以此为基础建立一个分

[①] 汪明亮：《基于社会资本解释范式的刑事政策研究》，载《中国法学》2009年第1期。

[②] 郭理蓉：《和谐社会的刑事政策与公民参与》，载《北京师范大学学报》（社会科学版）2011年第1期；汪明亮：《刑事政策制定过程中的公民参与》，载《华东政法大学学报》2009年第6期。

[③] 王立胜：《论中国农村现代化的社会基础——一个分析框架》，载《科学社会主义》2006年第4期。

析框架。

一、社会基础的基本含义

学者们使用"社会基础"一词时,大多将其理解为某一事物存在与发展中对社会的依赖,如刘仁文、焦旭鹏在《风险刑法的社会基础》中讨论了风险社会中的刑法问题,其研究的基本思路是现代刑法向风险刑法转变中的社会变化,确切地说是刑法的转向依赖于社会的转型,如文中所说:"我们理解的中国当下社会转型就不仅应包括从传统社会到现代社会(工业社会)的转型,还应包括从工业社会到风险社会的转型。"因此,作者才论断说"贝克的风险社会理论及中国社会现实的实际状况为我们重新解读'社会转型'提供了思考方法或认识根据"。[①] 再如娄延村在《论"司法大众化"的社会基础及其构建》一文中提出法律以社会为基础,司法是回应社会的重要环节,并认为:"'司法大众化'是对诸多现实问题的综合回应,有深厚的社会基础,是多种改革理念和举措的有机统一体,不再是寻常意义的司法大众化。"[②] 这里所说的"社会基础"指的就是当前社会现有资源对司法大众化的支持。王宗礼、龙山在《论政治权威的社会基础》一文中认为,民主社会中政治管理体系是人民意志的产物,其政治秩序更容易得到人民群众的认可和支持,从而使民主社会中的政治权威具有广泛的社会基础。而在转型社会中"新旧两种政治权威及其社会基础不仅在相互冲突中削弱了对方,而且新旧两种政治权威在衔接过程中也容易出现脱节现象","而要形成强有力的政治权威首先必须强化政治权威的社会基础。转型社会中政治权威社会基础的一个突出特点是社会基础的冲突性和非整合性。"[③] 这一研究中使用的"社会基础"一词更为具体,在一定程度上

---

① 刘仁文、焦旭鹏:《风险刑法的社会基础》,载《政法论坛》2014年第3期。
② 娄延村:《论"司法大众化"的社会基础及其构建》,载《广西政法干部管理学院学报》2012年第1期。
③ 王宗礼、龙山:《论政治权威的社会基础》,载《甘肃社会科学》1999年第5期。

可以将其理解为代表不同利益的社会力量。

比上述研究更进一步的是将"社会基础"具体化为"市民社会",研究者多为政治学者和社会学者,也有部分法学学者。周叶中、李炳辉在《社会基础:从宪法到宪政的关键条件》一文中提出,"所谓社会基础指的是一种社会事物或社会现象赖以存在的前提和条件。宪法的社会基础是指宪法得以真正存在并使宪政得以实现的社会条件,既包括物质基础诸如经济基础、政治基础,也包括精神基础诸如思想文化基础、公民的宪法意识,等等。在从宪法到宪政的发展过程中,社会基础的作用无可替代。"①该学者在此虽然将社会基础限定为社会事务或社会现象赖以存在的前提和条件,但其讨论的重点实际上集中在"市民社会"上,正如其所说:"在早期立宪的西方国家,宪法的产生有着十分复杂的社会基础。除了前文所述及的经济、政治、文化等因素之外,还包括市民社会的发展和成熟以及国家与社会的相互分离等因素。"②笔者在本书最后提出要强化宪法与宪政的社会基础,并论及邓小平同志针对中国改革设计的三个阶段:经济改革、社会改革和政治改革,认为中国目前的改革已经处于第三个阶段,"当代中国的政治改革无疑应当从社会层面开始。因此,政府应当还权于社会,依法创新社会管理,让公民自主生发出主体意识,并在此基础上产生公民意识,为民主政治和宪政奠定基础。"③从其论证逻辑看,该学者所说的社会基础实际上就是市民社会。孙育玮、张善根在《法治现代化与社会基础之重构——从乡土社会向市民社会转型的法理学思考》一文中探讨了法治现代化过程中社会基础的变迁问题,"目前的状况是体现现代化法制精神的国家法只是在原有的社会基础即乡土社会之上建构起来的。这就是说,

---

① 周叶中、李炳辉:《社会基础:从宪法到宪政的关键条件》,载《法商研究》2012年第3期。
② 周叶中、李炳辉:《社会基础:从宪法到宪政的关键条件》,载《法商研究》2012年第3期。
③ 周叶中、李炳辉:《社会基础:从宪法到宪政的关键条件》,载《法商研究》2012年第3期。

作为上层建筑的现代法制缺失了产生的社会基础——市民社会。"①上述两篇论文均探讨了中国转型过程中法律和社会的关系问题，都使用了"社会基础"一词，都认为法治建设无法脱离社会现实，而是以社会现实为基础的，并与社会基础相适应。我们认为这种分析是准确的，作为上层建筑重要构成部分的法律必须以社会事实为基础，在传统的乡土中国中是无法诞生现代法治的，而要想法治理念以及法律体系系统地建立起来并良好运转，就必须推进社会建设，从而形成比较成熟的基层社会。从这个角度而言，刑事政策运行的社会基础可以做类似界定，即作为法律体系运作构成部分的刑事政策，其运行需要社会提供支持，除了经济条件和政治条件外，还需要构建一个成熟的市民社会，具体而言，就是需要无数个拥有较强参与意识和能力的社会公众、良好而成熟的参与机制、健全而行之有效的社会组织的基层社区为刑事政策的运行提供支持，这些无数基层小区形成的社会网络就是刑事政策的社会基础。

上述研究对"社会基础"的界定比宽泛的社会支持和群众支持要更具体，更容易理解，也符合学术研究的基本规范，但我们认为刑事政策涉及的是刑法的具体适用问题，指导着刑法的制定和实施。按照宪法和法律的规定，人民有权参与立法和司法，而对于刑法而言，人民的参与不仅仅是对法律草案提出意见，更不是要代替专业化的侦查员、检察官、法官去办理案件，而是要系统而稳定地参与到刑事法律体系的整个运作过程。之所以这么说，是因为刑事政策对刑法的指导作用是广泛的，这里涉及对刑事政策中"刑事"范围的界定，如前所说，基于中国的刑事法治建设历史及刑事法律体系中的权力运作特质，我们所使用的"刑事"和犯罪学中的"犯罪"是对应的，其范围要广于规范刑法中对"犯罪"的界定。这样一来，刑事政策的指导范围也随之扩大，包括了对违反治安管理处罚行为处理的

---

① 孙育玮、张善根：《法治现代化与社会基础之重构——从乡土社会向市民社会转型的法理学思考》，载《政治与法律》2003年第3期。

指导。既然刑事政策有如此重要的意义，同时必须保证社会能够充分参与到刑事政策的运行中来，那么我们所说的"社会基础"就必然比上述研究说讨论的市民社会要更为具体。

如前所述，在论及刑事政策社会支持的时候，学者们使用了不同的概念，如"社会资本""参与网络""权力文化网络""社会关联""社会团结""关系共同体"等，这些都构成了我们使用的"社会基础"概念的学术渊源，因此，"社会基础"概念与上述概念之间有着紧密的联系，但由于关注方向的不同和研究旨趣的差异，这一概念又呈现出自身不同的特点。王立胜对"社会基础"和其他相似概念做了比较。首先，他比较了"社会基础"和"权力文化网络"，他引用杜赞奇的话说："在组织结构中，文化网络是地方社会中获取权威和其他利益的源泉，正是在文化网络中，各种政治因素相互竞争，领导体系得以形成。文化网络由乡村社会中多种组织体系以及塑造权力运作的各种规范构成，它包括在宗族、市场等方面形成的等级组织或巢状组织类型。"① 王立胜认为文化网络的概念过于宽泛，用这一概念分析当前已经迥异的农村社会存在问题，从而主张使用社会基础概念。其次，他比较了"社会基础"和"关系共同体"，他认为从血缘关系圈、地缘关系圈、业缘关系圈和华人网络社会等表现形式中抽象出来的关系共同体概念强调中国人利用关系和运作关系在较大范围内建立普遍信任，而实现合作的特点是社会基础概念同样赞同的，但认为社会基础概念"更为注重的是国家力量、特定的社会理想与农民的互动关系"。再次，他比较了"社会基础"和"村庄社会关联"。"村庄社会关联"是贺雪峰提出的一个概念，认为依赖社区社会自身来获得秩序，是转型期国家治理的重要特点，也是社区社会在国家无力提供秩序时的应对策略……真正有效的村民自治还要有特定的社会基础。王立胜认为贺雪峰使用的社会基础概念没有明确的界

---

① 杜赞奇：《文化、权力和国家——1900—1942年的华北农村》，江苏人民出版社2003年版，第10页。

刑事政策运行的社会基础研究

定,仍然是在一般意义上来使用,同时认为社会基础概念应当在更为广阔的范围内使用。① 最后,他比较了"社会基础"和"社会资本",对于当前流行甚广的"社会资本"概念,王立胜认为其对中国农村社会缺乏解释力,而社会基础概念更为强调农民作为行动者如何利用各种资源获取一致行动的能力,并且在此基础上与国家形成良好的互动关系。② 王立胜对"社会基础"的深入分析旨在探讨农村的现代化问题,但对于我们研究刑事政策和犯罪治理同样具有启发意义。贺雪峰对乡村秩序形成的分析使我们得以了解基层农村社会秩序形成中个体参与、经济能人等权威的重要性;社会资本理论的引入使我们得以了解政策的运行中如何使行动者通过关系资源促进政策运行效果。可以说,我们的思考过程和王立胜的研究进路有相似之处,均期望通过政治学、社会学的相关概念和分析工具对各自研究的对象进行独特的研究,不同的是他研究的是农村现代化问题而我们研究的是刑事政策的运行过程。

总之,我们都力图在整合上述概念的基础上提出一个更有概括性的概念,以便于进一步的研究。因此,借鉴王立胜的研究成果,我们将社会基础界定为:在一定的历史阶段上,存在着由于各种因素所促成的发生于个体之间、个体与社会阶层之间以及个体与国家之间特定的联结关系,由于这种联结关系而形成的某种制度化了的关系模式,个体的行动和集体的一致行动都直接决定于这种关系模式,任何政治和经济制度的建立、稳固与延续都必须一方面适应和协调这种关系模式,另一方面又要想方设法地调整和改造这种联结方式以实现制度,在这个意义上,个体之间的联结方式和联结关系就成为刑事政策运行的社会基础,其更为具体的表现就是国家、基层社区、社会个体及共同体之间形成的复杂关系。

---

① 王立胜:《中国农村现代化社会基础研究》,人民出版社 2009 年版,第 19 页。
② 王立胜:《中国农村现代化社会基础研究》,人民出版社 2009 年版,第 20 页。

二、社会基础的构成内容

在社会学领域，"社会结构"是一个常用的概念，其使用可以说既广泛又混乱，在探讨社会基础的内容时，我们也必须使用这一"既广泛又混乱"的概念。在诠释"社会结构"一词时，结构功能主义代表人物帕森斯提出社会结构是一个总体社会系统，包括四个子系统：经济系统、政治系统、社会系统、文化系统，这是一个整体的、均衡的系统，各部分都发挥作用并维持一个动态的平衡。帕森斯强调秩序、行动和共同价值体系在社会结构中的作用，并认为秩序是结构的本质，而秩序的获得是社会互动的结果，互动则是通过"地位—角色"来完成的，从而将社会结构定义为一系列稳定的、模式化了的成分之间的关系。这种"决定论"式的分析模式将整个社会的运转用公式化的模型呈现在我们面前，却忽视了人的主动性。所以，吉登斯重新界定了结构，认为结构是潜在于社会系统不断再造过程中的规则和资源。他反复强调实践在规则和资源运作中的作用，社会结构既是由人类的行动建构起来的，同时又是人类行动得以建构的条件和中介。"社会理论所要解决的，不像决定论（如前述的结构功能主义和结构主义）认为的那样，社会结构如何决定人们的行动；也不像解释社会学和现象社会学所宣称的那样，人的行动如何构成社会；而是行动是怎样在日常的生存条件下被结构化的，与此同时行动的这种结构化特征又是怎样由行动者本身的作用被再生产出来的。"①

社会基础如同社会结构一样，也是一个使用得既广泛又混乱的概念，虽然常见，但却不如"社会关联""社会资本"的学术规范性强，我们在分析其内容时，首先需要运用的就是"社会结构"的分析工具和理论。帕森斯作为结构功能主义的奠基人，其理论预设虽然有决定论的倾向，但这种分析方式可以让我们对社会事实有基本的理解，刑事政策的运行需要社

---

① 周怡：《社会结构：由"形构"到"解构"——结构功能主义、结构主义和后结构主义理论之走向》，载《社会学研究》2000年第3期。

会结构中承担不同功能的社会角色去共同完成,国家力量虽占据重要地位,但无法取代基层社会中的各种力量而独立存在,反之,基层社会中的各参与力量又必须根据刑事政策的目标设定自己的地位和功能。吉登斯的理论强调了实践的重要性,这恰恰是其理论在中国具有强大生命力的原因,中国社会的形成就是基层社会中各种力量同国家力量的互动过程,处于转型期的当前中国,无论是在农村还是城市,这种互动仍然在继续,而且尚未达到一个稳定的状态,从这个角度而言,基层社会的能动性及其"实践"对于规则和资源的运作就有了极大的空间。接下来需要讨论的就是基层社会如何发挥这种能动性积极参与到刑事政策的运行之中,这就构成了社会基础的内容。

(一) 相对稳定的社会结构

帕森斯的结构功能主义理论用"功能"来展现社会结构,秩序则是社会结构中"地位—角色"的互动形成的。可见,这种互动决定了社会结构不是一成不变的,而是一个相对稳定的动态过程。樊鹏以"社会结构与社会意识的变化"为解释变量,分析了古代中国、1949年新中国成立以后、改革开放前20年和20世纪90年代末期以来四个时期的国家治理,以解释中国基层社会在社会变革中保持稳定的原因。他认为中国古代的社会结构是"蜂窝"型的社会机构,在这种结构下,无需国家通过专职人员进行社会控制,而是每个"蜂窝"都是独立的政治、经济和文化共同体,稳定的机制就发生在"蜂窝"结构内部。①1949年以后的中国,这种"蜂窝"型社会结构并未被摧毁,而是由之前的家庭、宗族、村社转为农村的社队和城市的全民所有制或集体所有制单位。②这个时期的社会结构和古代社会存在形式上的相似性,每个"蜂窝"都是一个一体化、内聚性较强的共同体。樊鹏认为改革开放以来,由于社会结构与社会意识都有重大变化,国家对

---

① 樊鹏:《中国社会结构与社会意识对国家稳定的影响》,载《政治学研究》2009年第2期。
② 王绍光:《政治文化和社会结构对政治参与的影响》,载《清华大学学报》2008年第4期。

基层社会稳定的治理一方面以国家为基础的新生治理结构逐步成长,另一方面基层治理的实践又显示出某些传统治理模式的延续。对于20世纪90年代末期以来的治理模式,他提出了利益结构调整和社会流动加剧对社会稳定的影响,但并未做深入探讨。樊鹏的研究一方面为我们展现了古代中国以及改革开放以前的新中国的社会结构与社会稳定的关系,另一方面则为当前中国社会结构和社会稳定的关系提出了新的研究课题。

社会结构的稳定性决定了刑事政策的运行效果,古代中国基层社会的秩序获得依靠的是这种"蜂窝"个体本身,国家所给的是政治上的确认,反过来,国家刑事政策的落实与运行则依赖于基层社会。改革开放以来的中国社会加剧了社会流动和利益分化,从而导致了"蜂窝"型社会结构的解体,社会的分化带来了原有的社会结构系统的不断分解,而新的社会结构尚未形成稳定系统,刑事政策的运行也就失去了基层的依托。从社区建设的推行来看,国家也期望运用制度化手段来推进基层社会的重建,毕竟只有在稳定的社会结构下,国家与社会的良好互动才存在可能。

(二)相当强度的社会关联

社会关联或社会团结,"指的是把个体结合在一起的社会纽带,是建立在某种共同情感、道德、信仰或价值观基础上的个体与个体、个体与群体、群体与群体之间的以结合或吸引为特征的联系状态。"[①] 陈劲松将社会关联形式分为神性关联、伦理关联和契约关联三种形式,并认为传统中国社会是一个伦理关联占主导地位的社会,因为传统中国社会以儒学思想为主导,以伦理组织社会、国家生活。现代社会的标志之一就是法治,法治状态下的社会关联是以契约为桥梁,这种从伦理关联向契约关联的转变和社会结构的变化密不可分,但和社会结构的变化一样,关联方式转变的同时带来的是关联强度的弱化。在社会学中,我们习惯使用"社会资本"概念

---

① 陈劲松:《传统中国社会的社会关联形式及其功能》,载《中国人民大学学报》1999年第3期。

来描述个体和社会的关联,在社会资本丰富的社会中,个体之间可以通过相互之间的帮助解决问题,这样的社会,其关联程度往往比较高。贺雪峰在分析村庄社会关联时认为村庄社会关联关注的是处于事件中的村民在应对事件时可以调用村庄内部关系的能力。当一个村庄中不是一个村民而是相当一部分村民具备这种关系资源时,我们就说这个村庄的社会关联程度很高。反之,则社会关联程度很低,这样的村庄无力组成共同的经济协作,无力对付地痞骚扰,无力达成相互之间的道德和舆论监督,也无力与上级讨价还价。[①]

这种对村庄的秩序分析可以为我们从整体上认识社会基础所借鉴,在强社会关联下,个体在社会网络中所处的位置往往更靠近结点,拥有获取资源的优势,并且和社会网络的其他个体间具有更强的紧密联系,而社会网络本身也更加广泛,这种状态下的基层社会内聚力比较强,抵御犯罪侵扰的能力也更强,其承载刑事政策运行的能力自然就更强。刑事政策运行时,需要借助社会网络将社会力量吸纳到政策体系当中,在强社会关联状态下,丰富的关系资源和相互间的借用能力可以让这种整合变得更加容易,但正如樊鹏的研究,目前社会结构的转变带来的是关联方式的转变,如果这种转变达不到稳定的状态,强的社会关联就无法实现,因此,当前的任务是加快法治建设,让社会个体能够更加熟练地通过契约方式产生联系,而不再是依靠血缘和地缘关系去互动。

(三)较高程度的社会参与

刑事政策的运行机制决定了社会参与的重要性,比如社区矫正作为刑事政策运行的重要组成部分,特别强调志愿者和社会组织的广泛参与,尤其是对服刑人员的教育矫正帮扶工作。按照法国刑法学家米海伊尔·戴尔玛斯-马蒂的观点,刑事政策模式在不同的社会结构中的表现形式不同,

---

① 贺雪峰:《论村庄社会关联:兼论村庄秩序的社会基础》,载《中国社会科学》2002年第3期。

社会基础：刑事政策运行的基石 第二章

在传统的极权和专制的国家模式中，刑事政策体系是一个封闭的网络，其运行完全由国家垄断。随着专制型国家模式向自由型国家模式的过渡，刑事政策体系开始从国家垄断向市民社会开放，社会力量以更为积极的方式经常性地参与刑事司法，成为刑事政策体系中的重要组成部分，不同的是，在这种新的刑事政策模式中，国家和社会各自承担的功能是不同的，由于权力的垄断，国家更着眼于对犯罪行为的惩处，而社会则侧重于对行为人的治疗，由此形成了一种国家社会相互协作的刑事政策模式。①

从实践角度看，我国当前的刑事政策体系就是这种二元模式，只是尚在构建阶段。作为市民社会构成部分的基层社区是刑事政策运行的具体参与者，在市民社会发育成熟的国家和地区，刑事政策的运行是通过社区资源来完成的，比如英国的"罪犯关心与重新定居全国协会"、加拿大的"犯罪人援助和释放后关心协会"、我国香港地区的善导会等，都是影响很大的社区帮教组织。②这些社区资源的成熟运用说明在这些国家和地区，社区参与刑事政策运行的程度比较高。

较高程度的社会参与意味着社会资本存量比较高，也意味着基层社会和国家力量之间有着良好的互动，国家可以借助社会丰富的资源去推行刑事政策以达到国家治理的目标。从目前来看，我国的刑事政策运行中的社会参与程度还远远不够。虽然我国民政部在1987年就开始倡导社区服务，并从20世纪90年代中期起又轰轰烈烈地开展了社区建设，但在社区建设过程中，政府仍然承担着全能主义的角色，自觉或不自觉地包揽着社区建设与社区管理的一切事务，社区的单位化倾向严重，日益蜕变为一个"小而全"的、行政化色彩浓厚的、封闭且严重排斥外来服务组织的"单位化

---

① ［法］米海伊尔·戴尔玛斯-马蒂：《刑事政策的主要体系》，卢建平译，法律出版社2000年版，第82页。
② 冯卫国、储槐植：《刑事一体化视野中的社区矫正》，载《吉林大学社会科学学报》2005年第2期。

社区"。①虽然国家有时也会强调社区居民、市场力量以及民间组织参与社区建设的必要性,但这些力量始终只充当国家权力的附属角色。作为居民自治组织的社区居委会很大程度上都在执行上级政府的行政指令,居委会的行政化直接导致了社区居民参与意识的缺失,在社区建设过程中大多处于消极被动状态。②因此,有学者提出可以将社区作为市民社会的构成要素来发展,通过无数社区的建设和发展推动市民社会的成长,从而增强社区矫正的社会基础。③

(四)较强程度的社会信任

社会信任是伴随着社会资本概念为人们所熟知和关注的。无论是从社会关联形式的转变角度还是从费孝通的传统"熟人社会"向现代"生人社会"的转型角度,都不得不考虑社会信任的重建问题,因为社会信任作为重要的社会资本对于协调社会关系具有重要的作用。"社会最主要的凝聚力之一,……离开了人们之间的一般性信任,社会自身将变成一盘散沙,因为几乎很少有什么关系能够建立在对他人确切的认知之上。如果信任不能像理性证据或个人经验那样强或更强,则很少有什么关系能够支持下来。"④有学者对我国的社会信任做了分析和测量,认为现代化对传统社会的冲击打破了中国式社会信任的社会结构基础,并通过数据分析认为从1990—2010年的社会信任水平是一个以2002年为中点的波谷的U型变化趋势,在分析原因时他认为社会信任和年龄呈正相关关系,教育而不是经济地位对社会信任具有正面的促进作用,同时,社会信任的城乡差异随着社会的

---

① 闵学勤:《社区自治主体的二元区隔及其演化》,载《社会学研究》2009年第1期。
② 高梅书:《社区矫正社会参与不足之深层原因及对策探析——基于市民社会视角》,载《中国刑事法杂志》2013年第8期。
③ 雷晓明:《市民社会、社区发展与社会发展——兼评中国的社区理论研究》,载《社会科学研究》2005年第2期。
④ 齐美尔:《货币哲学》,陈戎女等译,华夏出版社2002年版,第178-179页。

发展已经不再那么显著。① 从数据看，伴随着社会结构的逐步调整，社会信任的变化已经从削弱开始转向加强，这对于合作行为的促进以及社会效率的提高均有重要的作用。作为刑事政策运行的典型例证，社区矫正目前面临的信任困境跟社会结构的调整有一定的关系，但这种困境并非不可解决，而是要靠制度化的手段来重建信任，而且这种困境并不意味着社会整体信任度的下降，而是一个群体对另一个群体（司法行政机关乃至更大范围的法律共同体）的不信任。刑事政策体系需要解决的一个问题就是运行过程中国家力量对社会力量的排斥以及冤假错案等问题带来的社会公众对国家力量的不信任。按照德国社会学家韦伯对社会信任所做的分类，刑事政策运行中所需要重建的信任是特殊信任而非普遍信任。

三、刑事政策的社会嵌入性

刑事政策能否得以有效运行和其所依托的社会密不可分，没有坚实的社会基础，刑事政策的制定、运行乃至反馈都可谓无源之水、无本之木。刑事政策体系作为法律体系的重要构成部分，以实现公平正义为价值目标，以消除社会矛盾、促进社会稳定和发展为宗旨，通过打击犯罪、保护人民以增进社会福利为最终目的。刑事政策和其他社会政策一样，对整个社会都发挥着重要的作用，无论是不同的阶层、不同的群体，还是基层社区和社会个体，都要受到刑事政策的深刻影响。比如宽严相济刑事政策、死刑刑事政策、暴力犯罪的刑事政策、职务犯罪的刑事政策、经济犯罪的刑事政策等，其推行可能会涉及每一位社会成员。李斯特在关注犯罪原因时认为社会原因很重要，因此要消除或限制犯罪就要从社会政策入手，刑事政策和社会政策并用，"社会政策的使命是消除或限制产生犯罪的社会条件；

---

① 杨明、孟天广、方然：《变迁社会中的社会信任——存量与变化》，载《北京大学学报（哲学社会科学版）》2011年第6期。

刑事政策运行的社会基础研究

而刑事政策首先是通过对犯罪人个体的影响来与犯罪作斗争。"① 但是在刑事政策的制定、实施和运行过程中，如果忽视了社会基础，不考察基层社区的具体情况，那么无论刑事政策的价值目标多么高尚、其体系设计得多么完美，都不可能取得理想的效果，因为刑事政策是嵌入社会之中的。

嵌入性就字义而言，指一事物内生于或根植于他事物的一种现象，是一事物与他事物的联系以及联系的密切程度。嵌入性概念首先由波兰尼提出后经格兰诺维特重新表述，从而成为新经济社会学中重要的概念，产生了广泛而深远的影响，两人的研究虽然在研究层次和逻辑进路上存在较大的分歧，但都旨在研究市场和社会之间的关系问题，两人都拒绝了经济人假设，而将人的本质看作社会人，"即假定市场行动者有着自主的社会空间和心理空间，同时又受到社会结构约束，他们的行动并非在真空中进行，而是依赖于动态的社会、政治与文化环境。"② 从这个意义上看，刑事政策体系中人们的行为选择要依赖于非经济的结构与制度，也就是说刑事政策体系中的人要选择某些行为与模式，必然要受到其自身所处的那个社会的社会结构和社会生活方式的影响，波兰尼对社会复杂性以及各种社会因素之间的相互依赖性的说明可以用来解释刑事政策的社会嵌入性。庄西真在评价格兰诺维特的"嵌入性"理论时指出：格兰诺维特认为，经济行动总是社会性的，它不可能仅仅用个人动机来解释，社会制度也不可能以某种必然的形式自动地产生，而只能通过"社会建构"的方式形成。也就是说，在格兰诺维特看来，现代经济领域中纯粹的"理性经济人"的行为是不存在的，经济行为总是嵌入特定的社会关系结构之中，受到社会结构的影响和制约。经济规则的演化，也并非是受某种绝对力量的支配，而是嵌入更为广阔的社会脉络之中。如果说"嵌入"这个概念在波兰尼那里被用来解释经济领域与其他社会领域之间的不可分离，那么，在格兰诺维特这

---

① [德]弗兰茨·冯·李斯特：《德国刑法教科书术》，徐久生译，法律出版社2000年版，第13页。

② 符平：《"嵌入性"：两种取向及其分歧》，载《社会学研究》2009年第5期。

里,"嵌入"这个概念已被用来描述和解释人类的行为特征。① 在刑事政策的研究中"社会资本""参与网络""关系网络"等术语的频频出现,说明政策系统之外的社会因素在刑事政策运行中的影响和作用已经越来越为人们所重视。无论是格兰诺维特的"形式嵌入"还是波兰尼同时从市场的内、外部关系来阐述、论证市场嵌入社会的普遍逻辑,均有利于我们对刑事政策的社会嵌入性的理解。有学者则更进一步论证了社会政策和经济嵌入性的关系,在经济嵌入性中,"科学技术进步和由其导致的工业革命改变了传统的社区,从而使社会具有更大的流动性,人被置于更大的风险之中。家庭和社区无法承担社会责任,从而把部分权力转移给国家,即从防止风险的责任从社区向国家的转变。当人类的历史进入了工业化时代以后,以往社会的各种保护机制都面临着社会大变迁的考验。在城镇里,他们失去了传统农业社会中的收入保障和生活依托:土地、亲朋、教区或邻里网络。传统的社会机制有些开始蜕化,如家族和教区。对公共援助的社会需要增加,所有的现代国家必须创造政策以解决基本的社会保障问题。"② 这一分析从侧面对于犯罪控制模式的转变从市场的角度做了描绘,但作者没有描述后工业化时代犯罪控制模式的回归问题,即随着工业化的发展,社会结构发生了变化,而这种变化除了意味着传统基层社会的瓦解,还意味着新的基层社会的形成,伴随着社会结构变化的还有犯罪控制模式和刑事政策模式的转变。作为广义上的社会政策的构成部分,刑事政策本身的运行就包含了社会信任、社会网络、公民参与乃至市民社会建设的内容,而这些都是社会理论中的核心术语,所以无论是从宏观的社会结构还是从这些具体指标来看,刑事政策的整个运行过程都是嵌入社会中的。和波兰尼等人对市场和社会的探讨不同,刑事政策和社会之间的关系要简单得多,

---

① 庄西真:《教育政策执行的社会学分析——嵌入性的视角》,载《教育研究》2009 年第 12 期。
② 方卫华:《西方社会政策的嵌入性与新特点》,载《江苏行政学院学报》2002 年第 4 期。

即必须以社会基础为依托,其制定、实施、反馈、修正乃至运行的效果都取决于社会基础是否坚实。

当然,我们论及刑事政策的社会"嵌入性"时,首先要解决一个问题,即"嵌入性"概念的操作性问题。在新经济社会学中,嵌入性指的是社会关系网络对个体经济行动的限定,用来描述个人与其所处的社会环境之间不可分割的联系。而当我们说刑事政策嵌入社会中时,存在两种理解,一是将刑事政策和社会看作两个独立系统,这时候我们说的"嵌入性"是可以分析的;二是将刑事政策和社会看作一个系统,即将刑事政策作为社会的一个部分,这种情况下是无法进行分析的。我们在此选择第一种理解,这是本研究的前提。在这一天梯下,还需要探讨嵌入的层次问题。因为在刑事政策运行体系中的参与个体在选择行动时要考虑环境因素,而对于"环境",大家的认识很难达成一致,这种不确定性会对刑事政策的嵌入程度产生理解上的差异。格兰诺维特区分了两种嵌入:"关系性嵌入"和"结构性嵌入"。前者是指行为主体嵌入人际关系之中,在这种嵌入性关系中,对规则的期望、对相互赞同的渴求、互惠性交换等是行动者所面对的主要社会因素;后者是指行动者嵌入更为广阔的社会结构网络中,在这种嵌入性关系中,制度、文化和传统等社会背景性因素对行动者产生影响。也就是说,嵌入涉及两个不同的层次,一个是以人际交往网络为特征的微观层次,一个是以社会制度文化背景为特征的宏观层次,这两个层次的因素都会对行动者产生影响。正是在这种情况下,有研究者认为,存在所谓的"双重嵌入"问题,也即行为者既嵌入微观的人际关系结构中,也嵌入宏观的社会制度结构中。① 我们认为在分析刑事政策的社会嵌入性时也应当采用格兰诺维特的"双重嵌入"策略,即刑事政策的社会嵌入性表现在参与主体之间的互动网络中,也表现在其所处的更为广阔的社会结构网络中。从

---

① 庄西真:《教育政策执行的社会学分析——嵌入性的视角》,载《教育研究》2009年第12期。

这个意义上看，刑事政策体系是不可能脱离社会结构的，必然要嵌入政治、经济、文化及历史等多重因素所组成的社会场域之中并受其影响。刑事政策参与主体所作出的决策以及行动，同样要受到社会结构及关系的影响。

第二节 国家与社会：刑事政策运行的一个分析框架

我们将刑事政策运行的社会基础界定为个体之间的联结方式和联结关系，并将其具体化为国家、基层社区、社会个体及共同体之间形成的复杂关系，这就暗含了一个理论假设，即国家与社会之间的二元互动关系。国家与社会的二元关系是哲学、政治学、社会学、法学等领域的经典分析框架，围绕二者的关系产生了诸多经典理论。这种自西方传入的分析方式为我们所批判接受，并被用来解释分析传统中国社会和现代中国社会。我们所讨论的刑事政策运行过程既然依赖于社会，就必然绕不开国家与社会这一二元分析框架，因为作为国家政策的一部分，刑事政策具有天然的政治性和国家性，而刑事政策的运行又必须嵌入社会之中，因此，如何看待国家与社会的关系，就直接关系到刑事政策运行的效果。

一、国家与社会关系的经典理论

"时代的法律精神不能在法的现象自身中去找寻，也不能指望宗教神学的启示，它蕴藏于法的现象的现实社会基础之中，蕴藏于一定时代、一定民族人们之间的相互关系和社会结构之中。而无论是人们之间的相互关系，还是社会结构的关系模式，都取决于其经济结构、国家政治结构、国家与社会之间的关系。"① 刑事法律的制定与适用同样要受到社会经济结构、政治结构以及国家与社会之间关系的影响。围绕着国家与社会的关系，存

---

① 刘旺洪：《国家与社会：法哲学研究范式的批判与重建》，载《法学研究》2002年第6期。

在三种经典的理论范型,这三种理论范型对国家与社会之间的关系存在不同的理解和阐述。

从哲学史的角度看,对国家的探讨在古希腊城邦制时期已经出现。但以土地为核心的农业经济体制决定了封建社会的社会结构类型,在这种类型下是无法产生对社会这一概念的深入思考的。对国家和社会之间关系的系统分析始自自然法学派,其理论基石社会契约论描绘了一个国家产生的理想过程,该理论的逻辑起点就是作为社会构成单位的个体的人及其所拥有的权利,以此为基础形成了国家利益和个人权利关系的理论范式,成为系统探讨国家与社会关系的最早尝试。其后,康德、黑格尔和马克思等人都对国家和社会之间的关系有着深入的分析。

(一)自由主义理论

洛克和康德作为自由主义的典型代表,在论及国家与社会的关系时,认为个人的权利是国家权力的基础,注重个人本位和自由主义,因此应当对国家权力加以制约和控制。在《政府论》中,洛克对权利到权力的让渡过程有着详细的表述,他认为人与人之间的原始状态是最平等的,人们"在自然法的范围内,按照他们认为合适的办法,决定他们自己的行动和处理他们的财产和人身,而无需得到任何人的许可或听命于任何人的意志。"[①]但这种社会下人与人之间时刻处于一种战争状态,人人自危,为了消除冲突与危险,人们让渡权利、缔结契约,从而形成政府与国家。"这就是立法和行政权力的原始权利和这两者之所以产生的原由,政府和社会本身的起源也在于此。"[②]但洛克也指出人们所让渡的权利只是自己所有自然权利中的一部分,而政府拥有这些权力必须是为了人民的利益,如果政府运用这些权力侵害人民利益,人民就没有服从的义务,就有权反抗乃至推翻政府。洛克认为,个人自由权利、社会的独立是最根本和最重要的。可见,

---

① [英]洛克:《政府论(下册)》,叶启芳译,商务印书馆1964年版,第77页。
② [英]洛克:《政府论(下册)》,叶启芳译,商务印书馆1964年版,第78页。

在洛克和康德对国家与社会之间关系的理论中，社会是先于国家存在的，国家只是处于社会中的个体为了保护自己而让渡权利形成契约之后产生的，国家只是人民用以保护自由和幸福的工具。在此，我们不对社会契约论是否符合客观存在作出评判，但洛克的这种论述树立了一种人民权利至上和国家权力应当受到限制的自由主义的观念。

（二）国家优位理论

和洛克、康德的自由主义范型不同，霍布斯、黑格尔在论及国家和社会的关系时认为国家的地位高于社会，国家具有至高无上的权威和神圣性，而个人和社会只是国家的工具与附庸。黑格尔认为市民社会和政治国家均属于伦理哲学的范畴，而"伦理是自由的理念。"这种理念的概念作为精神的东西而存在，"因而它是本身的客观化，和通过它各个环节的形式的一种运动。"[1] 这一客观化的过程具有三个环节，即家庭、市民社会和国家，市民社会是介于家庭与国家之间的特殊领域，是伦理精神的差别阶段，同时它又产生于国家之后，以国家为前提。黑格尔认为国家产生和存在的合理性基础是市民社会的片面性，是市民社会中特殊利益与普遍利益之间的尖锐冲突，它的使命就是协调和整合市民社会的多元利益，实现特殊利益与普遍利益的实体统一。由于国家的介入，市民社会的片面性就得到了克服，获得了逻辑上的自足和完美。在这里，"对私权和私人的福利，即对家庭和市民社会这两个领域来说，国家一方面是外在必然性和它们的最高权力，它们的法规和利益都从属于这种权力的本性，并依存于这种权力；但是，另一方面，国家又是它们的内在目的，国家的力量在于它的普遍的最终目的和个人的特殊利益的统一，即个人对国家尽多少义务，同时也就享有多少权利。"[2] 黑格尔把国家定位于伦理的本性和道德的合目的性，把国家"作为社会正当防卫调节器"，作为普遍性和特殊性统一的机制，

---

[1] 刘旺洪：《国家与社会：法哲学研究范式的批判与重建》，载《法学研究》2002年第6期。
[2] ［德］黑格尔：《法哲学原理》，贺麟译，商务印书馆1995年版，第261页。

完成了对国家神圣的逻辑论证。无疑，黑格尔的市民社会与政治国家的理论是近代社会与国家关系的第一次完整、系统的理论表现。①

刘旺洪教授对黑格尔的这种理论建构做了评价，认为其理论体系本质上是一个颠倒的体系，它将国家作为目的，而将市民社会作为实现国家伦理目的的工具，在他的逻辑演化过程中，前一个环节不是后一个环节的基础，而只是后一个阶段的片面和质料，是达到后一个环节的逻辑手段。他的全部逻辑推演的过程都是为了论证伦理国家的合理性，以实现其思辩哲学的逻辑建构。②虽然诸多学者都对黑格尔的理论体系做了批判，但在他的理论体系中，国家始终处于优位，这一理论无疑极大地强化了国家的地位和作用。

（三）马克思的国家与社会关系理论

马克思的国家与社会关系理论是在对黑格尔的国家市民社会理论进行批判的基础上构建起来的，是一种历史唯物主义的分析范式。马克思以历史唯物主义为分析工具对现实国家进行了批判，他认为国家作为统治工具，是私人利益的维护工具，而非实现人民福利的工具，因此，他对黑格尔的国家理论持否定的态度。他在《黑格尔法哲学批判》中对黑格尔的市民社会与政治国家的理论范式进行了深入的剖析，对黑格尔在市民社会与政治国家关系问题上的唯心主义谬误进行了批判。马克思否定了政治国家决定市民社会的观点，他认为不是政治国家决定市民社会而是市民社会决定政治国家。市民社会"这一名称始终标志着从生产和交往中发展起来的社会组织，这种社会组织在一切时代都构成国家的基础以及其他观念的上层建筑的基础。"③因之，市民社会是国家的真正构成部分，是国家的现实基

---

① 刘旺洪：《国家与社会：法哲学研究范式的批判与重建》，载《法学研究》2002年第6期。
② 刘旺洪：《国家与社会：法哲学研究范式的批判与重建》，载《法学研究》2002年第6期。
③ 中共中央马克思恩格斯列宁斯大林著作编译局编译：《马克思恩格斯全集（第三卷）》，人民出版社1960年版，第41页。

础和原动力，是国家存在的必要条件和存在形式。①

马克思认为市民社会包含三个方面的要素，一是市民社会是由一定的社会生产力所决定的一切物质交往关系的总和，在市场经济条件下，它主要指商品交换关系；二是市民社会包括全部商业生活和工业生活，或者说全部的物质生产和物质交往关系；三是市民社会中存在的特殊利益和普遍利益的矛盾是国家产生与发展的价值功能基础。

马克思还对国家从社会中分离出来的历史过程进行了分析。在马克思看来，在前资本主义时期，市民社会与政治国家之间具有高度的同一性，两者之间没有明确的界限，政治国家就是市民社会，而市民社会的每一个领域都带有浓郁的政治色彩，一切私人活动与事务都打上显明的政治烙印。在古希腊和古罗马，国家事务是真正的私人事务，"在这里，政治国家本身是市民的生活和意志的唯一的内容。"中世纪的特点是现实的二元论，即政治国家与市民社会在现实运动过程中是彼此重合的。而近代世界是抽象的二元论，即表征为市民社会与政治国家的直接分离和二元对立。随着市民社会的各要素日益获得独立存在和发展的意义，市民社会开始同政治国家相分离。与之相适应，政治国家也得到了长足的发展。马克思认为，市民社会与政治国家相分离的社会和政治条件主要有两个：一是私人领域的独立存在，促使私人等级的政治性质日益丧失，这就为市民社会和政治国家的分离提供了深厚的社会基础；二是近代的政治革命加速了政治国家与市民社会分离的进程。这种分离也造成了一系列的社会后果，带来了整个近代西方社会的深刻变化，它使市民社会成为私利的战场，庞大的官僚政治系统得以建立，政府与市民社会之间的对抗加剧和代议制民主政治运行模式的确立。②

---

① 刘旺洪：《国家与社会：法哲学研究范式的批判与重建》，载《法学研究》2002年第6期。
② 刘旺洪：《国家与社会：法哲学研究范式的批判与重建》，载《法学研究》2002年第6期。

二、国家与社会关系的对立统一

从上述三种理论看，围绕着国家与社会的关系存在不同的理解。自黑格尔以后的自由主义思想家更为强调两者对立的一面，"市民社会包括了这样一些结构与过程，通过它们，个人与群体在寻求他们自己的利益的时候能够独立于国家的控制结构而相互作用。"① 在这些学者看来，市民社会意味着一个独立于国家的社会经济生活领域，也意味着对国家权力的一种限制，是一个存在于国家权力之外的社会联系与社会生活的理论上的抽象。

马克思对国家社会关系的论述中分析了国家从社会中产生的历史过程，辩证地说明了国家和社会的对立统一关系，认为市民社会是国家权力的基础。葛兰西作为西方马克思主义学者，对国家与社会的这种对立统一关系做了新的解释，他认为市民社会只是统治阶级行使其统治权的一种间接的过渡，他反对把国家与社会强行分开，他认为国家事实上已经包含了"市民社会"，"市民社会也是'国家'，并且不仅如此，市民社会恰好构成国家"。② 葛兰西的论断源于其对近代资产阶级民族国家建立以来国家的发展过程的分析，这一过程中，国家通过现代政治体制的建立不断地吞噬之前相对独立的市民社会，最具代表性的行为就是国家权力对社会经济的干预，也就是凯恩斯学派的理论基础。对于后发国家而言，这种国家权力对社会生活的干预程度更深，国家的作用已经深入社会生活的各个方面，因此，那种社会独立于国家而存在的论断只能成为一种理论上的想象，在现代社会已经找不出现实依据，但不可否认，这种观念上的存在对于防止国家权力的肆意妄为从而保护公民权利方面有着相当积极的作用。

有研究者认为，西方概念中的"社会"作为一种个人与国家之间的联

---

① 转引自唐士其：《"市民社会"、现代国家以及中国的国家与社会的关系》，载《北京大学学报》（哲学社会科学版）1996年第6期。

② 葛兰西：《狱中杂记》，人民出版社1987年版，第220页。

系，在传统中国思想中是不存在的。①"中国社会直到 19 世纪末尚未以欧洲关于公民社会与国家的观点审视自己"。②而事实上，20 世纪 80 年代以后，西方学者关于国家与社会关系的学说被介绍到中国来，对中国知识界产生了影响。③许多学者都在使用国家社会这一二元分析框架来考察变迁中的中国社会。郑杭生认为：尽管当代西方国家与社会有走向重合的趋势，但西方概念中的国家与社会关系是二元对立关系；而当前中国，尽管社会结构转型过程中出现了国家与社会相对分离的现象，但我们概念中的国家与社会是一个统一整体。④这一论断符合马克思对国家社会关系的分析，也符合新中国成立后社会结构的变迁过程，无论是从传统中国向现代中国转变的历史角度，还是从现代国家发展的经验来看，在我国，都不太可能构建一个所谓的独立于国家的市民社会。

改革开放以来，以国家权力的收缩为标志，我国的国家与社会之间的关系发生了比较大的变化，整体上来说，是国家权力的触角从社会的最基层以及私人生活的方方面面往回收缩，具体的表现我们概括为以下三个方面：第一，国家对社会的控制在整体幅度上开始收缩，国家对社会的管控开始弱化，对社会资源的直接控制和调配在量上有很大的减少，尤其是市场经济的确立，使国家对经济的直接干预程度大幅下降，具体表现为非公有制经济的飞速发展；第二，国家更多地依靠法律等制度规范而非行政命令和计划指令等方式控制社会，依法治国方针的确立和法治中国建设的理念使国家在使用权力的时候更加谨慎、更加规范，多元化的控制手段不但符合法治理念，而且在社会活力方面也有极大的促进，这不但提高了我们的经济发展水平，还极大地提高了政治文明和行政水平；第三，国家自身

---

① 戴卫·斯特兰德：《"公民社会"和"公众社会"在现代中国》，转引自汪熙、魏斐德主编：《中国现代化问题》，复旦大学出版社 1994 年版，第 43 页。
② 杜赞奇：《中国近代史上的国家与公民社会》，载汪熙、魏斐德主编：《中国现代化问题》，复旦大学出版社 1994 年版，第 363 页。
③ 郑杭生、洪大用：《现代化进程中的中国国家与社会》，载《云南社会科学》1997 年第 5 期。
④ 郑杭生、洪大用：《现代化进程中的中国国家与社会》，载《云南社会科学》1997 年第 5 期。

的权力结构也在进行相应的调整，基层部门、地方政府、企业以及公民个人等在法律的框架下都有了比较大的自主权。从这些变化来看，国家和社会的关系处于不断的调整之中，总体表现是国家有意识地将部分领域让渡给社会。

但需要说明的是，在这个过程中，有两个问题需要解决。其一，国家对社会的控制程度减弱并不意味国家不需要控制社会，事实上，如上所述，在黑格尔和马克思辩证地分析了国家与社会的关系之后，后来的思想家和学者们都认为国家和社会之间并非两个可以绝对分开的体系，虽然观点各有不同，但要么认为国家包含着社会的影子，要么认为社会构成了国家；其二，从社会发展看，国家权力在从社会领域整体回缩的过程中，社会控制出现了一些问题，即某些领域由于国家权力控制已成为习惯，而社会没有能力进行自我防御和保护，一旦国家权力抽身，这些领域就成了真空地带，一种非正式的控制形态就会出现，而当这些领域蕴含着极大的经济利益的时候，这种非正式的控制形态就会加强，黑社会性质的组织的出现就是其后果之一，这无论是对国家还是对社会都是一种极大的损害。因此，国家与社会关系的理想的状态是既能保证社会的独立性与自主性，又能充分发挥国家作为社会总体利益的代表对社会经济生活的协调与控制，这就表现为国家与社会之间的对立统一，也就是说两者之间并非一种绝对的对立，而是存在一种必然的互动关系，既相互制约又相互合作、相互独立又彼此依赖的有机统一的关系。

三、国家与社会关系理论和刑事政策的运行过程

转型时期的中国在国家与社会关系方面呈现出动态多变的形态，虽然有不少学者认为中国社会不存在独立于国家之外的市民社会，但在社会建设领域，国家与社会之间的互动的确频繁而丰富。作为法治建设的构成部分，刑事政策的制定和运行过程中国家与社会之间的互动也极为频繁，无

论是在刑事立法层面还是在法律适用层面，如社区矫正、刑事和解等，社会的参与程度都在加强。

（一）国家力量始终是中国刑事政策的运行的主导

从刑事政策的纵向结构看，其制定和运行都是以国家为主导，多个国家部门和组织参与其中。刑事政策的制定模式包括理性决策模式、经验决策模式、渐进决策模式、精英决策模式和综合决策模式。①无论何种模式，都由国家力量主导。从我国的刑事政策制定经验看，我国的刑事政策制定模式涵盖了上述五种模式，精英决策模式中包括了党和国家领导人对打击犯罪的指示精神以及法学专家们对刑事政策的理解和起草，而精英们的意见需要通过立法机关的表决。从刑事政策的演变历史看，严打到宽严相济的过渡则体现了经验决策和渐进性决策的特点，但这种过渡同样需要精英们认识的转变以及立法程序的确认。从刑事政策运行来看，参与的国家组织就更为复杂，包括了公安机关、人民检察院、人民法院、司法部门以及政府的其他部门。由于刑事政策运行过程中参与的国家力量较多，无法对每一主体均作出细致的分析，在此我们选取发挥作用较大的几个主体做简单说明。

人大是立法机关，刑事政策的制定需要通过人大的立法程序加以确认。在法律体系不健全的过去，政策往往可以代替法律作为处理具体案件的依据，这一做法不符合法治的基本理念。我国现在已经建立起社会主义法制体系，法律日益健全，政策的作用已经从替代法律过渡到引导规范法律的适用。但是，作为指导刑事法律制定和适用的刑事政策，必须有比较明确的规范文件和文字表述，且应当通过立法机关确认和通过。例如，1983年严打刑事政策出台时，全国人大常委会颁布了《关于严惩严重危害社会治安的犯罪分子的决定》和《关于迅速审判严重危害社会治安的犯罪分子的

---

① 卢建平主编：《刑事政策学》，中国人民大学出版社2013年版，第162-163页。

程序的决定》。在程序上,全国人大常委会颁布这两个文件对刑事政策地位的确立具有重要意义。从这个角度而言,我国现在贯彻的宽严相济刑事政策虽然有最高人民法院和最高人民检察院的法律文件加以确认,但我们认为还应当更进一步由全国人大常委会发布决定以保证其权威性。

公安机关、人民检察院、人民法院作为具体的办案机关、审判机关,在处理案件适用法律时,对于刑事政策的贯彻具有很大的主导权,尤其是人民法院作为审判机关在审理个案时除了依照法律规定外,还必须运用刑事政策加以指导。成文法的局限性和案件的差异性给了我国刑法很大的解释空间,单纯地按照刑法规定不可能对一个具体案件作出最为适当的判决,此时,就需要法官能够根据案件事实,从刑事政策的角度对法律作出自己的理解。因此,刑事政策运行中,这些办案机关往往决定着刑事政策的运行效果。

除了上述机关以外,根据部门分工协作的基本原则,还有许多国家机关或部门参与到刑事政策的运行之中,如司法行政部门、各级综治委等,它们对于刑事政策的运行效果也具有重要的主导作用。

(二)社会力量是刑事政策运行中的重要组成部分

刑事政策运行的社会基础的其中一个内容就是社会组织和社会力量。从刑事政策运行的实践经验看,随着社会的发展和依法治国进程的加快,社会力量越来越多地参与到刑事政策的运行过程中,无论是刑事政策的制定还是运行,社会力量都发挥着越来越重要的作用。

首先,从刑事政策的制定来看,纯粹依赖于精英的制定模式越来越少,在综合模式中越来越重视通过制度和技术手段吸纳民众的意见,从而使政策的制定尽可能符合公众意愿。具体形式包括了人大代表的直接参与立法活动、人大代表和政协委员提出议案、专家座谈和论证以及公民建议等。

其次,从刑事政策的运行来看,在坚持国家力量主导的同时,社会力量参与刑事政策运行的深度和广度都有所增强。比较典型的领域有两个,其一，是在犯罪治理领域，由于资源的有限性，国家力量无法在所有时间所有领域都发挥作用，公共安全产品存在政府失灵的现象，此时，中国的经验是沿着市场化和社会化两条路径，通过不同的方式和机制吸纳社会力量参与其中。比如，在基层社区，城市和农村由于治安状况、自然条件的不同，采取的方式有所差异。在城市，更常见的是通过以保安为代表的市场力量参与治安治理，预防犯罪；在农村，则更多的是发挥群众自己的力量，自发地组织起来维护地方的社会治安。当然，在社会转型期间，也有一些少数的例外，比如个别农村也采用了市场化的方式以"治安承包"的形式解决犯罪预防问题。其二，在刑罚执行领域，随着《刑法修正案（九）》和《刑事诉讼法学》的修订以及《社区矫正实施办法》的出台，社区矫正制度得以正式确立和施行。按照这些法律规定，社区矫正一方面需要依托社区完成对矫正对象的刑罚执行，另一方面需要借助社区资源和社区力量来弥补国家正式力量的不足。从社区矫正的实施效果看，目前的困境在于虽然有了法律上的支持，但现实运作中缺乏具体的、行之有效的机制将社会力量的参与落到实处，如社区志愿者的选拔培训、居委会村委会如何参与社区矫正、社区如何监督矫正对象等，基层司法所都面临着这些难题。除了上述两个领域外，刑事政策运行的其他方面也有社会力量的广泛参与，如刑事司法的过程中的社会参与以及刑事政策评估与反馈中的社会参与等。

（三）国家与社会的互动在刑事政策运行过程中的体现

国家与社会的互动关系在改革开放后的中国比较集中的表现就是国家建设和社会发展，其内容包括社区建设、基层自治、社会组织的发展等，中外研究者从不同的视角用不同的分析工具形成了不同的理论体系，其共同的目的都是为了探讨国家与社会之间的互动关系。在这种探讨中，存在两种不同的思路，一种是以市民社会概念为切入点，研究内容包括了国家和社会的关系、市民社会概念在中国的适用性、社会组织在国家事务中的作用及困境等；另一种如前所述，部分学者认为无论是传统中国社会还是新中国成立以后的中国社会，都不存在独立于国家之外的市民社会，因而转用"法团主义"的视角，在承认国家的强势地位和对社会进行有力控制的现实基础上，探讨社会在国家建设中的作用。这两种视角在面对中国社会的复杂性时还是出现了许多困难，因此，学者们的研究更加具体化，开始关注地方政府和社会组织在地方治理过程中的互动关系。具体到犯罪治理，地方政府沿着社会化和市场化两条路径，根据地方资源和经验，进行了很多创新，也取得了比较良好的效果。与此同时，国家和社会的互动关系也呈现出紧张的一面，社会矛盾的加剧和部分地方治理能力的弱化导致了官民之间的冲突，维稳的压力使得地方政府在面对民众正常表达利益需求时不能寻求对话和协商，而是要么花钱买平安，要么粗暴压制，不但不能从根本上解决问题，而且在一定程度上恶化了国家和社会之间的关系。

改革开放之后的中国建设时间尚短，整体上看，政府和社会之间稳定的良性互动关系尚未形成，如何调整政府和社会的关系至关重要。良好的社会治理需要政府和社会组织以及社会公众之间的共同协商和参与，只有多元主体相互协作，才能达到社会治理的良好状态。刑事政策运行中国家与社会的互动关系基本上符合上述形态，即虽然国家和社会之间还没有形成比较稳定的互动关系，但社会力量的参与已经成为必然，而且显现出越来越大的作用。

从改革开放以后刑事政策的发展看，国家和社会的互动关系表现为：国家仍然处于主导地位和强势地位，并始终掌握着制定规则的主动权，并奠定了社会力量参与的制度基础，但基于刑事政策的社会嵌入性，刑事政策运行的动力始终来源于社会自身。国家对社会全面控制的调整伴随着市场经济的确立在一定程度上促进了国家和社会的相对分离，从而给了社会以新的空间。在这些空间中，国家仍然运用其强大的资源优势保持着和社会的互动关系。具体表现有以下两个方面：一是国家通过制度安排和治理方式的改变为社会力量参与刑事政策运行提供了空间。具体方式包括了制度创新与建设、法律法规的颁布、制度化的利益表达机制、地方治理的创新与地方政府的转型等。二是社会自身也在通过其活动争取更大的参与空间。具体表现包括社会组织的飞速发展、新媒体如微博微信网络空间的兴起与推广、基层社区自治能力的增强等。

总之，国家与社会的二元分析框架在解释刑事政策运行过程中的国家力量与社会力量的互动关系时具有强大的生命力。当前中国国家与社会在刑事政策运行领域的互动关系呈现出一种从国家垄断转向社会有限参与的过渡形态，国家主导下的社会参与蕴含了刑事政策运行机制的生成逻辑。在国家和社会互动的关系模式中，制度化和法治化是基本的保障，影响刑事政策运行效果的力量在于国家和社会的互动，而社会基础则对这种互动具有决定作用。

第三节　社会治安综合治理：刑事政策运行的一个例证

国家与社会在实践中的相对分离为刑事政策的运行提供了互动空间，而社会基础所包含的个体之间、个体与社会阶层之间以及个体与国家之间特定的联结关系和关系模式使得在刑事政策的运行实践中蕴含着极大的制度建设的可能性。在中国刑事政策的运行过程中，无论是自上而下的制度安排还是自下而上的经验总结，都显现了国家与社会互动关系带来的丰富活力。"严打"政策、"宽严相济"刑事政策以及"社会治安综合治理"都是这种活力的体现。从刑事政策的体系以及政策本身蕴含的理念看，社会治安综合治理既能体现国家和社会的良好互动关系，也能反映出刑事政策运行所需要依赖的社会基础，更能展现国家、基层社区、社会个体及共同体之间在刑事政策领域的复杂关系。因此，我们期望通过剖析社会治安综合治理政策，以进一步论证刑事政策运行的社会基础。

社会治安综合治理是我国治安治理和犯罪治理中的重要方针，对于其在刑事政策体系中的地位，学者们存在不同的看法，有学者将其视为我国刑事政策体系中的总的刑事政策，而将"打防结合、预防为主"作为基本的刑事政策，并认为以刑事惩罚和社会预防为主要内容的是各种具体的刑事政策，宽严相济就是具体的刑事政策。① 也有学者将社会治安综合治理作为刑事政策的构成部分加以认定，但并未对其在刑事政策体系中的地位进行确认，而是将其同宽严相济刑事政策并列起来加以论述。② 从社会治安综合治理的出台背景和其内容来看，其对打击犯罪、刑法适用无疑具有重要的指导意义；从刑事政策的内涵和外延看，将其视为总的刑事政策有其合理之处。社会治安综合治理蕴含了国家力量和社会力量共同参与刑事政策运行的理念，也符合治理理论中多元主体协商合作的基本精神，更能够展现刑事政策运行的社会基础。

一、提出与确立：对社会基础的依赖

社会治安综合治理作为我国治安治理和犯罪治理的重要方略，在维护治安、治理犯罪领域发挥了重要的作用。对于社会治安综合治理的明确提出是在1981年6月14日中共中央批转的中央政法委《京、津、沪、穗、汉五大城市治安座谈会纪要》中，其指出，党的十一届三中全会以来，社会治安经过整顿有了好转，但情况还相当严重。要充分认识搞好社会治安对于保障安定团结和经济调整的重要性、紧迫性；要充分认识治安问题的复杂性和各种困难；要充分认识在一定范围内阶级斗争还将长期地存在，对少数阶级敌人的破坏活动要提高警惕。强调解决社会治安问题，必须各级党委来抓，全党动手，实行全面"综合治理"。这是我国第一次明确提出"综合治理"方针。

1991年1月15—21日，全国社会治安综合治理工作会议在烟台举行，

---

① 严励：《问题意识与立场方法：中国刑事政策研究之反思》，载《中国法学》2010年第1期。
② 卢建平主编：《刑事政策学》，中国人民大学出版社2013年版，第162–163页。

这是新中国成立后第一次召开全国性的社会治安综合治理工作会议，时任政法委书记乔石同志在会上做了题为《认真贯彻党的十三届七中全会精神，紧紧围绕党的基本路线，加强政法工作，维护社会稳定》的报告，指出解决社会治安问题，必须从国情出发，坚持专门工作与群众路线相结合的方针，在各级党委和政府的领导下，动员社会各方面的力量齐抓共管，运用政治的、经济的、行政的、法律的、文化的、教育的等多种手段进行综合治理；强调依法严厉打击严重刑事犯罪活动，是综合治理的首要环节，必须坚持"严打"和综合治理的其他各项措施"两手抓"的方针，尽一切可能预防和减少犯罪；认为综合治理方针是我们维护社会稳定的一个长期的基本方针，是在改革开放的新形势下，具有中国特色的、广泛依靠群众解决社会治安问题的新路子。1992年2月19日，中共中央、国务院作出了《关于加强社会治安综合治理的决定》。同年3月2日，第七届全国人大常委会第十八次会议通过了《全国人大常委会关于加强社会治安综合治理的决定》。为加强对全国社会治安综合治理工作的组织领导，中央决定成立中央社会治安综合治理委员会，作为协助党中央、国务院领导全国社会治安综合治理工作的常设机构。

从1981年提出到1991全国社会治安综合治理工作会议的召开再到1992年中共中央、国务院《关于加强社会治安综合治理的决定》的公布和全国人民代表大会常务委员会《关于加强社会治安综合治理的决定》的颁布，标志着社会治安综合治理的方针以政策和法律的形式确立下来。2001年，在经历第二个10年的探索之后，党中央、国务院又下发了《关于进一步加强社会治安综合治理的意见》，开启了新时期社会治安综合治理的新篇章。2011年3月，中央政法委专门召开纪念社会治安综合治理两个《决定》颁布20周年座谈会，系统总结了两个《决定》颁布以来的经验，再次强调：要努力适应中国特色社会主义法律体系形成后的新要求，善于运用法律手段加强和改进社会治安综合治理工作，不断提高社会治安综合治理的法制化水平。

社会治安综合治理的提出和确立经历了相当长的一个过程,从其出台背景和历史可以看出,社会治安综合治理是在总结犯罪治理经验的基础上提出的,既尊重了治理犯罪的基本规律,也看到了基层社会在犯罪治理中的作用。1978年以后的一段时期,我国的社会秩序处于恢复时期,以公检法司为代表的打击犯罪的专门机关也正在重建,无论是其治理犯罪的能力还是可以依托的资源都比较有限,因此,要想有效治理犯罪,除了要加强公检法司这些专门机关的能力外,还要借助政府其他部门的力量,更要发挥群众路线的重要作用,充分吸纳社会力量参与犯罪治理。需要说明的是,从社会治安综合治理出台的时间看,彼时正是西方社会治理理论大行其道之时,治理理论的理念之一就是基层社会要参与公共事务,要和国家力量形成良好的互动。这一理念的前提是"政府失灵",即政府在地方治理中存在效率低下甚至无效的可能。因此,要借助地方力量,在利益机制的驱动下发挥地方力量的积极作用。但当时的中国,政府机关尚在重建时期,其作用还未充分发挥出来,还谈不上效率低下和失效,党和政府提出社会治安综合治理的主要原因还是国家正式力量过于薄弱,期望通过挖掘社会力量以确保打击犯罪的有效性。无论如何,社会治安综合治理蕴含着刑事政策运行中国家与社会互动的内容,也体现了刑事政策体系对社会基础的依赖,这是其焕发着强大生命力的重要的原因。

二、特征、原则和基本内容:社会基础的具体体现

(一)社会治安综合治理的特征

首先,社会治安综合治理具有广泛的社会性。社会治安综合治理蕴含了治理理论的理念,而治理理论的一个核心内容就是强调主体的多元化和社会化,即注重国家力量和社会力量的合作,这种对社会力量的依赖就是我们所说的刑事政策的社会基础。治安治理的目标是获得公共安全、形成

良好的治安秩序,这对政府而言是其存在的必要性之一,对社会而言则是社会发展运行的基本要求,价值目标的共同性决定了社会力量参与社会治安综合治理的主动性和积极性。综合治理的任务之一就是如何通过制度化的手段整合社会中不同形式的力量,共同参与治安治理工作,预防违法犯罪行为,减少犯罪。

其次,社会治安综合治理方式具有多样性和综合性。从综合治理的工作环节上看,包括了打击、防范、教育、管理、建设、改造六种措施,这六种措施相辅相成、互为补充。从综合治理的手段上来看,有政治手段、法律手段、经济手段、行政手段、文化手段和教育手段。不同的手段结合不同的环节,共同发挥着作用,体现了社会治安综合治理方式上的多样性和综合性。当然,这种多样性和综合性是与违法犯罪和治安问题原因的复杂性、多元性相适应的。无论是六种措施还是六种手段,都需要专门机关和社会公众的共同参与和配合。

最后,社会治安综合治理的主体具有多元性和广泛性。按照社会治安综合治理的内容,其主体包括了党委、政府、各人民团体、企事业单位、公民和群防群治组织等。这些主体按照党委统一领导,党委政府共抓,具体职能部门和机构各司其职、各负其责,协调一致、齐抓共管,并以此为基础,按照"属地原则"和"谁主管、谁负责"的原则,实行社会治安综合治理领导责任制、部门负责制和责任追究制等一整套责任体系。这些主体中,既有国家正式力量的代表,也有社会力量的代表,在共同的价值目标的引导下,通过制度创新和机制建设共同推进刑事政策体系的运行。

(二)社会治安综合治理的原则

1. 法治原则

法治原则,就是要将社会治安综合治理工作纳入法治轨道,使其制度化、法律化,以保证社会治安综合治理工作的连续性、稳定性和权威性。坚持法治原则,就要做到社会治安综合治理工作有法可依,既包括刑事立法和治安法律的完善，还包括制定、完善直接规范综合治理工作的法律法规。从目前看，我国治安综合治理立法还存在以下问题：全国人大常委会《关于加强社会治安综合治理的决定》立法相对滞后、地方《社会治安综合治理条例》修订不及时且创新性不够、社会治安综合治理机构的法律地位存在争议、违法犯罪预防方面的立法比较薄弱、社会治安综合治理的法律监督比较薄弱等。对此，需要继续加强立法，以保证社会治安综合治理的权威性。

2. 预防为主、重在治本的原则

坚持预防为主、重在治本就是要在宏观上把预防工作作为社会治安综合治理工作最基本的立足点和出发点，注重抑制和消除产生危害社会治安现象的具体原因和条件，最大限度地减少和防止社会失范现象的发生，从而达到治本的目的。这一原则既符合犯罪现象的基本规律，也符合我国打击犯罪、维护社会治安的实践经验。当然，预防为主、重在治本并不意味着打击犯罪、不重要，预防和打击相辅相成，都是解决社会治安的问题的重要方法。

3. 协调原则

社会治安综合治理是一项系统工程，不是各种社会组织、政策法律、手段措施的简单叠加，而是各子系统有机结合、相辅相成、协调运作的动态过程。这里的子系统包括了以各地党委政府和社会治安综合治理委员会为构成部分的组织系统，以人民法院、人民检察院、公安、司法行政等机关为主要力量的司法系统，以及立法系统、教育系统等。

4. 专门机关与群众路线相结合的原则

社会治安综合治理的理念就是凝聚国家各部门的力量和社会力量，共同解决治安问题。这就要求在治安治理中，负责综合治理具体工作的专门机关要发挥自己的职能作用，依法履职，同时要发挥社会力量的作用，获得群众的支持，共同打击违法犯罪。①

（三）社会治安综合治理的基本内容

按照《关于加强社会治安综合治理的决定》，社会治安综合治理的工作内容包括了"打击、防范、教育、管理、建设、改造"等六个方面。

打击指的是运用法律手段惩治违法犯罪行为，这是综合治理工作的首要环节；防范指的是治安防范和犯罪预防，即专门机关在履行自己职责的同时，发动群众采取各种防范措施，消除发生违法犯罪的诱因，以减少违法犯罪的发生；教育指的是各部门、各单位在工作中要加强政治思想教育，尤其是要加强对青少年的学校教育以及对刑满释放人员的教育挽救工作，从思想源头减少违法犯罪的发生；管理指的是加强行政管理工作，提高管理效能，减少社会治安问题，避免犯罪的发生；建设主要指的是加强基层组织建设和制度建设，将综合治理的措施落到实处；改造指的是教育人、挽救人、改造人、防止其重新犯罪的特殊预防工作。

三、经验与问题：社会基础的羸弱

社会治安综合治理推行三十多年取得了许多宝贵的经验。首先，责任制是综合治理能得以有效实施的保证。根据中央"综治委"《关于实行社会治安综合治理一票否决制的规定》，以及1993年中央"综治委"、中纪委、中组部、人事部、监察部联合制定的《关于实行社会治安综合治理领导责任制的若干规定》，抓好社会治安综合治理工作同各级党政领导干部的任期目标、政绩考核、晋职晋级、奖惩挂钩。经过多年实践，以领导责任制、目标管理责任制、一票否决制为框架的社会治安综合治理责任体系已经形成。其次，社区支持和群众参与是社会治安综合治理的有力保障。随着社会结构的变化，社区已经成为成预防犯罪的重要场域，综合治理蕴含了治

---

① 卢建平主编：《刑事政策学》，中国人民大学出版社2013年版，第122–124页。

理理论中的多中心治理和社会参与理念，治保委员会、治安互助小组、社区志愿者等社区治安组织通过治安防范、治安调解、社区矫正以及对失足青少年和刑满释放人员的帮扶等方式参与到综合治理工作中来，有效地弥补了国家正式力量的不足。这种做法既是对综合治理工作群众路线的贯彻，也是社会参与刑事政策运行的具体化。

然而，从社会治安综合治理几十年的实践状况看，还存在不少的问题，如在方式上仍然有比较重的计划色彩、在工作推动上过于依赖政治权威、在落实上仍然以身份制为运转前提。具体来说，社会治安综合治理主要存在以下几个方面的问题：

第一，社会治安综合治理的地位有待于提高。根据刑事政策所处层次的不同，可以将刑事政策分为总刑事政策、基本的刑事政策与具体刑事政策。总刑事政策是指用以指导一定历史时期防控犯罪活动的全局性的、高度原则性的方针。[①]总刑事政策是其他各项刑事政策的出发点和基本依据。如前所述，有学者将社会治安综合治理定性为我国的总刑事政策，有学者将其定性为基本刑事政策。从理念和内容来看，社会治安综合治理具有全面性、综合性、多样性等特征，在刑事政策的层次上，更符合总刑事政策的定位，应当指导其他刑事政策，发挥纲领性作用。但在实践中，社会治安综合治理的地位和其理念、内容与手段均不匹配。按照社会综合治理的内容，打击违法犯罪只是其中的一个环节，但由于重打击、轻防范的思维定式，我国长期以来占据主导地位的是严打政策而非社会治安综合治理，相关部门更习惯于将社会治安综合治理定位为一般的预防工作，视其为严打政策的补充。事实上，按照制度设计，社会治安综合治理是对治安问题的全方位治理，其内涵十分丰富，包含甚至超越了打击与防范。实践中对社会治安综合治理地位的忽视和对其内容的错误认识导致其始终没有发挥出应有的指导作用。

---

① 侯宏林：《刑事政策的价值分析》，中国政法大学出版社2005年版，第103页。

第二，社会治安综合治理的决策过程中的社会参与程度不够。刑事政策作为公共政策的一种，其决策过程的科学化和民主化是现代社会的一项普遍政治原则。所谓决策的科学化，是指在科学决策理论的指导下，形成科学的决策体制、决策组织，并且科学地提出决策的目标，按照科学的决策程序，运用科学的决策方法而进行的决策。所谓决策的民主化，是指应当通过制度化的措施保证社会公众和社会组织能够充分参与公共决策的过程，在公共决策中反映社会公众的意愿和利益，并在决策系统及其运行中逐步形成深入了解民情、充分反映民意、广泛集中民智的决策机制和营造良好的决策社会环境，充分体现人民群众国家主人公的地位和参加国家公共管理的民主权利。公共决策的科学化和公共决策的民主化密切相关，科学化的程度与民主化的程度直接相关。只有民主的决策才能带来更多的科学因素，只有决策民主化才能使科学更好地为决策服务。民主化是实现科学化的途径和制度保证，实现决策民主化是实现科学化的先决条件。然而，在刑事政策制定的实践过程中，却明显地缺乏民主化，具体表现在决策出台前很少向社会各界广泛征求意见，即使是刑事政策领域的专家学者，参与决策的程度也远远不够，使得刑事政策的决策往往是领导者个人说了算。在社会治安综合治理实践中，中央综合治理委员会每年都会公布其工作要点，这些要点的确立，公众难以知晓其确定的依据，往往体现的是领导人的意志，这也使得决策缺乏系统性、协调性，往往头痛医头、脚痛医脚。[①]

第三，社会治安综合治理在理念上权力本位意识过重。治安治理的理念注重的是社会力量的参与和基层社区治安的自我治理，这种理念下应当是民众权利和民众利益占据主导地位。但在中国，权力本位的思想一直占据主导地位，从严打政策到社会治安综合治理再到宽严相济刑事政策，每项刑事政策的出台和运行采取的都是权力意志主导的模式。在这种模式下，国家为了统治秩序的需要和政权的稳定，始终把社会公众看作治安治理的

---

① 辛科：《社会治安综合治理：问题与对策》，载《中国政法大学学报》2011年第3期。

对象而非治安治理的主体。社会治安综合治理之所以能够拥有强大的生命力,并得到其他国家和联合国的肯定,就在于其蕴含的治理理念强调社会和国家的平等地位、强调多中心化、强调社会公众的共同参与,这种理念下社会公众处于主体地位而非客体地位。但从社会治安综合治理的实践方式看,坚持的仍然是权力主导的思维模式,这和治安治理的理念是相违背的。

第四,社会治安综合治理的手段措施重治标、轻治本。1991年,中共中央、国务院《关于加强社会治安综合治理的决定》提出社会治安综合治理的六个环节:打击、防范、教育、管理、建设、改造。2001年,中共中央、国务院《关于进一步加强社会治安综合治理的意见》提出了"打防结合、预防为主"的方针。从这两个决定看,社会治安综合治理更为注重的是对治安问题的预防,具体到六个环节,除了打击这一措施外,其他五项措施,即防范、教育、管理、建设和改造都是为了预防违法犯罪的发生。1991年3月,全国人民代表大会常务委员会《关于加强社会治安综合治理的决定》确立了社会治安综合治理的方针是"打击和防范并举,治标和治本兼顾,重在治本",但与之相矛盾的是在实践中,社会治安综合治理的职能部门更重视对违法犯罪的打击,而忽视预防工作。

第五,社会治安综合治理的依据法治化不足。当前社会治安综合治理立法的总体状况可以概括为:一部法律、两部行政法规、一系列部门规章及四十余部地方性法规、自治条例和地方政府规章,数量比较可观,内容比较庞杂,但总体相对滞后,存在的问题也比较突出。"一部法律"是指1991年3月全国人大常委会制定的《关于加强社会治安综合治理的决定》,该《决定》的出台标志着社会治安综合治理正式纳入了法制化轨道。"两部行政规章"是指1991年2月中共中央、国务院制定的《关于加强社会治安综合治理的决定》,以及2001年9月中共中央、国务院制定的《关于进一步加强社会治安综合治理的意见》。"一系列部门规章"是指中央社会治安综合治理委员会和国务院各部委对社会治安综合治理领导责任制、一票否决权制、考核评比制以及基层基础工作、农村治安工作、城市治安工作、青少年犯罪预防工作、刑满释放与解除劳教人员安置和帮教工作、流动人口管理、禁毒工作、各部门各行业参加社会治安综合治理工作作出的相关规定,共50余部。"四十余部地方性法规、自治条例和地方政府规章"是指各省、直辖市、自治区以及较大市的人大和政府制定的相关文件。从上述立法状况看,政策性的文件较多,地方性、经验性、尝试性的工作体会较多,权威性、规范性均不足。"由于各项政策性规定既没有给参与综合治理的各类主体具体、明确的授权,又没有明确其法律责任,因而实施中遇到的大量问题要靠各级政府、各部门、各单位通过对文件的理解自行处理。由于纲领性文件没有法律明确设定的模式,很难在符合政府组织法及依法管理的有关原则下建立起机构、职能、权力、责任明确的综合治理实施体制,而没有这套体制的正常运行与保障,纲领性文件的实施就只能依靠领导者对它的重视程度。因此,各地治安状况不平衡、治安形势不稳定与之有着直接的关系。"①

四、体系的重构:对社会力量的充分吸纳

(一)构建社会治安综合治理多元主体

社会治安综合治理强调犯罪问题治理的多中心化,认为犯罪治理的权力中心不仅包括政府,还包括社会组织、基层社区、社会公众等,这些社会力量参与犯罪治理承担了原本由政府负责的公共事务,以解决政府治理效能低下的问题。社会治安综合治理意味着在解决地方犯罪问题时,国家正式力量和社会力量之间的界限与责任逐渐模糊,双方无法截然分开,涉及犯罪治理集体行动时的国家机关和社会组织以及社会个体之间存在着权力依赖,并且为了达到打击犯罪、维护秩序的目的,各参与主体都必须交

---

① 辛科:《社会治安综合治理:问题与对策》,载《中国政法大学学报》2011年第3期。

换资源、商定共同的目标。社会治安综合治理意味着参与者最终将形成一个自主的网络,既具有某种特定权威,又分担了政府的特定责任。社会治安综合治理取得实效的关键并不在于政府的权力与权威,而是用新的技术和方法进行引导,这包括建构与协调、整合与管理、施加影响与规定取向。社会治安综合治理是在相互冲突的不同利益主体间进行协调,使其得以共同行动、实现目标的持续性过程。社会治安综合治理蕴含着治理理论的核心内容:治理既不是一整套规则,也不是一种活动,而是一个过程;治理过程的基础不是控制,而是协调;治理既涉及公共部门,也包括私人部门;治理不是一种正式的制度,而是持续的互动。可见,进行社会协商,促进政府与基层社会、社会个体及共同体之间的良好合作,并最大限度地协调上述几个主体间的各种利益冲突和矛盾,使社会更加公平和公正,是实现社会治安综合治理的有效手段。

社会治安综合治理的一个重要内容就是政府、基层社区、社会个体及共同体之间的协商与合作,广泛的协商合作是实现社会治安综合治理和有效犯罪治理的重要基础。与西方治理理论和协商民主理论的产生同步,在20世纪80年代,我国也曾提出要建立社会协商对话制度,并就此展开过关于社会协商的讨论。沈荣华认为,社会协商是指领导机关之间、领导机关与群众之间、群众之间、就普遍关心的重大问题进行平等而直接的沟通和商议。杨建华认为,社会协商就是不同的社会群体之间以平等的身份进行直接交流,商讨社会公共事务,并以此增进不同利益社会群体之间的相互理解,协调群体间关系,增强社会凝聚力的过程。[①] 在当下社会转型时期,社会治安综合治理中的协商不仅包括了刑事政策体系中的专门机关、基层社区、社会个体、社会群体,还包含了形式多样的社会组织以及形成的主体间的动态机制。从刑事政策运行的角度看,我们所说的协商合作就是由

---

① 游祥斌、李详:《反思与重构:基于协商视角的社会治安综合治理体制的改革研究》,载《中国行政管理》2014年第12期。

国家与社会的有机互动形成,通过表达、参与、沟通的方式,在促进基层社会的进步与发展、实现犯罪治理目标的过程中,所形成的协调、合作机制。这种协商作为以沟通、协调、商讨为主要内容的互动关系,具有如下特征:

第一,多元性和广泛性。伴随经济社会的发展,基层社区的发育以及社会主体日益多样化,社会分层进一步细化,不同阶层的利益诉求也呈多样性趋势。在此基础上,一方面,社会治安综合治理具有参与主体多元性的特征,不仅包括了公检法司等刑事政策体系中的专门机构,还包括了基层社区及其公众、社会组织等;另一方面,社会治安综合治理的目标具有多层次性,因此,多元主体间的互动在不同的情况下其主题具有广泛性,这种互动和协商突破了原本由国家主导进行互动的相对单一渠道,社会个体、社会组织都可以将切身利益诉求纳入协商议程,因而,互动的主题具有相当的广泛性,如刑事和解的谈判中,被告人、被害人和法官因其利益诉求的不同,会提出不同的要求,不同性质的案件、不同地区的参与主体,其协商主题会随之变化。

第二,平等性和公开性。社会治安综合治理中的协商,不同于政策议程,参与到刑事政策体系中的多元主体在地位上具有平等关系,不存在上下级的关系,除了在权力使用上因法律授权的不同而存在差异外,在对话上不应有所区别;此外,对于具体事项的协商应当公开,这里所说的公开指的是程序和最终的结果,以保证互动协商的公正,程序公开指的是主体可以通过合法渠道事先知晓协商的步骤,从而能够有充分的准备保护自己的合法权益,有针对性地提出自己的合理诉求。最终的协商结果应当按照法律的规定,通过合适的途径向社会公开,接受监督。

第三,规范性和共识性。社会治安综合治理中的多元主体协商必须在既定规则的前提下进行,同时为达成最终的一致,需要在一定的共识基础上开展协商。对于规范性,一方面表现为合法性,必须符合相关法律规范,并且体现出公共理性;另一方面表现为程序性和责任性,表现为协商过程应具有公认的协商规则,并进一步明确各参与主体在协商讨论中应承担的责任。而合法性与协商规则将形成参与主体普遍达成的基本共识,是展开社会协商,并最终达成一致的前提条件。

(二)构建社会治安综合治理新机制

社会治安综合治理的效果依赖于国家与社会间的良好互动,也依赖于如何通过体制机制创新有效吸纳社会力量。从社会治安综合治理的出台背景及其运行现状看,虽然我们在三十年前就意识到社会参与犯罪治理的重要性,但三十年后我们依然面临着社会参与无力的难题。这既有思想意识跟不上、参与机制落后、权力意识浓厚等表面原因,也有基层社会在转型中未能发育成熟这一更深层次的原因。如何在社会转型期、在基层社会发育不完善的前提下,通过制度创新等方式,充分吸纳社会力量,使政府和社会之间能够良好互动,实现社会治安综合治理的目标,完善社会治安综合治理体系,进而形成有效的犯罪治理,建立良好的社会治安秩序,就成为亟待解决的难题。

游祥斌、李详以社会协商为切入点对"作为政府与社会互动关系的社会协商"与社会治安综合治理之间的内在联系做了深入的分析。[①] 他们的观点主要是:

首先,构建以社区为基础的社会治安综合治理参与机制。社会协商所体现的广泛参与,正是社会治安综合治理的内涵之一,也就是依靠人民群众,进行群防群治、治安联防联控的基础内容。社会治安综合治理本身所要求的主体广泛性,与社会协商所体现的参与主体多元性具有内在统一性。社会协商作为一种政府与社会的互动方式,要求协商主体的广泛参与,而社会治安综合治理作为社会管理的系统工程,是国家与社会之间在社会公共安全与公共秩序层面进行互动的反映。社会治安综合治理工作所面临的社会公共安全问题的复杂性、社会公共秩序涉及领域的广泛性,都使得仅

---

① 游祥斌、李详:《反思与重构:基于协商视角的社会治安综合治理体制的改革研究》,载《中国行政管理》2014年第12期。

仅依靠国家单一主体进行社会治理，难以适应日益多元化的社会变革。而社会协商正是激发其他社会主体广泛地参与社会治安综合治理，达成共识，化解矛盾的有效途径。同时，社会治安综合治理的综合性，决定了不同主体以各自不同的方式参与其中，即治理手段的多样性。而社会协商是将不同主体的不同治理方式优化整合，以发挥集群优势的有效平台。

其次，以社会协商为基础，建立畅通的利益表达机制。社会协商作为以沟通、协调、商讨为主要内容的互动关系，在社会主体协商过程中，事实上形成了完整的利益诉求表达途径，并且在协商过程中，能够完成部分不同利益诉求的协调与整合。在现实中，在有限资源的前提下，不同的利益诉求代表了某种潜在的矛盾，倘若加入某些偶发、突发事件，则很有可能引发，甚至激化群体性事件。在这个意义上，社会协商本身具有对社会问题的预防性。而这正与社会治安综合治理中"预防为主"的方针相吻合。另一方面，很多社会公共安全问题产生的根源都在于社会互动本身，倘若不能有效激发社会主体进行自我调解、自我矫正，社会治安防控的巨大成本将是难以为继的。而社会协商，将其他社会主体纳入社会管理系统，不仅能够降低社会治安防控成本，提升治安防控效果，而且能够保障社会管理机制协同有效运行。

再次，充分发挥社会组织的力量，构建以政府为主体，社会组织为纽带的社会治安综合治理新体系。社会协商的组织载体——社会组织，是社会治安综合治理的有生力量。社会协商的有效开展，协商的进行，乃至共识的达成，都离不开协商主体的参与，而有效参与的前提之一是社会群体组织化，即完善的社会组织。只有通过健全的社会组织，形成完整、全面的利益表达，才能在社会协商过程中进行利益协商，最终完成利益整合、利益实现。同时，社会组织作为社会治安综合治理的有生力量，在社会公共秩序的维护中发挥着重要的作用。尤其是社会转型加速的当下，传统安全风险与非传统安全风险交织，在改革过程中原有矛盾尚未彻底解决、新的矛盾不断涌现的背景下，必须顺应社会主义市场经济和社会利益多元化的趋势，积极培育社会组织，充分发挥社会组织通过社会协商、谈判、沟通来表达利益诉求、实现利益协调的功能，才能广泛动员社会各方面的力量，群策群力、群防群控，实现社会治安综合治理的工作目标。

最后，建立以平等协商为基础的社会治安综合治理对话—反馈机制。社会协商的基础是对话机制，不同社会主体之间通过对话表达诉求，并在平等协商的基础上达成共识。社会治安综合治理作为进行社会管理的系统工程，其参与主体不仅涉及国家机关、人民团体等公共部门，还包括了企业、社会组织、公民志愿组织和公民等组织与个人。而长期的对话性机制则能保证每一个利益相关者都能持续参与，而不致对公共秩序及公共安全管理丧失信心；在协商中基于自由意愿而达成的协约，相比外部强制监督更具有约束力。随着经济社会的发展，社会矛盾多发，引发社会矛盾的因素更加错综复杂，在这之中，社会心理因素的影响日益引起重视。通过持续性的对话机制，引导不同社会群体之间和政府与公民、社会组织之间的良性互动，舒缓由于社会激烈变迁所带来的不同社会群体之间的心理张力，从而构建起不同群体之间的"共识"与"信任"。①

我们可以将游祥斌、李详所提出的上述观点概括为多元主体、社区参与、利益表达和反馈机制四个体系的建立。这四个体系并没有脱离社会治安综合治理的内容，或者说，该观点并没有提出更为新颖的见解，但不可否认，这种以社会协商为切入点的思路却为我们解决社会治安综合治理低效这一难题提供了思路。同社会治安综合治理理论一样，社会协商理论也因坚实的现实基础而表现出强大的生命力，这种产生于基层民主实践的经验总结为基层社会参与政治互动提供了一个可行路径。如上所述，作为总的刑事政策，社会治安综合治理具有很强的政治性和社会性，其运行既是政治活动又是社会活动，既和国家利益密切相关又和社会利益不可分割，

---

① 游祥斌、李详：《反思与重构：基于协商视角的社会治安综合治理体制的改革研究》，载《中国行政管理》2014年第12期。

但理念上的科学性并不意味着一定可以取得良好的实践效果。社会治安综合治理缺乏的是如何通过具体的路径去实现预期目标。我们认为，社会协商可以作为一个桥梁连接国家与社会、政府与社区，在共同价值目标的统领下将不同参与主体，尤其是将基层社会的力量吸纳进来，充分发挥其优势，以更有效地治理犯罪，维护治安。当然，作为一项基层民主实践，社会协商的制度设计是决定其能否真正展开的关键所在，这一问题同样需要进一步的深入研究。

第三章 社会力量参与刑事政策运行的实践现状

刑事政策作为公共政策的一种形式,公共性是其价值追求之一,其制定与实施会对社会公众的生活产生重大的影响。基于刑事政策和社会公众的这种紧密联系,社会力量参与刑事政策的运行对于实现刑事政策的价值目标有着重要意义。从纵向上看,刑事政策运行中的社会力量参与包括了刑事政策的制定、执行以及评估等三个环节。

第一节 刑事政策制定中的社会参与

一、刑事政策制定过程中的社会参与现状

我国现行刑事政策在指导刑法适用、惩治犯罪、保护人民、实现社会正义、安定社会秩序方面起了巨大作用。作为公共政策的组成部分,刑事政策在制定过程中就注重社会力量的参与,且取得了不错的成效。

(一)社会参与刑事政策制定的法律依据

关于社会力量参与刑事政策的制定,我国现行的一系列法律法规对此

做了相关规定，为其提供了法律保障。具体法律法规如下所述。

1.《中华人民共和国宪法》

宪法关于社会力量参与刑事政策制定做了一些原则性规定，我国宪法第二条明确规定："中华人民共和国的一切权力属于人民。人民行使国家权力的机关是全国人民代表大会和地方各级人民代表大会。人民依照法律规定，通过各种途径和形式，管理国家事务，管理经济和文化事业，管理社会事务。"第二十七条规定："一切国家机关和国家工作人员必须依靠人民的支持，经常保持同人民的密切联系，倾听人民的意见和建议，接受人民的监督，努力为人民服务。"第三十五条规定："中华人民共和国公民有言论、出版、集会、结社、游行、示威的自由。"第四十一条规定："中华人民共和国公民对于任何国家机关和国家工作人员，有提出批评和建议的权利。"

2.《中华人民共和国立法法》

参与立法工作是社会力量参与刑事政策制定的一种重要方式。《中华人民共和国立法法》对立法过程中的社会参与作出了相关规定。我国立法法第五条："立法应当体现人民的意志，发扬社会主义民主，坚持立法公开，保障人民通过多种途径参与立法活动。"第三十六条："列入常务委员会会议议程的法律案，法律委员会、有关的专门委员会和常务委员会工作机构应当听取各方面的意见。听取意见可以采取座谈会、论证会、听证会等多种形式。法律案有关问题专业性较强，需要进行可行性评价的，应当召开论证会，听取有关专家、部门和全国人民代表大会代表等方面的意见。论证情况应当向常务委员会报告。法律案有关问题存在重大意见分歧或者涉及利益关系重大调整，需要进行听证的，应当召开听证会，听取有关基层和群体代表、部门、人民团体、专家、全国人民代表大会代表和社会有关方面的意见。听证情况应当向常务委员会报告。常务委员会工作机构应当将法律草案发送相关领域的全国人民代表大会代表、地方人民代表大会常务委员会以及有关部门、组织和专家征求意见。"第三十七条："列入常务委员会会议议程的法律案,应当在常务委员会会议后将法律草案及其起草、修改的说明等向社会公布,征求意见,但是经委员长会议决定不公布的除外。向社会公布征求意见的时间一般不少于三十日。征求意见的情况应当向社会通报。"第六十七条:"行政法规在起草过程中,应当广泛听取有关机关、组织、人民代表大会代表和社会公众的意见。听取意见可以采取座谈会、论证会、听证会等多种形式。"

(二)社会参与刑事政策制定的主要途径

当前,我国刑事政策的制定主体可以划分为中央和地方两级。以中央为例,刑事政策的制定主要有以下几种形式:第一,中共中央发布的政法工作文件、建议等;第二,中共中央与国务院联合发布决定;第三,全国人大颁布的刑法典及刑法修正案;第四,最高人民法院、最高人民检察院颁布的司法解释;第五,最高人民法院、最高人民检察院与国务院各部委共同发布通知;第六,国务院出台的相关行政规章、通知;第七,公安部或者公安部联合其他部委出台的专项行动文件。[①] 从实践的角度看,在上述一系列不同制定形式的刑事政策中,社会力量参与到刑事政策制定的途径主要有以下几种:

第一,听证会。听证会是刑事政策制定中社会力量参与最为直接的一种方式。这个词来源于英国的司法程序,最初被称为司法听证,后来从英国传播到了美国,进而扩展到立法和行政管理领域。20世纪60年代,西方社会力量参与立法和行政管理的呼声越来越高,随后美国法律确立了立法听证制度,这种制度已经被西方社会广泛认可。目前,立法听证制度是国外较为成熟的立法民主制度。在我国,法律、行政法规、规章的制定程序也都规定了听证制度。这种制度是加强立法民主化、科学化的重要举措。它是我国社会主义民主立法和社会公众参与国家管理的重要形式。在实践

---

① 汪明亮:《公众参与型刑事政策》,北京大学出版社2013年版,第49-50页。

中，听证会已成为社会力量参与刑事政策制定的重要途径。

在刑事政策制定过程中，听证会在获取信息、听取民意以及双方协商沟通方面起着重要的作用。听证会能在一定程度上达到集思广益、提高决策科学性的目的。但是，如今的刑事政策制定的听证制度尚不完善，关于刑事政策制定的听证制度，目前在我国还没有统一的规定，也没有法律法规对刑事政策制定中的听证会规则作出具体的规定。

第二，人大代表参与立法活动。立法机关是执掌国家立法权的机关，主要职能是制定法律，从本质意义上讲，制定法律也是制定政策。除制定法律外，立法机关也制定或审查通过国家管理事务中许多重大和重要的政策。人民代表大会代表是国家权力机关组成人员，在刑事政策制定过程中，人大代表直接参与立法是社会力量参与刑事政策制定的最重要途径。我国一些重大刑事政策的出台，往往都是立法机关直接通过立法进行确认的。人大代表在立法过程中行使表决权，直接决定着刑事政策的确立。在中央，《中华人民共和国刑法》及《中华人民共和国刑法修正案》的制定都是人大代表直接参与的结果；在地方，一些人大也在通过地方立法来制定相应的刑事政策。①例如，为了加强预防职务犯罪工作，促进国家工作人员依法、公正、廉洁履行职责，2013年7月25日青海省第十二届人民代表大会常务委员会第五次会议通过《青海省预防职务犯罪工作条例》。又比如2013年7月31日，新疆维吾尔自治区十二届人大常委会第三次会议完成各项议程后在乌鲁木齐闭幕，会议表决通过了《自治区人大常委会关于坚决捍卫宪法和法律尊严依法严厉打击暴力恐怖犯罪的决定》，该决定从自治区实际出发，为依法打击暴力恐怖犯罪提供明确、有力的法律依据。在这些立法活动中，人大代表亲身参与其中，直接参与表决，这也代表着社会力量间接参与其中。

第三，政协提案。政协委员和社会团体通过提案的方式参与到刑事政

---

① 汪明亮：《刑事政策制定过程中的公民参与》，载《华东政法大学学报》2009年第6期。

策制定中也是社会力量参与的一种重要途径。以中央层次为例,2016年全国"两会"结束后,公安部共收到由全国人大常委会办公厅和全国政协办公厅交办的代表建议455件、委员提案281件,共计736件,内容涉及道路交通管理、打击各类违法犯罪、维护社会稳定和治安秩序、出入境管理等八个方面内容。①还比如2014年全国政协十二届二次会议收到提案5875件,提交提案的委员1969人,占委员总数的88%以上。经审查,立案4982件,盘点代表委员提交的议案、提案和建议,有一个引人注目的焦点议题,就是加快我国的反恐怖立法。新疆代表团以全团名义,向人大会议提出制定反恐怖法的建议。民盟多名政协委员提交"关于加强打击暴力恐怖行动维护社会和谐稳定"的提案,成为政协会议上第一份关于反恐立法的联名提案。全国人大常委会法工委有关负责人表示,全国人大将广泛听取意见,研究法律调整范围等问题,按法定程序推进反恐立法。②2014年4月,由国家反恐怖工作领导机构牵头,公安部会同全国人大常委会法工委、国安部、工信部、人民银行、国务院法制办、武警总部等部门成立起草小组,组成专班,着手起草反恐怖主义法。③中华人民共和国第十二届全国人民代表大会常务委员会第十八次会议于2015年12月27日通过了《中华人民共和国反恐怖主义法》。

从地方层次来看,一些地方重要的刑事政策的出台也与政协提案存在密切的关系。2016年,北京市政协在十二届四次会议期间共收到提案1076件。其中,各民主党派市委、市工商联提案18件;人民团体提案8件;界别提案33件,其中界别联合提案3件;政协专门委员会提案14件;委

---

① 《郭声琨对2016年公安部全国"两会"建议提案办理工作作出批语》,中华人民共和国公安部,http://www.mps.gov.cn/n2254314/n2254315/n2254317/n2254375/n2254378/c5399370/content.html。

② 《潘洪其:加快反恐立法势在必行》,http://news.ifeng.com/opinion/politics/detail_2014_03/13/34722475_0.shtml。

③ 《反恐怖主义工作领导机构由什么组成》,城市论坛,http://www.chengshiluntan.com/w/20866951-1.html。

员提案1003件，其中港澳委员提案61件。审查立案993件。①多个提案中涉及推进法治政府建设，强化食品药品安全监管，深化司法改革等方面。还例如，2014年1月，浙江省政协副主席张泽熙的提案《建设高效智能可持续的打击防范电信网络诈骗系统》被列入当年浙江省政协十一届二次会议的重点提案。2014年10月20日，浙江省政协在杭州举行"打防通信网络诈骗"重点提案办理会，并通过浙江在线网站互动直播，提案人、承办单位、政协委员、市民、网民就防范通信（网络）诈骗开展了深入探讨，积极就打击和防范通信（网络）诈骗畅所欲言，共商建设高效、智能、可持续的打击防范通信（网络）诈骗系统。②

第四，专家立法座谈会。专家座谈会主要是指按照一定的原则选择一定数量的专家，按照一定的方式组织专家会议，发挥专家集体的智慧，对未来的发展趋势及状况进行预测和交流，从而作出判断的方法。在刑事政策制定过程中，专家座谈会主要适用于一些专业性强的刑事政策制定领域，像一些刑事立法或者司法解释等，这种方式如今越来越多地被使用于现实的实践中。例如，在《中华人民共和国刑法修正案（九）》的制定过程中，2015年7月15日下午，全国人大常委会法工委刑法室在北京召开小型专家座谈会，邀请北京几所法律院校和研究机构的数位刑法学者（高铭暄、赵秉志、陈泽宪、黄京平、阮齐林、刘仁文）研讨《中华人民共和国刑法修正案（九）（草案）》审议中受到关注的若干疑难和热点问题。③座谈会期间，立法机关和与会专家学者们进行了深入研讨，各位参加会议的专家学者对一些专业问题发表了意见，立法工作机关认真研究并合理采纳学者们有关方面的意见与建议，进一步修改完善了《中华人民共和国刑法修

---

① 《2016年北京政协全会共收到提案1076件》，http://www.bj.xinhuanet.com/tt/2016-01/26/c_1117891353.htm。

② 《浙江召开打击防范通信（网络）诈骗重点提案办理会》，http://www.chinapeace.gov.cn/2014-10/21/content_11145410.htm。

③ 《陈泽宪、刘仁文参加〈刑法修正案（九）（草案）〉二审稿专家座谈会》，http://www.iolaw.org.cn/showNews.aspx?id=45666。

正案（九）（草案）》，以使其更加科学、合理地出台。

第五，公众调查。公众调查也可以称为"公民调查"或者"问卷调查"，是指国家机关在一定的区域内，通过组织一定规模问卷调查，收集人们对于某个特定问题的态度、行为特征、价值观观点或信念等信息而设计的一系列问题。这是了解公众舆论倾向的一种调查，它通过运用科学的调查与统计方法，如实地反映一定范围内的民众对某个或某些社会问题的态度倾向，就其内容而言，它属于舆论调查范围；就其方法而言，它又属于抽样调查范畴。[①] 民意调查在如今的刑事政策制定过程中也逐渐地被更多的部门所采用。特别是如今互联网的兴起，不仅有线下的公众调查，还有网上调查。例如中华人民共和国公安部在网络上设立了关于防治酒后驾车问题的网上调查。

第六，公民建议。公民建议是刑事政策制定中社会力量参与最直接的方式，相关国家机关在制定刑事政策时将会越来越多地采用这种方式。例如，近些年全国人大常委会法工委将《中华人民共和国反恐怖主义法（草案）》《中华人民共和国刑法修正案（九）（草案）》《中华人民共和国网络安全法（草案）》等一系列法律草案放在中国人大网站上公开征求意见，在向社会各界征集意见以后，又对草案进行完善调整，从而通过立法。

二、刑事政策制定过程中社会参与的主要问题

从目前社会力量参与的现状来看，如今社会力量参与刑事政策制定存在多种形式，社会力量参与正在不断地加强，但从现阶段的实践情况来看，社会参与的水平偏低，实践中也存在一系列的问题。

第一，公众的参与意识不强。人民当家做主是社会主义民主政治的本质和核心，在新的历史时期，我国民主政治随着时代进步不断完善，公民意识越来越强，刑事政策制定中的社会力量参与相较之前有了巨大的进步。

---

① 袁荃：《社会研究方法》，湖北科学技术出版社 2012 年版，第 120-127 页。

但是总体来说，在此过程中，我国公众的参与意识不强。在实践中，除了一些专业人士和知识分子自愿参加外，大多数参与者并不是自发积极参加，并没有意识到刑事政策制定过程中他们的重要角色和作用。公众参与意识不强这个问题源于我国几千年的历史，政治文化里社会公众参与思想普遍缺失，上层阶级掌握着绝大多数资源，他们对于整个社会的发展具有绝对的话语权。因此，导致目前我国民众对刑事政策制定的参与热情和积极程度不足，而且公众的刑法专业知识的缺乏，信息上的滞后，也都影响了公众参与刑事政策制定的自信心。

第二，社会参与的作用不佳。以全国人大代表、政协委员提案为例，每年都有大量的涉及刑事政策方面的提案，虽然能够收到相关部门的回复，但真正能够被采用的还是少数。[①] 以法律草案征集意见为例，从理论上来说法律草案公开采集和征求意见对于推动民主立法、科学立法及提升立法质量起到了巨大的作用，大多数法律草案在征求意见结束后，虽然每次都会有大篇幅的新闻报道，统计出大规模的参与人数，但在如今的现实实践中，有关部门并不会向社会公开征集到的具体意见情况，也很少会对建议者作出任何形式的反馈。导致这个问题的原因主要有两点，一是没有相关法律的具体规定，现有法律大多都是笼统概括社会力量参与的合法性，并没有对怎么参与作出细节的规定，从而导致参与规则不够明确；二是参与者自身专业的局限，目前，我国普通公众的法律意识和法律思维相较之前有了长足的进步，但是就专业知识来说，大多数人还没有足够的法律知识来支撑他们给出专业性的建议。公众参与到刑事政策制定的程度不断加强，但其中相当一部分人是基于一种从众心理，很容易被社会舆论所左右，其建议的科学性和合理性还有待考究。

第三，社会参与的范围不充分。刑事政策制定过程中，社会力量参与有其重要地位，目前也发展出多种社会力量参与的形式，但是就现状而言，

---

① 汪明亮：《公众参与型刑事政策》，北京大学出版社2013年版，第56页。

社会力量参与的范围并不充分。在社会力量参与刑事政策制定的形式来看，确实具有选择性，但是不管是线上还是线下，其普及范围都存在缺陷。以听证会为例，能参与其中的只有很少一部分人，而且这种形式主要见于经济发达的城市地区，农村偏远地区却很难参与。所以，总体来看，社会参与的范围还是不充分，途径有限。

三、刑事政策制定过程中社会参与的影响意义

现代决策的特征之一在于政府决策是一种群众参与程度较高的决策，它既是社会的一种价值追求，也是决策过程的实际需要。[①] 根据法国学者米海伊尔·戴尔玛斯－马蒂的观点，刑事政策模式最基本的可分为国家、社会模式以及国家·社会双本位型。长期以来，我国奉行的是国家本位型刑事政策模式，刑事政策的制定主体多为国家，社会力量难以参与到其制定过程中去。[②] 在当代，随着社会主义民主的深入发展，我国的刑事政策是逐渐从国家本位型政策向国家·社会双本位型刑事政策转化，在转换过程中，刑事政策制定过程中社会力量参与的意义不言而喻。刑事政策制定过程中社会力量的参与，对于实现刑事政策的目标、提升刑事政策的质量等都具有重要意义。

（一）提高刑事政策的科学性

刑事政策是政治的集中体现，是国家或政党在一定历史时期为了打击犯罪、维护统治的一种治国策略，刑事政策制定是刑事政策过程的首要环节，是一个复杂的系列过程。从本质上看，刑事政策就是社会公共权威为了防控犯罪而对刑事资源进行的配置。[③] 在制定刑事政策过程中，需要与时俱进，紧跟形势发展变化和人民群众需要。提高社会力量参与的有效性

---

① 刘伯龙、竺乾威：《当代中国公共政策》，复旦大学出版社 2000 年版，第 17 页。
② 严励：《中国刑事政策的建构理性》，中国政法大学出版社 2010 年版，第 36 页。
③ 侯宏林：《刑事政策的价值分析》，中国政法大学出版社 2005 年版，第 107 页。

是政策科学性的衡量标准之一,科学的刑事政策离不开科学的政策制定程序。首先,社会力量参与刑事政策的制定,有利于充分发挥人民群众的作用,吸取人民群众的智慧,保持政策的科学性。广泛的社会力量参与可以从不同的问题角度、不同的诉求水平提供了丰富多彩的决策信息与依据;人民群众是历史的主体,同样,刑事政策的制定也要坚持走群众路线,通过集中公民的智慧和意见,借鉴不同领域的知识和观念,为公共政策制定者提供及时、有用的大量信息,既保证了公共决策的质量,还能培育公民参与政策制定的积极性和民主意识,提高公共决策的认同感和参与决策的责任感。[①]其次,社会力量参与刑事政策的制定,可以让刑事政策的制定主体更加了解现实社会的需要和人民群众的需求,社会力量参与刑事政策制定一方面是给社会公众提供了一个充分表达自己利益诉求的平台;另一方面也是使刑事政策能够符合社会公众的需求和愿望,确保刑事政策符合公共利益的价值取向,从而进一步提高刑事政策的科学性。公众参与在公众与政府决策部门之间建立起了直接、及时、多方位的信息沟通渠道,这无疑有利于保证政策体系正确反映社会各利益群体的利益要求,做出科学决策,及时发现和纠正决策中的失误,迅速解决政策体系和政策过程中的矛盾与问题。这样,政策体系就能够及时有效地进行功能转换,最大限度地规避决策风险,从而为公共政策的科学化提供强有力的保障。[②]

(二)提升刑事政策的民主性

正如美国学者卡尔·科恩所说:"民主决定于参与,即受政策影响的社会成员参与决策","民主过程的本质就是参与决策。"刑事政策的制定会给民众带来深远影响,民众的态度是刑事政策在制定过程中必须考虑的一个因素,从民主理论发展看,公民参与公共政策制定是政策过程的民

---

① 莫兰、邹顺康:《公民参与公共政策制定的价值与障碍》,载《人民论坛》2015年第5期。
② 金华:《论我国公民参与公共政策制定的价值功能》,载《淮阴师范学院学报(哲学社会科学版)》2008年第6期。

主化。①刑事政策的实施与公众的关系非常密切，社会公众参与到刑事政策制定中，有助于实现刑事政策的价值追求。制定政策的民主性关系到政策本身的民主性。我国作为社会主义法治国家，人民当家做主是其本质和核心，参与是公民的基本权利之一，这也是民主政治的一项重要标志。

过往的国家本位型刑事政策给刑事政策本身蒙上了一层神秘性，在当代，一个国家的民主程度不仅要看其政治生活中的民主，而且要看其政府的政策，政府向公众所提供的公共产品和公共服务是否均衡、合理地体现了有关阶层和群体的利益。②刑事政策制定的社会参与，为公民自由表达利益诉求提供了良好的机制。因此，社会公众可以充分地、不受限制地去向政策制定者表达自己心中的意见和诉求，而政府也应该听取和采纳意见或建议，积极与公众就有关选择、需求进行交流，以此对公众的参与作出回应。因此，社会力量参与刑事政策的制定是对公民表达自由这一基本权利的有力保障，可极大地促进刑事政策制定的民主化；社会力量参与政策的制定，使得普通公众的主张和利益诉求在政府的公共决策过程中得以体现，使他们拥有了确实影响政策体系决策结果的潜在能力，从而确认了在民主决策体系中公民政策参与的平等地位，有利于公民民主权利的实现和对公民自身利益的维护。③民主的活力，在相当程度上依赖于公民的积极主动参与。民主过程的本质就是参与决策，参与是整个民主程序的基石。因此，公民参与公共政策制定，特别是刑事政策制定，对于保证政策制定的民主化至关重要。④

（三）推动刑事政策的实施

广泛的社会力量参与刑事政策制定既可以使刑事政策的说服力增强，

---

① 朱德米：《公共政策制定与公民参与研究》，同济大学出版社 2014 年版，第 45 页。
② 汪明亮：《刑事政策制定过程中的公民参与》，载《华东政法大学学报》2009 年第 6 期。
③ 金华：《论我国公民参与公共政策制定的价值功能》，载《淮阴师范学院学报（哲学社会科学版）》2008 年第 6 期。
④ 汪明亮：《公众参与型刑事政策》，北京大学出版社 2013 年版，第 24 页。

也可以使刑事政策得到社会公众的心理认同和现实认同。"程序的正义能够在一定程度上启发社会成员的良知，增加统治阶层的凝聚力，提高和强化统治者的权威。人们一旦参加程序，那么就很难抗拒程序能带来的后果，除非程序的进行明显不公。无论把它解释为参加与服从的价值兑换机制，还是解释为动机与承受的状况的布局机制，甚至解释为潜在的博弈心理机制，都无关宏旨。重要的是公正的程序在相当程度上强化了法律的内在化、社会化效果。"①同样的道理，刑事政策制定中社会力量参与在相当程度上强化了刑事政策的权威，同时也强化了刑事政策的社会化效果。

社会参与可以视为群众路线在刑事政策制定中的新表述。只有在刑事政策的制定过程中扩大社会力量的参与、充分听取民意、了解人民的真实意愿，在实现过程中，刑事政策才能得到人民衷心的支持，从而促使刑事政策的实施更加顺利。社会的广泛参与不仅增强了刑事政策的合法性和科学性，而且增强了刑事政策的民主性和公开性。从实践的角度来看，刑事政策这些特性的增强，极大地促进了刑事政策的贯彻执行。

第二节 刑事政策执行中的社会参与

刑事政策执行是指刑事政策执行主体通过运用各种手段，将刑事政策的内容转变为现实，从而实现刑事政策目标的一种行为。刑事政策执行过程主要包括犯罪预防、刑事诉讼和刑罚执行等三个环节。

一、犯罪预防中的社会参与

刑事政策执行过程中的社会力量参与首先体现在犯罪预防中。犯罪预防是综合运用社会多种力量，采取各种措施，限制、消除产生犯罪的原因、

---

① 关玲永：《我国城市治理中公民参与研究》，吉林大学出版社2010年版，第143页。

条件，以防止、控制和减少社会犯罪及重新犯罪的举措体系。① 犯罪是一种复杂的社会现象，社会力量参与在不同类型的刑事犯罪预防中呈现出不同的特征。

从我国犯罪预防的实践来看，在刑事犯罪预防过程中，社会力量参与的形式和做法是多种多样的。目前，在我国刑事犯罪预防过程中社会力量参与主要有治安保卫委员会、保安服务公司、治安承包、私人侦探、私人保镖、见义勇为、邻里守望等形式。本部分将对治保委员会、治安联防、治安承包以及保安服务公司四种主要表现形式进行介绍。

（一）治安保卫委员会

治安保卫委员会，又称治保委员会，源于20世纪50年代，是新中国成立初期在对敌斗争中产生和发展起来的群众性治安保卫组织。根据1952年公安部颁发的《治安保卫委员会暂行组织条例》，治保委员会是群众性的治安保卫组织，在基层人民政府和公安机关领导下进行工作。城市以机关、工厂、企业、学校、居民委员会为单位建立，农村以村为单位建立。治保委员会作为群众性的自治组织，治保人员来自广大人民群众，他们扎根于群众之中，是人民群众的保卫者。②

关于治保委员会的发展历程，治保委员会是中国基层群众性的治安保卫组织。1951年，毛泽东在修改第三次全国公安会议决议时曾指出："全国各地必须在此次镇压反革命的伟大斗争中普遍地组织群众的治安保卫委员会。"1952年6月27日，经中央人民政府政务院批准，公安部于同年8月11日公布了《治安保卫委员会暂行组织条例》；该条例公布后，全国开始普遍建立治安保卫委员会。这支队伍在各个历史时期有效发动广大人民群众维护社会治安，为预防犯罪、维护社会稳定作出了巨大贡献。

---

① 王宏：《犯罪过程控制论》，西南政法大学警察科学专业硕士毕业论文，2012年。
② 《94治保会工作制度》，http://3y.uu456.com/bp-f69b8a727fds360cba1adb3b-1.html。

（二）治安联防

治安联防队是一种群众性的自防、自治组织，是预防、制止、打击犯罪活动，维护社会治安秩序的辅助力量；联防队的一切活动均置于基层组织的领导和公安机关指导之下。治安联防队本质上是一种群众性的自治组织，它的权力不是由法律授权而来的，而是受委托而来的，治安联防队不能以自己的名义单独实施或开展具体的行政行为。

中国治安员队伍诞生在20世纪60年代，地点是上海和青岛。当时并没有招聘制度，治安人员来自各个事业单位、厂矿等团体。单位派出自己的治安员到辖区派出所报到，大家进行区域分工负责。工资待遇全在原来单位。1988年，我国国务院批准了公安部提出的《关于继续加强群众性治安联防工作的请示》，这项文件为治安联防队提供了法律上的依据。1991年颁布的《全国人民代表大会常务委员会关于加强社会治安综合治理的规定》号召城镇居民和农村村民建立自防自治的群众性治安保卫组织，从而开展多种形式的治安防范活动和警民联防活动。治安联防队在维护地方治安方面起到了一些作用，但是自从其成立以来，有关于联防队员任意执法、滥用权力和缺乏执法主体资格的争议便一直存在，甚至有人将治安联防队视为各地方政府滥用其强制力的一种工具。2004年9月，中国公安部要求，对于现有的治安员，按照"只出不进，逐年减少，彻底取消"的原则，用3年时间，全部清退。① 至此，关于是否取消治安联防队的争论已经公开化，对于我国某些社会治安管理任务较重的地区而言，答案是否定的。因此，在公安部规定的期限之后，治安联防队还是继续存在。公安部之所以默认这种地方行为，是因为一个无法回避的问题：这些地区的警力严重不足，只能保留治安联防队。公安部为应对这些地区社会治安管理任务和规范治安联防，采取了一些措施，如警力下基层、警务前移、强化基层等。各地也纷纷采取措施整顿治安联防队，传统的治安联防队已经逐渐消失，取而

---

① 佚名：《三年内清退现有治安员》，载《现代农业科学》2004年第12期。

代之的辅警、社区警务战略等使治安联防队在不断专业化的道路上延续。

(三) 治安承包

治安承包是指将某一特定区域的安全看护、治安防范以及治安管理任务有偿承包给某个人或者某一组织，双方以契约的方式约定各自的权利和义务，承包人自己组织人员在区域内开展巡逻防卫工作，而政府部门则根据这一区域内的刑事案件数量和治安稳定性等相关指标对承包者进行考核与奖惩的一种新型社会化安全管理模式。现代治安承包责任制来源于西方警务论，它是警察私有化的产物，最早起源于英美国家。英美最早的社会治安由民众来进行，随着社会的发展和治安形势的恶化，民众意识到单纯靠自身力量难以维持，开始雇佣专门人员代替自己履行职责，开始成立有报酬的警局。①

我国的治安承包肇始于山东泰安，1996年退伍军人周某以每年10800元的价格承包了泰安市岱岳区夏张镇下官庄村的治安，这是中国首次尝试社会治安有偿承包，后来"治安承包"在河南、吉林、内蒙古、浙江、陕西、江苏、广东等多个省份相继出现。迄今为止，治安承包在中国推行了近十年，涉及的区域范围由农村逐渐扩展到了城市，但由于各地的实际情况有所差异，使得其模式、内容和具体操作也有所不同。②从山东、河南、浙江等地的实践来看，公安机关实施治安承包制度，主张引入市场机制来完善政府公共组织管理，目的在于允许其他社会组织提供部分服务，使其进入良性的竞争状态，从而使公众有了选择更好的治安服务的机会。③

(四) 保安服务公司

根据2000年公安部印发的《公安部关于保安服务公司规范管理的若

---

① 姜春娇:《试论治安实体主体化》，载《北京警察学院学报》2016年第4期。
② 邹东升、胡术鄂:《公共治安承包的合法性困境解析》，载《学术论坛》2007年第7期。
③ 陈兵:《论治安承包责任制的现状与完善》，载《贵州警官职业学院学报》2004年第5期。

干规定》，保安服务公司是为社会提供专业化、有偿安全防范服务的特殊性企业，是协助公安机关维护社会治安、预防和减少违法犯罪的重要力量；保安服务公司由人民政府公安机关统一领导和管理，公安机关治安管理部门是保安服务公司的主管部门，代表公安机关对保安服务业实施管理和监督，规范保安服务业的经营方向，指导保安队伍建设。

随着我国改革开放的不断深入和经济建设的迅速发展，社会治安状况也出现了一些新情况和新问题，我国原有的公共治安防范力量无法满足现实的需求，一种专门为社会各界提供有偿安全防范服务的新型特殊行业——保安服务公司在我国应运而生。1984年底，我国第一家保安服务公司在深圳市蛇口工业区成立了，随后这种为社会提供专业化、有偿安全防范服务的特殊企业如雨后春笋般席卷全国各地。保安服务公司为客户承担安全服务和维护社会治安秩序等方面起了较好的作用，很快为社会所关注，适应社会的发展，对于预防犯罪、防止治安灾害事故的发生起到了重要作用。

二、刑事诉讼中的社会参与

刑事诉讼在我国是指公安机关、人民检察院和人民法院在当事人及其他诉讼参与人的参加下，依照法律规定的程序解决被追诉者刑事责任问题的活动。在整个刑事诉讼过程中社会力量的参与对于犯罪抗制有着重要作用。价值层面存在合理性和必然性是社会力量参与在刑事政策运行体制中存在的理论依据，而在事实层面，社会力量参与在犯罪抗制中所具有的独特功能为其在刑事政策体系中地位的确立提供了事实支撑。[①] 国家机关在控制犯罪中的作用不容置疑，但是从司法实践看，虽然国家控制犯罪的能力突出，但其仍旧做不到尽善尽美，在刑事诉讼中社会力量的参与也是必不可少的。

---

① 莫晓宇：《刑事政策体系中的民间社会》，四川大学出版社2010年版，第150页。

（一）社会力量启动刑事诉讼

在司法实践中，启动刑事诉讼的大多属于国家机关。在这里谈到的社会参与启动刑事司法是指社会力量推动国家司法机关启动刑事诉讼程序。根据我国的刑事诉讼法，社会力量参与启动刑事诉讼主要有报案、控告、举报、扭送以及自诉等几种方式。

1. 报案

报案是指自然人或者单位发现有犯罪事实的发生而向专门机关揭露和报告的行为，报案人一般为偶然发现犯罪行为或事实，并不知道实施人是谁。《中华人民共和国刑事诉讼法》第一百零八条和第一百零九条①对报案作出了较为详细的规定。刑事报案是开启刑事司法程序的一种基本方式，具有牵一发而动全身的影响力。在我国刑事司法机制中，只有经过立案，刑事司法程序才能正式启动，所以报案直接影响后续刑事司法的开展，报案会直接帮助、推动侦查机关发现、受理刑事案件，初步确定是否需要追究刑事责任，判断应否立案侦查，从而更加有效地发挥追究犯罪、保护被害人和社会公众的职能。

报案同时也是社会参与刑事司法的重要途径，可以提升社会公众的社会责任感，报案人包括了被害人和无直接利害关系人，其中无直接利害关系人可以通过报案参与到刑事诉讼活动中，这有利于帮助社会公众树立社会主人翁的意识，激发他们积极参与到刑事政策运行的其他方面。

2. 控告

根据《中华人民共和国刑事诉讼法》第一百零八条的相关规定，我们

---

① 《中华人民共和国刑事诉讼法》第一百零八条：任何单位和个人发现有犯罪事实或者犯罪嫌疑人，有权利也有义务向公安机关、人民检察院或者人民法院报案或者举报。被害人对侵犯其人身、财产权利的犯罪事实或者犯罪嫌疑人，有权向公安机关、人民检察院或者人民法院报案或者控告。第一百零九条：报案、控告、举报可以用书面或者口头提出。接受口头报案、控告、举报的工作人员，应当写成笔录，经宣读无误后，由报案人、控告人、举报人签名或者盖章。接受控告、举报的工作人员，应当向控告人、举报人说明诬告应负的法律责任。但是，只要不是捏造事实，伪造证据，即使控告、举报的事实有出入，甚至是错告的，也要和诬告严格加以区别。

可以得知，控告主要是指被害人向专门机关揭发犯罪嫌疑人及其犯罪事实，并要求依法处理的行为。控告是公民享有的重要权利和同违法犯罪行为作斗争的重要手段，也是刑事案件立案材料的主要来源，公民的控告权受到我国宪法和其他法律的保护。按照这一规定，控告的主体一般是被害人，在一定情形下被害人的近亲属也可以代为控告。此外，控告主体是向专门机关揭发并要求依法处理，这是控告的目的所在。

3. **举报**

举报是指自然人或者单位发现犯罪嫌疑人存在某些犯罪事实而向专门机关进行检举、报告和揭发的行为。举报与报案类似，其在公安、司法机关决定是否立案的过程中起着极其重要的作用，在实践中举报是立案的最普遍、最重要的来源之一。但是举报与上述方式还是存在许多的不同，例如举报与报案相比的话，举报的案件事实以及证据材料要更为具体详细。举报具有以下一些特征：首先，举报人与犯罪事实没有直接牵连；其次，举报人既知道犯罪嫌疑人也了解部分犯罪事实；最后，举报人一般不愿让被举报人知晓自己。①

通过举报，专门机关可以获得大量的举报线索，有利于专门机关履行职责，这决定了其在预防和打击违法犯罪中地位的重要性。举报对于防范惩处违法犯罪、维护法律尊严、增强公民法律意识、强化法制氛围、创建法制社会、推动社会正义、构建和谐社会都具有独特功效。②举报在我国刑事司法实践中发挥着举足轻重的作用，许多重大案件的发现都是通过举报发现的，特别是在惩治和预防腐败等职务犯罪的查处中，发挥的作用尤其重要，根据国家社科规划"中国惩治和预防腐败重大对策研究"课题组调查，在目前已查处的腐败案件中，有60%至70%的大要案是通过群众

---

① 邓和军：《报案、举报与控告》，载《贵州警官职业学院学报》2003年第3期。
② 潘兵：《刑事举报机制研究》，载《山西警官高等专科学校学报》2008年第2期。

举报发现的。① 近些年，随着互联网的兴起，网络举报在发现犯罪方面发挥着巨大作用，特别是近年来发生的一些大案要案以及一些贪污受贿案件，都是通过网络举报而得到了查处。

4. 扭送

扭送是指公民在实践中将具有法定情形的违法犯罪人员强制移送公、检、法机关处理的行为。《中华人民共和国刑事诉讼法》第八十二条规定：对于有下列情形的人，任何公民都可以立即扭送公安机关、人民检察院或者人民法院处理：（一）正在实行犯罪或者在犯罪后即时被发觉的；（二）通缉在案的；（三）越狱逃跑的；（四）正在被追捕的。上述关于扭送的规定体现了《中华人民共和国刑事诉讼法》鼓励公民自觉在紧急情况下协助司法机关同犯罪作斗争，帮助专门机关及时制止和查获犯罪分子的精神，同时，这对于处理在同犯罪分子作斗争中出现的报捕不及、拘留也不可能的紧迫情况十分有益。

关于扭送的性质，我们需要注意扭送虽然具有一定的强制性，但其并不是法律规定的强制措施，其本身只是公民配合国家专门机关工作的一种辅助手段，是我国刑事诉讼中专门机关和群众路线在实践中相结合的一个重要体现。但是在现行法律规定中，对于扭送主体的地位、扭送的方式以及扭送对象的权利等都缺乏具体的规定，因此，实践中经常会出现因为扭送而产生法律责任纠纷的状况。② 关于我国的扭送制度，不论是学术理论研究方面还是在现实司法实践中，各方面都还存在许多问题亟待解决。历史上出现并沿用的扭送制度，急需要考虑现今日新月异的社会变化，对扭送制度存在的问题进行更详尽的法律分析，进而通过立法构想与设计，进一步完善我国的扭送制度。③

---

① 《国家级课题组构想反腐败法》，http://news.sina.com.cn/c/2006-07-06/02129381649s.shtml。

② 汪明亮：《积极的刑事政策论纲》，载《青少年犯罪问题》2012年第5期。

③ 赵璐璐：《浅谈我国〈刑事诉讼法〉的扭送制度》，载《法制与社会》2011年第12期。

（二）社会力量参与刑事诉讼

刑事司法活动在立案后就正式启动了，在侦查、起诉、审判等阶段，社会力量加入刑事诉讼活动，成为其中的一部分，直接影响着刑事诉讼活动的开展。

1. 证人

根据《中华人民共和国刑事诉讼法》第六十条的规定，在一般情况下，凡是知道案件情况的公众都有作证的义务，无论其性别、职业、宗教信仰是什么，以及是否与案件有利害关系，都可以成为证人。凭借证人的言辞来查清案件事实真相为古今中外各国的法律所重视，同时也是刑事诉讼中运用的一种重要的证据形式。刑事证人出庭作证是我国刑事诉讼中直接言词原则的要求，这也是现代庭审制度的主流，是刑事审判实现公开、公平和公正的重要因素，同时，证人出庭作证也是社会力量参与刑事诉讼活动的重要形式。

刑事诉讼证人出庭作证有助于查明案件事实真相和充分保护被告人的诉讼权利。证人出庭作证的价值意义不言而喻，但是长期以来，在我国刑事诉讼活动中，证人出庭作证在我国司法实践中存在"三难"问题，即通知证人到案难，到案后说实话难，再通知其到法庭上接受质证更难。即使新《中华人民共和国刑事诉讼法》在证人出庭方面做了相应的规定，且规定了对刑事证人的保护和补偿。但是，在实践中"三难"问题一直难以解决。关于这些问题的解决，光靠完善法律是远远不够的，在刑事诉讼活动中，我们要贯彻实施好对证人的保护和补偿，让公众感受到安全感。另外，证人出庭作证是社会力量参与刑事诉讼的一种形式，上面提到的问题，实则也反映出社会力量参与刑事诉讼活动的积极性不高，我们要加大社会力量参与刑事司法的宣传，改变公众的观念，提高刑事诉讼中公众的参与度。

2. 专家辅助人

专家辅助人，指在某一领域具有专业知识或者长期从事某一行业而具有相关经验，受控辩双方任命或聘请，在刑事诉讼活动中对鉴定的有关问题进行研究并发表意见，辅助控辩双方进行诉讼的人。①《中华人民共和国刑事诉讼法》第一百九十二条第二款规定，公诉人、当事人和辩护人、诉讼代理人可以申请法庭通知有专门知识的人出庭，就鉴定人作出的鉴定意见提出意见。理论研究中将此处"有专门知识的人"称为"专家辅助人"。不同于民事诉讼法，这是国家首次在刑事诉讼法中规定专家辅助人制度。

显而易见，专家辅助人这项制度的设立为我国社会力量参与刑事诉讼活动拓宽了途径，并且具有专门知识或经验者参与到庭审中，以质疑鉴定意见或就专业性问题发表看法的制度对于刑事诉讼的公正有着重要的价值，这项制度有利于实现控辩平等对抗，保障法官更好地审查、判断鉴定意见，有利于促使鉴定人依法鉴定，保证鉴定意见质量。但是，该制度在国内的有关规定尚不完善，在刑事诉讼法中的规定过于宽泛笼统，有待完善细化。

3. 辩护人

《中华人民共和国刑事诉讼法》第三十二条对犯罪嫌疑人、被告人在刑事司法中的辩护权作出了规定，辩护是现代刑事诉讼的重要职能之一，刑事诉讼的进行依赖于控诉、辩护、审判三种职能交互作用，三者共同推动刑事诉讼的进行。在刑事诉讼中，辩护权是犯罪嫌疑人、被告人享有的一项最基本的同时也是最重要的诉讼权利。辩护人是指符合一定资格，并接受被追诉一方的委托或者受人民法院的指定，从而帮助犯罪嫌疑人、被告人合法行使辩护权以维护其合法权益的人。

《中华人民共和国刑事诉讼法》第三十五条②规定了辩护人的职责。在整个刑事诉讼过程中，辩护人担当相当重要的角色，对刑事诉讼的开展

---

① 王勐轩：《浅析新刑诉中专家辅助人制度》，载《法制博览（中旬刊）》2014年第11期。
② 《中华人民共和国刑事诉讼法》第三十五：条辩护人的责任是根据事实和法律，提出犯罪嫌疑人、被告人无罪、罪轻或者减轻、免除其刑事责任的材料和意见，维护犯罪嫌疑人、被告人的诉讼权利和其他合法权益。

有着重要意义。首先，辩护人制度作为刑事诉讼中社会力量参与的重要体现，他的存在有利于在刑事诉讼中维护犯罪嫌疑人、被告人的合法权益。其次，社会力量参与刑事诉讼中对于促进和保障刑事司法公正、诉讼民主具有重要的意义，社会公众的参与更加凸显了司法民主。最后，辩护人制度可以通过控、辩双方在庭审中的辩论，使旁听群众全面了解案情、法律以及刑事政策等，从而更好地完成刑事诉讼的教育任务。

4. 人民陪审员

所谓人民陪审员制度，是指国家审判机关在审判案件时吸收非职业法律人员作为陪审员，陪审员与职业法官一起对案件进行审判的司法制度。[①]我国刑事诉讼法第十三条规定："人民法院审判案件，依照本法实行人民陪审员陪审的制度。"我国的人民陪审制是一种参审式陪审制，它是将公民和职业法官结为一体，让普通的社会公众直接参与到刑事审判中。在审判过程中，普通公众和法官在认定事实与适用法律方面拥有相同的权限，这样让社会力量也能直接影响到刑事诉讼的过程和最终的结果。

人民陪审员作为普通公民，可以直接参与审判工作，这是一种社会力量参与刑事司法活动比较好的方式，首先，人民陪审员的存在有利于法官正确合理地行使司法审判权，提高审理案件质量和效率；其次，通过人民陪审员的言传身教，可以进一步激发普通社会成员参与刑事政策运行各个阶段的积极性；最后，普通公民通过亲身参与到刑事诉讼审判中，在不知不觉间更加了解我国有关刑事司法的规定以及刑事政策的理念，从而扩大刑事政策在社会中的传播。

5. 审判旁听

审判旁听制度是审判公开制度的具体体现之一，在人民法院的审判活动中，社会公众、新闻媒体和特定群体参与旁听，不但可以加强司法监督，规范审判人员的审判行为，提高司法公正的质量，而且还能够起到具体生

[①] 《人民陪审员制度：人民参与审判》，http://news.sina.com.cn/c/2008-03-11/174215125217.shtml。

动的普法教育的作用。① 审判公开是我国一项基本司法制度,我国宪法、人民法院组织法及刑事诉讼法对此均有明文规定。审判旁听制度作为体现审判公开原则的必然要求和重要内容,是刑事诉讼程序中一项极为重要的制度。

审判旁听对于刑事诉讼活动意义非凡。其一,审判旁听制度使整个审判阶段透明公开化,整个审判活动都会受到社会公众的监督,在这种直接且广泛的监督之下,法院的审判活动将被置于当事人和社会监督之下,这增加了司法审判活动的透明度和公开性,同时有助于司法审判人员责任感的提升,从而提高审判质量,保证司法的公正。其二,审判旁听制度可以使广大人民群众有机会了解案件的审理活动,帮助公众了解法律、学习法律,这种制度是促使公众接受法制教育的重要渠道,有利于在社会上普及刑法和刑事法律政策。其三,通过案件的公开审理和群众的旁听参与,消除被告人对司法不公的怀疑,使其能够尊重法庭判决、自觉接受改造,提高刑事诉讼的效率和司法的公信力,从而促进刑事政策的运行。

虽然审判旁听制度意义重大,但是也有可能产生一些不利影响。例如,社会舆论干扰刑事司法。过度的参与在一定程度上有可能干扰刑事审判权的独立行使。因此,要处理好社会舆论和审判独立的关系。

三、刑罚执行中的社会参与

刑罚执行是指法律规定的刑罚执行机关,依法实现已经产生法律效力的刑事裁判所确定的刑罚内容,并解决由此产生的法律问题所进行的各种活动。刑罚执行的根本目的在于最大限度地矫正犯罪、预防再犯,即消除罪犯的犯罪意识,矫正罪犯的行为恶习,培养罪犯的刑罚感受能力和社会适应能力。② 长久以来,监狱是我国刑罚最主要的执行机关,这种执行方

---

① 刘行星:《审判旁听制度及其完善》,载《江苏警官学院学报》2010年第4期。
② 高民权、孙岩:《刑法知识简明读本》,中国民主法制出版社2012年版,第40页。

式具有惩罚性和封闭性的特点,社会力量一直难以参与其中。但是刑罚已从昔日拷打和上拇指夹进化到今日将刑罚与回归社会结合并且需要同社会建立明确、有效的联系的时代,刑罚作为惩罚犯罪分子的一种手段来说,单靠刑罚执行机关就可以完成,但是刑罚如果想改造罪犯,培养其社会适应能力,只靠刑罚执行机关是难以完成的。社会力量参与刑罚执行,有利于节约行刑成本,合理配置司法资源,同时有利于犯罪分子再社会化。

近些年,中国推进司法体制改革有了巨大成效。在刑罚执行中我国也开始注意专门机关与社会各方面的力量相结合,开始有意识地逐步实现行刑社会化。[①]有关行刑社会化,我们可以将之理解为依靠和使用社会力量参与到行刑中和对罪犯进行帮教与协助改造。如高铭暄教授主编的《新编中国刑法学》和马克昌教授主编的《刑罚通论》均认为,行刑社会化作为刑罚执行的基本原则,其含义是指在刑罚执行的过程中,要调动监狱外的一切社会因素,合理救助、改造犯罪分子并保证和巩固刑罚执行的效果,确保行刑目的的实现。[②]行刑社会化也是长久以来我国"专门机关和群众路线相结合"的刑事政策在刑罚执行中的一种具体体现。行刑社会化从内容上可以分为监狱行刑社会化和狱外行刑社会化。

(一)监狱行刑社会化

监狱行刑社会化,就是为了克服监狱的封闭性与社会开放性的矛盾,为了避免罪犯监狱化人格的形成,为了充分利用全社会的力量来教育改造罪犯,保障罪犯再社会化目标的实现,而从监狱、监狱与社会之间、社会三个环节着手,通过建立一系列的社会化的制度和措施,来达到将罪犯改造成为守法公民,不致再重新违法犯罪的目标。[③]监狱行刑社会化是目前监狱行刑的一种发展趋势和重要原则。

[①] 虞浔、潘国华:《刑事司法改革制度创新研究》,吉林大学出版社2012年版,第125页。
[②] 袁登明:《行刑社会化研究》,中国人民公安大学出版社2005年版,第27页。
[③] 陈志海:《刑理论的多维探究》,北京大学出版社2008年版,第228页。

《中华人民共和国监狱法》中对这一原则也作出了一系列规定,如第三十七条规定:"对刑满释放人员,当地人民政府帮助其安置生活。刑满释放人员丧失劳动能力又无法定赡养人、扶养人和基本生活来源的,由当地人民政府予以救济。"第四十四条规定:"监区、作业区周围的机关、团体、企业事业单位和基层组织,应当协助监狱做好安全警戒工作。"第六十八条规定:"国家机关、社会团体、部队、企业事业单位和社会各界人士以及罪犯的亲属,应当协助监狱做好对罪犯的教育改造工作。"以上这些法律条文都是有关狱内行刑社会化的规定,在实践中,社会力量通过亲情帮扶、开放式教育、离监探亲、社区矫正等方式参与到狱内行刑中。

(二)狱外行刑社会化

刑罚轻缓化是现代刑罚发展的必然趋势,而非监禁刑的适用是刑罚轻缓化的主要表现,体现了国家"宽严相济"的刑事政策。在我们看来,有关狱外行刑社会化最重要的是社区矫正制度的完善和发展。

最高人民法院、最高人民检察院和司法部联合发布的《关于开展社区矫正试点工作的通知》(以下简称《通知》)给社区矫正下了定义:"社区矫正是与监禁矫正相对的行刑方式,是指将符合社区矫正条件的罪犯置于社区内,由专门的国家机关在相关社会团体和民间组织以及社会志愿者的协助下,在判决、裁定或决定确定的期限内,矫正其犯罪心理和行为恶习,并促进其顺利回归社会的非监禁刑罚执行活动。"社区矫正直到目前可以称之为社会力量参与刑罚执行最重要的方式。

社区矫正是与监禁刑相对应的非监禁刑的刑罚执行方式,最早产生于欧美,它的产生发展顺应了世界和中国刑罚发展的趋势,反映了更加理智、人道和高效的刑罚观念。我国社区矫正制度虽然起步晚,但是一直处于平稳发展中。将符合条件的罪犯放入社区,让社会力量参与到矫正教育中,这样可以使罪犯更好地回归社会。我国社区矫正工作自2002年以来,经过试点、扩大试点和全面试行,于2011年在《中华人民共和国刑法修正案（八）》中明确规定对判处管制、缓刑以及假释的罪犯依法实行社区矫正，这标志着我国社区矫正制度在法律上得到确立，为我国刑罚执行制度的改革完善奠定了重要基础。社区矫正于2014年进入全面推进的新阶段，截至2015年底，全国共有31个省（区、市）和新疆生产建设兵团的司法厅（局）经所在省（区、市）、兵团编办批准设立了社区矫正局（处）；98%以上的地（市、州）和97%以上的县（市、区）单独设立了社区矫正机构；全国共有从事社区矫正工作的社会工作者8.3万人，社会志愿者69.0万人；全国已建立矫正小组67.2万个；2015年，新接收社区服刑人员46.4万人，解除矫正49.8万人（含符合条件特赦的部分社区服刑人员），全国社区服刑人员在矫正期间再犯罪率一直处于0.2%的较低水平。①

社区矫正活动中，社会力量参与至关重要。目前，全国有60%多的县（市、区）已经建立了社区矫正中心，全国从事社区矫正工作的社会工作者达到83036人，社会志愿者的数量高达672003人。②社会力量参与社区矫正是由社区矫正的目的、性质以及实际工作的需要决定的。社区矫正活动中社会参与的力量主要有三种，分别是非政府组织、社会志愿者以及社会工作者。

1. 非政府组织参与社区矫正形式

由于社区矫正工作具有浓厚的社会参与性，因而需要有社会团体、民间组织等社会力量的协助和参与。非政府组织作为参与社区矫正工作的一股重要社会力量，它是以团体的方式进行参与的。我国北京、上海的非政府组织参与社区矫正工作的实践经验为我国非政府组织参与社区矫正提供了诸多启示。

改革开放以来，非政府组织已经成为我国社会发展的一支新兴力量，

---

① 《我国社区矫正改革获成果 服刑人员再犯罪率仅0.2%》，http://finance.sina.com.cn/sf/news/2016-02-15/092120112.html。
② 《全国社区服刑人员突破70万人》，http://paper.people.com.cn/rmrb/html/2017-01/16/nw.D110000renmrb_20170116_1-11.htm。

是解决诸多社会问题时不可替代的组织形式。我国北京和上海等地早已开始尝试非政府组织参与社区矫正。上海市在2002年社区矫正试点初期就提出社会团体聘任矫正社会工作者开展矫正工作，政府购买社会团体的服务这样一种运作思路。北京市在社区矫正试点中推行的是"政府主导，社团运作"模式，即在政府主导下建立社区矫正服务中心，以此作为组织社会力量参与社区矫正的机构。① 虽说我国非政府组织参与到社区矫正的时间也不算太短，但考虑到我国目前尚处于社会转型期的国情，政府力量仍然在社会中占据主导地位，民间社团力量相对较弱，非政府组织发展水平还是相当低的，参与社区矫正还存在一些问题，如非政府组织对国家和社会管理工作的参与还仅仅停留在一些政治性不强的领域；参与社区矫正的非政府组织自身发育不足；非政府组织对社区矫正的宣传力度不到位；缺乏科学、健全的工作及评价机制。这一系列问题都亟待解决，为此，专门机关应当坚持群众路线，加强对非政府组织的支持，为社会力量参与刑罚执行提供一个良好的平台。

2. 社会志愿者参与社区矫正形式

在我国社区矫正实践中，社会志愿者在社区矫正工作中发挥着极其重要的作用，可以称为社会力量参与社区矫正的中坚，主管部门都很重视志愿者资源的挖掘与利用，将志愿者作为社区矫正队伍中的一部分。社区矫正志愿者，是指符合一定条件，经矫正机构批准后，利用其业余时间和专业知识，不计报酬，自愿无偿地参与对矫正对象的教育矫正工作的志愿精神的实践者。② 众所周知，社区矫正这一系统工程的工作量巨大，社会志愿者在这其中扮演了极其重要的角色，起着不可或缺的作用。截至2016年，我国社区矫正的社会志愿者已达67万人。在实践中，社会志愿者参与社区矫正的方式多样，具体来说主要有对社区矫正进行宣传；向服刑人员提供心理咨询；为服刑人员提供就业指导和法律援助；协调服刑人员与其家

---

① 周国强：《社区矫正中的社会力量参与》，载《江苏大学学报（社会科学版）》2009年第4期。
② 谭豪慧：《关于志愿者参与社区矫正工作的几点思考》，载《法制与社会》2011年第13期。

庭、所在社区以及矫正机构之间的关系；等等。

社会志愿者对社区矫正制度的推行和发展起了巨大作用，其成效是有目共睹的。但是我国的志愿服务尚处于发展的初期，制约其发展的各种因素和矛盾还普遍存在，如相对于我国庞大的人口基数，参与志愿服务的总体人数较少、参与程度低，组织化、规范化和专业化水平不高，激励机制不健全，缺乏资金保障和政策引导扶持等。[①]社区矫正的不断发展需要更多的社会力量参与其中，需要培育稳固的社区矫正志愿者队伍，而且在志愿者人员选择制度上、志愿者工作运行机制上以及对志愿者的监督管理等方面都需要不断完善，这样才能更好地发挥社会志愿者的作用。

3. 社会工作者参与社区矫正形式

社会工作者，是指遵循助人自助的价值理念，运用个案、小组、社区、行政等专业方法，以帮助机构和他人发挥自身潜能、协调社会关系、解决和预防社会问题、促进社会公正为职业的专业工作者。在社区矫正中，指的是政府通过购买公共服务的形式设立的公益性岗位。专职社区矫正工作人员一般为编外聘用人员，经过统一笔试、面试、体检和政审后择优聘用，并按劳动合同管理的工作人员。他们是社区矫正中社会参与力量的核心和骨干部分，其主要职责是组织、指导和监督社区服刑人员进行教育学习、社会劳动和相关的职业技能培训，并随时关注服刑人员的改造表现，对其违规行为及时予以纠正，协助服刑人员解决他们在学习、生活和工作中遇到的实际困难。

截至 2016 年，社区矫正中的社会工作者数量已达 8 万多人。在实践中，从社区矫正的运行机制来看，不管从与服刑人员的接收谈话开始，到为服刑人员定制具体矫正方案、调查走访、掌握动态、组织教育活动等，一直到最后宣告矫正结束的整个工作流程上，还是从协调相关部门配合、体现人文关怀、促使服刑人员顺利回归社会等层面上，主要工作都落到这 8 万

[①] 徐楠：《民间力量是可以信赖的》，载《南方周末》2008 年第 6 期，第 6 页。

多的社会工作者身上，其任务之重可以想象。社区矫正中的社会工作者对于全面落实社区矫正教育改造措施，有效提高社区矫正工作质量起着十分关键的作用，是社区矫正队伍中的核心参与力量。从过往的经验来看，充分发挥社会工作者的作用是社区矫正工作有效开展的保证。然而实践中，社会工作者参与社区矫正工作仍存在许多问题，如人员配置不合理、社会工作者素质有待提高、人员角色定位不清等，这些问题阻碍着我国社区矫正制度的进一步发展。在社区矫正制度的发展中，我们需要不断加强社工队伍力量建设，提高社工人员素质，科学优化社会工作者的人员配置结构，明确社会工作者的角色定位，从而更好地发挥社会工作者在社区矫正中的巨大作用。

从目前的实践来看，社会力量参与刑罚执行虽然存在一些问题，但以监禁行刑社会化和以社区矫正为核心的狱外行刑社会化工作还是取得了巨大成就。当然，探究如何让社会力量更好参与到刑罚执行中是未来刑罚执行发展的关键之一，刑罚执行中社会力量参与的法律支撑和具体方式也还需要深入探讨。

第三节 刑事政策评估中的社会参与

一、刑事政策的评估体系

（一）刑事政策评估的概述

毫无疑问，政策评估的对象是政策本身，但对政策这一模糊性的认识导致人们对政策评估的观点千差万别。或认为政策评估是对政策方案的评估；或认为政策评估是对政策全过程的评估，对象是政策的各个环节；也有人认为政策评估是对政策执行之后的政策效果进行的评估；或者政策评估是在寻找政策全过程中出现的偏差、缺憾，目的在于解决政策存在的问题。

什么样的问题意识决定了对政策评估持有什么观点。刑事政策的出现往往是为了解决刑事法律的不足,在一定时期内通过刑事政策的导向,解决那些单纯依靠刑法无法解决的问题。刑事政策评估是评估机构依据一定的程序和标准,对刑事政策实践过程中的效率、效能、效益等进行检测和评价,从而判断刑事政策的效果。①

根据刑事政策评估主体的不同,可以分为刑事政策制定、执行机构主导的自评估和社会公众力量主体主导的第三方评估。自评估即政策制定与执行者的自我评估,如各级政法委的检查评估。第三方评估主要是社会第三方力量主导的评估,如社会科学院、高校等科研机构及其他社会组织的评估,也是社会力量参与得以实现的方式。第三方评估既可以尽可能排除主观偏见,保持评估主体的客观、中立,又可以推动政策决策的科学化,提高政策评估的科学水平。

根据刑事政策的不同阶段,即政策的制定阶段、政策的执行阶段,刑事政策的评估可以分为刑事政策方案的评估、刑事政策过程的评估。在刑事政策的制定阶段,主要是对各种各样的政策方案进行可行性的论证,以便在备选刑事政策中选择较优的政策方案,并根据刑事政策评估的结果使刑事政策的出台更科学。良好的刑事政策并不必然产生良好的政策效益,刑事政策的施行是刑事政策得以实现的关键,也是刑事政策评估的重中之重。由于刑事政策执行机构、人员对政策的理解可能存在差异,在处理具体刑事案件中可能有个人的价值偏好,刑事政策的执行必然出现参差不齐的局面。执行阶段的评估的重要意义在于及时反馈刑事政策执行的现状,对刑事政策执行情况有客观、全面、详尽的掌握,防止刑事政策执行不到位或者矫枉过正问题的出现。

---

① 黄京平、王烁:《论刑事政策的评估——以建立指标体系为核心》,载《中国刑事法杂志》2013年第7期。

刑事政策运行的社会基础研究

（二）刑事政策评估的原则

刑事政策评估是评估机构主导的专业性活动，涉及刑事政策运行的全过程，内容是对政策运行效果的评估。刑事政策评估机构及人员的素质，评估的标准、程序和评估机制都会影响评估的结果；科学运行的刑事政策必然要求刑事政策的制定、执行过程都要经过及时、必要的分析；刑事政策评估的对象是政策运行能否实现目标，包括政策结果的评价、政策效率的评价和政策影响力的评价。在刑事政策评估过程中，为了得到合理、准确的评价结果，应当遵循以下原则：

第一，客观性原则。客观性原则要求评估主体祛除偏见，以中立的态度，通过客观事实对刑事政策进行评估。刑事政策评估不可能完全不涉及任何价值判断——事实上，价值判断是必不可少的。但同样，评估主体必须摒弃自身的偏见，在评估标准、程序、机制上以中立观念客观分析，同时，要求评估主体不能被政策利益相关群体的意见所左右，而是在尊重各个群体价值偏好的基础上，客观、中立地进行评估活动。

第二，参与性原则。参与性要求刑事政策评估中，要体现评估的多元性、开放性、民主性。首先，评估主体的构成要体现参与性原则。政策评估的标准、程序和机制的建立，以及具体评估方案的确定中，既要通过吸收专家、学者的参与，为刑事政策的评估提供专业支撑；又要吸纳政策相对人、政策执行者，为评估提供足够的信息支撑。其次，刑事政策是否满足了公共需求，是否完备地解决了问题，都需要以刑事政策相对人的参与为基础；在刑事政策执行中遇到的问题、经验，迫切需要政策执行者的参与，通过评估，将纸面的刑事政策外化为政策实效，使其更具有科学性、可行性。

第三，整体性原则。刑事政策评估中要系统、全面地搜集各种信息。一方面，要及时、详细地搜集刑事政策相关的信息。另一方面，要从整体上评估政策效果，不能以偏概全，也不能只强调刑事政策的目标，如降低犯罪率，而忽视其他的影响，如权力滥用、侵犯人权等。

第四，预评估原则。刑事政策评估是对政策实施的评估，是实现刑事政策科学化、合理化、民主化的工具。同时，刑事政策评估本身也需要具备科学性、公开性、民主性才能准确、客观、公正地对刑事政策进行评估。评估标准、程序和机制的制定主体需要足够的专业性，一方面，刑事政策评估方案的制定要引入专家、学者、社会专门机构等专业性团体、人员；另一方面，也要注意到，特定的评估主体，无论是自评估中的刑事政策制定者、执行者，还是第三方评估中的社会力量，都无法全面、完备地描述社会中刑事政策的所有情况。对评估方案本身的预评估，既可以发现理想中的评估方案和实际中的评估方案的差距，促进评估的科学化，也可以及时发现现有评估方案的不足，在下一个评估方案中做到有的放矢。

二、刑事政策评估中社会参与的形式

根据参与主体的不同，刑事政策评估中的社会力量参与可以分为专家学者及社会机构的参与、新闻媒体的参与和社会公众的参与。不同的参与主体之间差别很大，对于刑事政策的关注点也有很大的不同，参与方式也大相径庭。

（一）专家学者及社会机构的参与

尽管我国目前刑事政策评估中政府的自评估和政府委托的评估占大多数，此类评估也往往是封闭性的而非开放性的，评估的可信度以及政府对待评估结果态度仍待有很大的提升空间。然而，在法律学者及社会舆论要求刑事政策评估公开化、民主化、科学化的风潮下，政府越来越重视评估中社会的参与，尤其是高校等研究机构、专家学者的参与。

专家学者和社会机构的参与方式主要有两种，一种是作为刑事政策评估的主导者，参与评估标准、机制、方案的制定；另一种是作为评估中被调查的对象，为刑事政策评估提供信息来源。区别于其他社会参与主体，专家学者和社会机构往往出于自身利益或者从业习惯，具备很高的专业素养和责任意识，因此，刑事政策的评估中往往表现得比较积极，其提供的建议、信息往往有很高的价值。当专家学者作为刑事政策评估的主导者时，会从理论的高度构建评估的机制，力求刑事政策评估活动本身的科学性与合理性。而社会机构作为刑事政策的评估主导者时，一方面，社会机构往往拥有较多的人力、物力资源，一些专业性的调查机构既有丰富的社会调查经验，又与专业性人士有良好的合作机制，从而确保刑事政策评估的科学性和可行性。在大数据时代，专业性调查机构掌握更多的数据资源，并且善于对数据进行深度挖掘——这一点在对统计数据等评估结果进行解读时更为重要，相对于专家学者更有优势。另一方面，专家学者和社会机构不可避免有其价值偏好与趋向，不同的专家学者和机构在同一问题上，尤其是焦点问题上，往往有较大的冲突。当专家学者和社会机构作为刑事政策评估中的被调查对象，与其他社会参与主体往往受舆论影响较大不同，更可能表达出其对特定问题的真实意见和利益诉求。

因此，刑事政策评估中，尤其是减少以政府为主导的自评估，增加专家学者和社会机构主导的第三方评估，是实现社会参与评估的重中之重；也要从实践出发，以实际问题为导向，减少评估不同理论的争论带来的混乱。

（二）新闻媒体的参与

新闻媒体参与刑事政策评估的方式一般是通过舆论引发社会讨论，也包括新闻媒体主导的、和刑事政策评估有关的社会调查——尽管这种调查严格来看并不十分合理、科学。但媒体凭借其天然的社会参与性，几乎可以囊括所有的刑事政策评估的参与者，包括政府、学者、专业社会机构、社会大众等。刑事政策评估中媒体的参与是保证评估的社会参与性、民主性的重要手段。

媒体并不总是扮演光明正大的角色。即便是标榜客观、及时的新闻媒体,在市场经济中也免不了为了获取阅读量而夸大、歪曲甚至捏造事实,即使坚持客观、公正,也不免出现负面作用。

首先,媒体对案件报道过于详细,过于强调对待犯罪人的立场,就可能促使犯罪的发生。一方面,媒体详细描述犯罪过程,罪犯就有可能借以改善自己的技巧,增加反侦查能力,增强其犯罪的机会主义心理和犯罪意志。另一方面,不断的模仿最终会导致一种成熟的价值观形成,受众不再简单地模仿,而是将原本属于媒介人物的思想转化为自己的意识,自觉不自觉地用这种意识来指导自己的行为。当罪犯处于社会的弱者地位时,人们的同情心往往会通过媒体放大,在同情受害者的同时,处于对一个悲剧导致另外一个悲剧这种现象的反思,将批判的矛头指向社会问题最终责任人——社会体制。如果受害者是体制内的人——如政府公务员、城管、法官及医生、教师等事业单位的人员,更是毫不犹豫地将问题抛向体制,恶不在人而在体制,并且往往挖掘罪犯的"好人好事"大肆报道,在道德的高地批判将一个"好人"变成"坏人"的体制,全然不顾罪犯在犯罪中的恶行。这无疑向社会传递了一种非常不好的心理暗示——遭受社会不公的人通过反社会的手段解决问题是可行的。

其次,媒体选择性报道可能会引起公众对特定犯罪类型的恐慌。公众不可能全面接触犯罪统计数据,一旦媒体为了迎合受众的口味,或者为了吸引读者,增加阅读量,挑选色情、暴力犯罪大力报道,就可能引起公众对社会安全的疑问。"民众并不依赖犯罪统计数字来感觉犯罪,他们真正相信的是他们所听到的和看到的。"[①] 即便如此,媒体仍然是刑事政策评估中不可或缺的参与主体,它是沟通公众与政府、专家学者和专业机构的桥梁。刑事政策评估的目的在于真实、客观、全面反映与政策相关的情况,对政策结果、政策效率、政策影响力等方面进行评价。评估是实践的、客观的,需要真实反映刑事政策运行情况,尤其是执行中公众对政策的评价。

---

① 许福生:《刑事政策学》,中国民主法制出版社2006年版,第27页。

（三）社会公众的参与

作为与媒体、专家学者相对的概念，社会公众代表着经验主义、缺乏足够理性的社会群体。在刑事政策评估中，社会公众的参与形式表现出两面性：作为政府、专家学者、媒体的相对方，公众以情绪化、经验化的方式参与，往往作为问卷调查的对象，或者采访的对象，其对政策的评估是非理性的、片面的，并汇聚成社会意识，与其他群体对刑事政策理性的评估相对；作为组成社会公众的个体，相互之间对刑事政策某一具体的问题意见并不一致——评估意见的形成与个体切身经历、周围的生活环境有关，个体独特的利益构成了独特的刑事政策观察点和评价。

社会公众对刑事政策评估参与的积极程度和其对刑事政策的态度密切关联。一方面，如果其熟知的人遭遇与刑事政策有关的不公正对待，而又把这种不幸归因于某些具体的刑事政策，就会对这些刑事政策产生极大的关注，在刑事政策评估活动中将自己的不幸放大为所有人都会因为这些刑事政策而遭遇不幸。在这种情况下，社会公众对刑事政策的评估既是客观的、真实的（虽然存在夸大的可能性），却又是片面的、不完整的。另一方面，当刑事政策与自身没有直接的、显著的关联时，个体对刑事政策的评估便会呈现随意性和盲目性。公众作为松散的群体，有一种天然的无意识性。此时，社会公众对刑事政策的评估受社会舆论、突发事件等因素影响较大，有一定的随意性、主观性。

刑事政策评估中，社会公众和社会舆论不可避免地纠缠在一起。新闻媒体的受众是社会公众；公众对刑事政策信息的获取大多源自新闻媒体报道，从而新闻媒体与社会公众对待刑事政策的态度呈现一定的重合性。以德国为例，从2015年1月到2015年9月2日，德国出于安全、秩序等国家利益的考虑，难民政策以"谨慎对待"为特征；从2016年9月2日到2016年科隆性侵案，难民政策以"开放欢迎"为特征；从科隆性侵案之后，以逐渐收紧为特征。①2015年7月15日，默克尔在《生活在德国》这个节目中，对一个渴望获得永久居住权的小女孩说"我理解你……政治是残酷的……难民成千上万，我们控制不了局面"，受到了媒体和公众的激烈批评。而9月2日，小艾兰在沙滩上死亡的照片，在媒体和公众之间迅速传播，对德国政策的转变产生了决定性影响。新闻报道得越详细，个体由于政策的不公待遇越悲惨，公众的印象就越深刻，对刑事政策进行评估时就会形成一种情绪化的社会意识。法律中的理性人假设很难在个体中体现出来——尤其是那些自身利益不受直接影响的个体。此后的巴黎11·13爆恐案以及科隆性侵案，政府和公众虽然看到了一贯坚持的政策对自身的非传统安全构成了严重的威胁，却没有从根本上扭转政策的方向。严格来说，难民政策本身就是人道主义和国家利益调和后的产物，必然会在接受和拒绝之间摇摆；德国政策转变的节点，与两个被媒体大肆报道的事件直接相关，由此引起社会舆论的转变。社会公众（即选民）对默克尔的支持率随之变化，反映了公众对该政策的评价发生了巨大改变。媒体引爆了舆论热点，而公众则以情绪化的态度推波助澜，自觉或不自觉地改变着自己的意识，也改变着社会公众对政策的评估。

随着信息技术的发展，自媒体不断涌现，社会公众和新闻媒体逐渐融为一体，在一定程度上，社会公众以个体的形式扮演了传统新闻媒体的角色。同时，个体意识的情绪化、任意性通过网络进行放大。社会公众的群体意识相比传统传媒时代有更大的无意识性和碎片化特征。当扮演自媒体角色的公众参与刑事政策评估时，公众对刑事政策的态度往往受突发事件的影响表现出极大的随意性和摇摆性，因而为刑事政策评估中的公众参与蒙上了一层阴影。然而，新环境下，刑事政策评估的形式也有了新的突破。通过网络在线调查等，可以轻松获取公众、舆论关于刑事政策的态度。公众参与刑事政策评估的可能性和积极性都有很大的提高，评估活动进行时

---

① 宋全成：《欧洲难民危机中的德国难民政策及难民问题应对》，载《学海》2016年第4期。

信息的获取也更加及时。

三、社会参与刑事政策评估过程中的问题及成因

（一）社会力量参与评估的积极性低迷

一直以来，人们以一种功利性的态度看待刑事政策，因此缺乏对刑事政策评估的认识和重视。社会的关注点在于刑事政策能否解决当前不断激化的社会问题，而对刑事政策带来的其他影响缺乏足够的兴趣——在新的问题激化后，则求助于新的政策——周而复始，并不重视政策的评估。在刑事政策实施后，往往以论功过对刑事政策的决策者和执行者进行奖惩的形式，宣告政策的结束，而非评估刑事政策及其运行效果。为数不多的刑事政策评估也并未采取开放的、公开的第三方评估方式，而采取封闭的自评估方式，杜绝了社会力量参与的可能性。官方主导的自评估堵塞了社会力量参与的通道，社会也缺乏参与官方自评估的积极性；另一方面，评估工作存在"为评估而评估"现象，评估结果对刑事政策的运行没有丝毫影响，极大消耗了社会力量参与评估的积极性，即使是第三方主导的评估，社会也缺乏足够的耐心和积极性参与评估。

另外，社会力量参与政策评估的意愿并不强烈。首先，我国的刑事政策往往表现为针对特定问题的运动式政策，缺乏对刑事政策合理化和科学性的研究；侧重治安问题的解决与否，较少从理论高度研究"刑事政策的效果问题，不重视对涉及犯罪的社会和人力资源的合理分配和适用问题，因此，人们并不重视刑事政策的评估[①]"。评估结果的可信度不高，对评估结果也不重视。评估往往由内部人员主导，即采用自评估，而不愿与第三方社会力量合作，对评估的科学性认识不够；即使评估结果反映了政策施行中的问题，也没有引起相关部门的重视，从而使评估流于形式。其次，

[①] 何秉松：《刑事政策学》，群众出版社2002年版，第292页。

刑事政策的评估应当是全面地对政策的影响进行分析。但现阶段，某项刑事政策实施后，社会往往只考虑该项政策是否促进某个突出的治安问题的解决这单一因素，关注引发问题的特定事件或案例，而忽视政策带来的其他影响，缺乏客观评估政策的意愿和耐心。

（二）社会力量参与的范围狭隘

社会力量参与评估的范围狭隘包括两个方面：评估范围狭隘和参与主体的范围狭隘两个方面。目前，我国刑事政策中公民参与的范围较小，主要限于刑事政策实施过程中的参与，而在刑事政策制定过程中公民参与是明显缺乏的[①]。受传统的"重实体、轻程序"的影响，刑事政策评估重点在于执行中的评估，而忽略了制定时的评估。如果说执行中的评估在于"治已病"，制定时的评估则是为了"治未病"，从根源上减少刑事政策带来的不利影响。在制定政策时未加以评估，或者即使进行了评估也并未引入社会参与，从而使评估结果存在很大的可疑性，直到政策引发的问题无法忽视时，才后知后觉、匆匆忙忙邀请社会参与评估，对原有政策修修补补。评估范围的狭隘不仅使评估的效果事倍功半，而且在制定阶段缺乏各方互动的民主化评估，缺乏社会监督，信息不公开，容易在社会和政府之间增加对立情绪，造成社会对刑事政策的不理解。社会力量参与评估的主体范围狭隘主要体现在参与主体的代表性不够，容易忽视社会中一部分群体的诉求。从评估结果上看，刑事政策的制定就是各个团体利益、社会公众利益等不断协商的产物——法律的产生也是如此，脱离社会的实在法是不存在的，或者只能是一纸空文。而在刑事政策评估中，尤其是执行的评估中，参与主题范围狭隘，使得参与主体得以表达政策执行中的诉求，扩大利益的范围，而未参与主体的利益就可能被侵蚀。

---

① 郭理蓉：《和谐社会的刑事政策与公民参与》，载《北京师范大学学报（社会科学版）》2011年第1期。

（三）社会力量参与评估缺乏制度保障

对政策评估的重视程度不足，导致了刑事政策评估的科学体系尚不完备，评估机构缺乏足够的主动性——尤其是自评主体。刑事政策评估没有成为一项经常性、制度性工作，社会参与表现出规范性不足、随意性较强的特征。一方面，社会参与评估的需求不断增加，评估中的社会参与已经成为影响评估结果的主要因素；另一方面，社会力量的自发参与不足，"我国公民社会正成长在生长发育阶段，尚未定型和成熟"[①]，社会参与评估的实现需要构建一系列制度加以引导。

刑事政策的评估工作需要以大量的信息为基础，信息资料的欠缺是困扰评估的主要因素。只有建立相应的配套制度，才能保障评估工作的顺利开展，实现刑事政策评估的科学化。"一直以来，刑事政策的信息资料不公开，使得外部评估难以进行"，"我国至今没发布《犯罪白皮书》，一些基本的评估信息资料被封锁"。[②] 因此，第三方评估这一重要的社会参与评估的形式形同虚设，第三方研究机构由于缺乏一手资料而无法进行评估工作。另外，社会力量参与评估需要人力、经费等成本。社会力量参与评估从一定意义上说，是国家的义务，因此，有理由为社会力量参与建立相应的人员、经费、技术等制度化的保障。个体参与评估时，由于没去工作引起公司不满，担心薪水被克扣，而拒绝在工作时间参加听证会的情况并非鲜见。

程序正当是社会参与评估的前提条件。刑事政策评估中，社会力量参与依靠评估机构的自觉性和社会力量的自觉性进行，从而容易形成一种"社会力量参与评估可有可无"的错误认识，社会参与缺乏明确的、有力的法律依据，既不利于社会力量的权利意识的培养，也不利于评估机构主动、自觉地将社会参与纳入评估工作中。

---

① 俞可平：《中国公民社会研究的若干问题》，载《中共中央党校学报》2007年第6期。
② 严励著：《中国刑事政策的建构理性》，中国政法大学出版社2010年版，第222页。

四、社会参与刑事政策评估的意义

（一）有助于增加刑事政策的公众认同

刑法的公众认同包括三个层面的含义：公众对犯罪与刑罚之间的对应关系的认可；公众对依刑法而做出的裁判的接受；公众对刑法保障人权的能力的期待。[1] 刑法的公众认同体现在刑法规范和刑事司法中，刑事政策的公众认同则集中体现在刑事政策的施行中。

首先，社会力量参与评估在刑事政策的权力与社会权利之间架起了沟通的桥梁。刑事政策既具有国家的权力属性，（通过社会力量参与）也具有个体的权利属性。公众认同是刑事政策具备合理性的前提，社会力量参与评估完成了权力和权利之间的让渡，从而使社会承认公权力具有依照该政策行使权利的权力。其次，社会力量参与评估有助于社会意识与刑事政策所蕴含的价值的统一。社会对某项刑事政策的态度是制定、执行该政策时的重要参考，对刑事政策的运行和事实有重要的影响。然而，社会意识关于刑事政策的认识并非完全出于理性，除了少数专家学者之外，绝大多数人对刑事政策的反应往往容易受舆论宣传的影响，为局部的、片面的现象左右，不可避免地带有表面性和片面性，对刑事政策的执行产生不良影响。同时，合情与合法的冲突是"精英话语对大众话语"的冲突，"理论的系统化、体系化"逐渐成为"公众看不懂的东西"，刑事政策有时成为"脱离群众的异物"，迫于舆论的压力作出调整，造成被"民意绑架"的表象——刑事政策在试图解决问题时造就更大的问题。[2] 公众的认同是法律得以存在的基石，没有社会基础的刑事政策将只能落为空文，而且动摇了法制的根基。社会力量参与评估的过程，为两种截然不同的观点提供了得以表达

---

[1] 周光权：《公众认同、诱导观念与确立忠诚——现代法治国家刑法基础观念的批判性重塑》，载《法学研究》1998 年第 3 期。

[2] 张飞飞：《论刑法的公众认同》，西南政法大学刑法学博士毕业论文，2014 年。

自己的平台，并在沟通中达成共识。

（二）社会参与评估有利于合理配置刑事政策资源

由于长期不重视刑事政策评估，政府的自评估结果往往不能令人满意，评估的真实性、全面性、及时性都深受质疑。而专家学者及专业机构等具备主导刑事政策评估能力的社会力量又由于自评估的封闭性，无法参与到刑事政策的评估中。即使自评估主体有足够的人力、物资、技术进行自评估，也很难祛除自身的偏见，"既当裁判又当运动员"的模式很难保证评估结果的公平公正。社会力量参与评估可以结合专家学者及专业调查机构的专业性、客观性和政府的技术、信息等优势，提供科学的评估方案，对刑事政策的价值、效益、效率、优缺点等作出正确判断，为政策制定者和执行者准确把握政策运行方向提供科学的依据。

刑事政策实施的过程就是在有限的资源条件下，对刑事政策资源进行配置的一个过程。通过对资源的再分配，解决日益尖锐的社会问题，实现刑事政策的目的。在这一过程中，科学地评估刑事政策及其成本效益是前提，刑事政策中涉及的利益损益的各方对资源的分配达成一致是刑事政策得以施行的另一个要素。社会力量参与评估既能发现政策施行中的问题和不足，又能协调各方，实现刑事政策资源的优化配置。以社区矫正为例，涉及罪犯的人权，也关涉社区居民的安全利益，只有在施行前充分调查社区居民的意见，才可能调动社会力量的广泛参与，实现社区矫正的目的。否则，社区居民和罪犯之间的极端不信任有可能导致犯罪等恶性事件的发生。

（三）社会参与本身即是价值追求

在很大程度上，社会力量参与评估被视作促进刑事政策运行的一种工具，其价值和意义不过是工具意义上的价值。但正如诉讼法逐渐摆脱实体法附庸地位，拥有自身独特的价值一样，社会力量的参与应当视作价值本身。社会力量参与评估可以通过刑事政策这个媒介与国家发生关系,刑事政策不仅影响了公共空间,也深刻影响了公民的私有空间。在国家与公民对立的逻辑之外,社会力量参与评估建立了国家、刑事政策和公民这种新的逻辑,从社会价值观变迁角度看,参与本身已经成为一个价值选择,它如同法治、公平、自由等价值观一样,一个人参与得越多,就越关注其公民权的实现,而且在对公共价值的判断上能够考量到别人的利益。①

社会力量参与到评估中可以提高社会的自治能力和自治意识,激发人们的权利意识。社会参与主体大部分并非刑事政策领域的专家,也不可能对刑事政策做专门的研究,群体的无意识性又容易在情绪化的道路上越走越远。社会力量参与评估有利于引导社会正确看待某项刑事政策的效果,纠正不正确的认识,正确认识刑事政策。② 社会的自治、法治观念的形成需要个体在不断参与中逐渐实现。从这个意义上说,良好的刑事政策的实施需要社会的参与,这种参与既是权利,也是义务——通过参与刑事政策的评估提高权利意识和自治能力,增强法制意识。

第四节 社区警务:社会力量参与刑事政策的另一种方式

一、社区警务的概念

"社区警务"是20世纪60-70年代兴起的世界第四次警务革命的成果,80年代初传入我国。关于社区警务的具体概念,学术界至今尚无统一界说。由于受到诸多因素的影响,国内外学者对其进行的解读也各有其侧重点,从而形成了不同的观点。总结起来主要有以下三种观点。

---

① 朱德米:《公共政策制定与公民参与研究》,同济大学出版社2014年版,第193页。
② 严励:《中国刑事政策的建构理性》,中国政法大学出版社2010年版,第215页。

第一种是认为社区警务是一种警务哲学,英国警务改革的代表人物约翰·安德逊形象地把社区警务比作一棵大树:"树干是警察机关,树枝、树叶、果实是警察机关的各个部门与警种。树下的土壤是社区。警察这棵大树的根扎在学校、企业、工厂、教堂之中。"①

第二种是将社区警务界定为一种警务模式,在英美等国比较有代表性的解释是:"社区警务是以社区地理区域为基础,视社区公众为社会治安的主体,把为社区公众服务作为主旨,社区警察紧密联系社会公众,运用各种可以调动的社会力量,警民一起携手共建社区和谐环境,共创社区安宁生活的警务模式。"②

第三种是将社区警务描述为一种警务战略思想。"社区警务是指警方与社区能动地互相作用,共同发现和解决社区所关注的治安问题,并采取多种合法手段和方式,开发社区资源,强化自治互动,以全面、系统、长效地维护社区治安秩序的思维模式和方法体系。"③

现阶段关于社区警务内涵的界说,基本上可以分为三个层次,从最高层面上来看,社区警务是一种全新的警务哲学,社区警务不仅涉及对警察的本质、功能和目标,同时还涉及警察与社会公众彼此关系等重大问题的重新定位;从中间层面上来说,社区警务又是一种新的警务战略思想,对于警务工作的重点和基本目标的确定、运行机制的改革及警力资源的整合、配置与使用,具有全局性、基础性和长期性的指导作用;从最低层面上来看,社区警务是一种新颖的具有可操作性的警务工作方法,这种方式要求警察改变长期以来在传统警务管理运行机制之下形成的领导指挥模式、工作方式和习惯等,加强警务与公众的合作关系,配合开展社区警务工作,通过逐步摸索,形成一套以社区警务理念为指导,适应社区警务战略推广实施的开放式、社会化的警务管理机制。

---

① 王大伟:《英美警察科学》,中国人民公安大学出版社 1995 年版,第 177 页。
② 扬加半:《社区警务战略与勤务制度改革》,载《人民公安报》2001 年 3 月 6 日第 3 版。
③ 杨一海、葛志山、刘知音:《社区警务》,中国人民公安大学出版社 2005 年版,第 4 页。

把握社区警务的内涵，需要考虑以上三个层次，任何层次的缺失都意味着对社区警务的内涵把握不够完整。对社区警务含义的认识和理解，一般应该从实务层面或警务工作模式角度切入为宜，可以将社区警务理解为，警务人员立足于社区，积极开展宣传工作，动员和组织社区居民，实行警民合作，在警方的领导和各种法律手段综合运用的指导下，社区成员和志愿者配合警务人员有效地预防和解决犯罪诱导问题，加强社区治安管理的社区参与、增强社会公众预防违法犯罪的意识，从而构筑安全的社区治安环境。

二、我国社区警务的运行现状

从上文对社区警务概念的分析可以看出，社区警务是社会力量参与刑事政策的另一种方式。社区警务对于刑事政策运行的意义主要体现在社区警务的预防功能上，作为一种以预防为主的警务方式，社区警务确实优越于在犯罪发生后再作出反应的传统警务方式。

（一）社区警务在我国的发展历程

社区警务不仅能与我国公安工作的传统特点和优势相融合，同时还体现了一种先进的警务理念，因此社区警务逐渐获得了我国政府和公安机关的认可。在实践中，我国公安机关长期坚持的公安基层基础工作和社会治安综合治理也含有社区警务的精神，而且在形式上也有某些相似的警务形式。自20世纪80年代以来，中国进入了改革开放时期，社会形态发生了翻天覆地的变化，有关违法犯罪的诱导因素日益复杂和多样化，社会治安形势日趋严峻，中国的警务变革正处于困境之中，此时西方社区警务理论的引入可谓恰逢其时，给我国警务变革带来了启示和方向。

1995年，中国人民公安大学接受公安部治安局项目，在全国16个城市进行公安派出所工作改革与社区警务方面的调查研究；1997年4月，公安部在江苏省苏州市召开全国公安派出所工作会议，全面部署公安派出所工作改革，社区警务便是其中一项重要内容，这次会议已经开始关注派出所功能的重新定位，并推行了派出所责任区民警工作制度；2002年3月，公安部在浙江省杭州市再次召开全国公安派出所工作会议，重点推行社区警务战略。会议要求全国公安机关要适应城市社区改革的要求，全面调整民警责任区和警力配置，以1名民警负责管理1000户或3000人为标准，分别实行"一社区一警、一社区两警、一社区多警"等多种配置模式；社区民警主要承担收集掌握情报信息、实有人口管理、治安管理、安全防范和服务群众五项职责。社区警务的推行，增加了社会力量参与刑事政策运行的途径。

2006年，公安部下发《关于实施社区和农村警务战略的决定》，部署在全国实施社区和农村警务战略，要求在城市原则上以社区为单位划分警务区、配置社区民警，在农村以一个或多个行政村划分一个警务区、配置驻村民警，逐步建立与新型社区管理体制、社会主义新农村建设相适应的社区、农村警务工作新机制，为推进城市社区和社会主义新农村建设、全面建设小康社会、构建社会主义和谐社会创造良好的治安环境。自此，"社区警务"成为中国警务变革中的高频词汇，"发案少、秩序好、社会稳定、群众满意"成为衡量小区域公安工作成效的根本标准，其中群众满意成为公安工作的最终落脚点。

（二）社区警务参与刑事政策运行存在的问题及成因

自从社区警务战略实施以来，我国社区警务建设取得了长足的进步，极大地改善了我国的社会治安状况。近年来，公安机关在开展犯罪预防和控制的社区警务工作中，通过创建警民良好合作的社区，有效地抑制了犯罪上升的趋势，但在犯罪预防、控制工作过程中，目前，我们的社区警务工作还存在着一些问题。

1. 社区警务观念未真正建立

近年来，社区警务工作在全国范围内铺展开来，取得了显著成效，可是受传统警务思想的影响，警务人员的思想观念却没有随着社区警务的开展而转变，还存在观念上的不足，重打轻防、重专项轻基础、重当前轻长远等一系列问题突出。例如，受传统警务观念的影响，依旧将打击违法犯罪作为中心任务，在考核导向上，打击处理的考核比重远远超过基础工作的考核比重，工作绩效的衡量往往还是以打处数据为根据。

作为社区警务主体之一的社区民警，在认识上还存在一定的偏差，对社区警务理论尚未完全接受，对社区警察的角色定位尚存在模糊认识。由于派出所承担破案打击任务的观念根深蒂固，一些社区民警认为开展社区警务活动而不破案是一种警力资源的浪费，导致社区警务的战略部署得不到很好的落实。警务工作仍然是被动"反应型"的，这种被动式的警务，对于控制犯罪来说，只能是捉襟见肘，并忙于应付，这种对于传统观念的固守，导致社区警务的理论、实践工作缺乏创新。换句话来说，即现实中我们对社区警务工作的重视程度还是不够的，没有能够在思想上树立真正的社区警务观念，思想观念上的落后导致了公安机关，特别是以公安派出所为主力军的社区警务战略实施主体，在实施过程中难以很好地落实部署。在社区警务工作中，警务人员与社区居民之间交流不充分，影响了和谐的警民关系，从而导致社区警务战略推行的社会支持不足。

2. 社区警务警力不合理、素质偏低

公安派出所是一个综合性战斗实体，是实施社区警务战略的直接主体。人口管理、案件查处、治安管理、安全防范、群众工作等构成了公安派出所工作的基本内容。社区警务工作的开展离不开大批高素质一线警务人员的努力，但是警力配置不合理、警力不足以及警力素质不达标等问题是当前我国社区警务深化改革和发展过程中普遍存在的严重问题。首先，关于警力的配置问题，从整体的角度来看，派出所还是承担了调查和处理治安案件的任务，对于治安状况一般的地区而言，社区民警查处社区的少量治

安案件相对轻松，但是对于治安状况相对复杂的地区来说，社区民警所需要承担的治安案件查处任务则非常重。这对于精力有限的社区民警来说，仅仅查处社区治安案件就会占据他们绝大部分的工作时间，根本无暇深入社区去开展社区警务工作。其次，关于警力不足的问题，由于现阶段国家无法满足基层公安机关对增加警力编制的需求，基层派出所的警力不足，大量工作无法开展，诸多问题无法解决，从而使社区警务形同虚设、难以落实到实处。最后，关于社区民警的素质问题，目前有警力配置不合理、警力不足等因素，在招录时警务人员的素质难以把控，又加之后期公安机关教育培训机制不健全，缺乏定期专业业务培训教育，导致了部分社区民警素质不达标，难以胜任社区警务工作。

3.民力开发不够，参与程度较低

社区警务理论认为："犯罪的产生是由多方面的原因造成的，其根本的原因来自整个社会，而不是来自犯罪者个人。既然产生犯罪的根本原因在社会，扼制犯罪的根本力量也来自社会，只有动员全社会各个层级、各个方面的力量，才能有效遏制犯罪，单靠公安机关甚至警察个人不能解决问题。"[①]社区警务理论强调警民协作，让公众参与到刑事政策运行中，在这种理论下，刑事政策的贯彻执行离不开社会力量的参与。如今，公安机关虽然已经通过利用社区资源预防和控制犯罪，但是总体来说，在民力开发上程度还不够，社会参与的程度还较低。

目前，公安机关在挖掘和利用社区资源的工作上收效甚微的原因主要有几点：首先，当前的社区警务建设存在着注重形式却轻视内容的现象。一些地方公安机关为了配合上级的检查，热衷于形象工程，并没有真正开展实质性工作，另外，公安机关的宣传教育也不够到位，未能对社区群众开展应有的法制宣传和教育，使得公安机关和社区民众之间的联系不够紧密，造成社会资源的挖掘和利用是被动、滞后的。其次，中国社会历来缺

---

① 熊一新、王太久：《最新社区警务工作指南》，群众出版社2003年版，第37页。

乏自治意识，"各人自扫门前雪，休管他人瓦上霜"的传统观念一直难以消除。公众参与的积极性不强，积极性有待加强，社会越来越显出"原子化"和"个体化"的发展趋势，尤其在大城市，地缘性纽带不足以维系具有社会意义的互动关系，因而社会始终处于危机状态。社区警务的最大挑战就是面对冷漠、功利、世俗、孤立的社区成员，找出将他们组织到社会合作过程中的有效途径。最后，社会转型带来的巨大变化使人际关系逐渐疏远，邻里之间社区之内，居民相互关系陌生，交流甚少，再加之缺乏有效的警务宣传，使得这些社区资源严重浪费和大量流失，社会力量参与不足，未能真正实现警民协作、共创社区平安的局面。

4. 缺乏规范明确的制度保障

2006年，我国公安部出台了《关于实施社区和农村警务战略的决定》，规定了开展群众工作、掌握社情民意、管理实有人口、组织安全防范、维护治安秩序五项主要职责，各地也相继出台了相关意见和办法，但大多过于笼统，缺乏可操作性；民警如何扎根社区、如何与社区互助共建、社区民警的权责如何界定、社区民警如何真正实现专人专用、社区治安防范如何组织开展、信息化与传统手段如何有效衔接、基础信息如何联通共享、社区警务实效如何科学评估等都有待进一步规范完善，这也是社区民警在开展社区工作中最大的困惑和障碍。

三、社区警务对社会力量参与刑事政策运行的影响

刑事政策运行的目的就是维护社会稳定、实现社会正义。社区警务作为一种以预防为主的警务方式，鼓励警察与社区建立良好的合作关系，注重社区公众和团体参与警务活动，共同交流信息、研究社情、寻求解决社区隐患问题的途径，最大限度地预防、控制犯罪。①从社区警务的运行方

---

① 沙万中：《关于西方国家社区警务理论与实践的探讨》，载《上海公安高等专科学校学报》2001年第2期。

式可以看出,其实质上也是社会力量对刑事政策运行的参与。

(一)加强公众对刑事政策的了解

社区警务的一项重要工作就是进行法制宣传教育,即向群众进行遵守宪法、法律、治安管理法规和遵守公共秩序与社会公德的宣传教育,法制宣传教育是提高全民法律素质、推进依法治国基本方略实施、建设社会主义法治国家的一项基础性工作。在这过程中,社会成员还慢慢接触和了解我国的一些刑事政策,而刑事政策是否能够被认真贯彻落实,其中重要的一点就是政策是否被人们所了解和熟悉。

政策宣传是政策执行过程中的第一步,对于政策的重要性不言而喻。因此,提高公民的政策意识,是实现刑事政策目的的重要条件。如果人们对于刑事政策一无所知,那么再好的刑事政策也会因为得不到遵守和执行而起不到作用甚至形同虚设。而公民意识中对刑事政策的了解是可以通过教化而改变的,对公民深入开展政策普及教育是刑事政策运行的一项重要的基础性工程。警务人员可以通过宣传政策提高刑事政策的知晓度,让群众认识到刑事政策的科学性,让刑事政策在预防和控制犯罪过程中真正发挥出作用。

(二)拓宽社会力量参与刑事政策的渠道

社区警务的本质是警务社会化,社区警务产生的理论是产生犯罪的根源在社会,遏制犯罪的根本力量也在社会,要充分发掘、利用社区人力、物力资源,向社会要警力,通过与社会公众的合作,共同搞好治安防范工作。①

社区警务是一种全新的警务哲学,又是一种新的警务战略思想,同时

---

① 郝树源:《我国社区警务的现状及对策探究》,载《黑龙江省政法管理干部学院学报》2014年第6期。

也是一种新型的可操作的警务工作方式。它的产生发展丰富了我国社会力量参与刑事政策运行的形式，公众也可以成为社会治安的主体，社会力量通过社区警务这种模式参与到社区治安中，从而在预防和控制刑事犯罪过程中发挥重要的作用。社区警务的发展，可以探索刑事政策执行中群众工作的新思路、完善新时期刑事政策运行的群众工作机制、降低居民对于社区治安的忧虑感，从而提高整个社区的生活质量和居民的幸福感。

第四章 社会关联形式的转变与刑事政策运行社会基础的消解

作为嵌入社会之中的刑事政策,其运行需要依托于社会基础。无论是从社会结构的角度还是从国家与社会互动关系的角度看,当前中国的社会基础都处于变迁之中,这种变迁既有对旧的社会基础的消解,也有对新的社会基础的重建。就社会基础的消解而言,可以由多重视角加以分析,如果根据费孝通先生的乡土中国理论,则中国社会正在由传统的"熟人社会"转向现代的"陌生人社会";如果根据社会秩序的形成方式来分析,则中国社会正从"礼治社会"转向"法治社会"。在此,我们选取社会关联形式作为分析工具,即从社会结构变化带来的人们之间联系方式的转变来探讨社会基础的消解问题。社会基础的消解意味着新的社会秩序和新的社会结构的形成,这给刑事政策的运行提供了巨大的空间,但同时,社会基础的消解也意味着社会变迁中存在着极大的不确定性,这种不确定无疑会削弱刑事政策的运行效果。

第一节 刑事政策视野下的社会关联及其形式

刑事政策学是一个交叉学科,涉及多学科的知识,因此,刑事政策不仅是政治学、政策学等领域的研究课题，在社会学中也极具研究价值。近年来，从社会学角度研究刑事政策的成果越来越多，在之前的章节我们对这些研究做过简单的梳理和评析，并对刑事政策运行中的国家与社会互动关系做了探讨。我们认为，刑事政策运行过程中国家与社会之间始终处于一种相互交融的状态，无论是福柯认为的国家对社会的驯服还是黑格尔那里的国家优于社会或者是启蒙思想家们朴素的社会先于国家的理论实际上都无法忽略国家与社会的交融问题。由此，在分析刑事政策的运行过程时，必须要考察国家和社会的权力结构问题，也要比较两者所占比重的大小。比如在传统中国社会，基层社会的力量在大部分时候其实是优于国家力量的，但在1949年以后的中国社会，国家力量绝对优于基层社会的力量。当前中国社会，这种力量对比和相互关系极为复杂，用某一个标准进行划分显得非常困难，不像城乡二元结构这种明确而简单的划分方法，对中国社会进行权力结构的划分是一个难题。我们在此借助于以"经济—职业"关系为基础的社会关联来划分中国社会，这种方法同中国的经济转型以及社会分层相符合。这是一种韦伯式的理想类型方法，它只是一个理论上的模型，不可能完全和中国的现实相对应，但是，这种方法却能够同我们的研究思路相契合，而且，也大体能够涵盖当前的中国社会。

一、社会关联的含义及基本分类

社会关联，又译为社会团结，是涂尔干在其《社会分工论》中提出的，涂尔干认为社会团结是指把个体结合在一起的社会纽带，是一个建立在共同情感、道德、信仰或价值观基础上的个体与个体、个体与群体、群体与群体之间的，以结合或吸引为特征的联系状态。[①] 在涂尔干看来，社会团结整体上是一种内在的道德现象，因此，涂尔干说："我们很难对它进行精确的观察，更不用说测量了。要想真正做到分类和对比，我们就应该撇

---

① 贾春增：《外国社会学史》，中国人民大学出版社2000年版，第138页。

开那些观察所不及的内在事实,由于内在事实是以外在事实为标志的,所以我们只能借助后者来研究前者。"① 在涂尔干看来,这种看得见的外在事实就是法律。因为任何持续存在的社会生活都不可避免地会形成一种限制形式和组织形式。法律则是这些组织中最稳固、最明确的形式。"正因为法律表现了社会团结的主要形式,所以我们只要把不同的法律类型区分开来,就能找到与之相应的社会团结类型。"② 这样,涂尔干通过法律的两种主要类型——压制性制裁(刑法)和恢复性制裁(民法、商法、诉讼法、行政法和宪法),提出了与它们分别相适应的两种社会团结类型——机械团结和有机团结。机械关联是一种通过强烈的集体意识将同质性个体结合在一起的关联。它是一种由于彼此相似而形成的关联,社会的协调一致建立在"个人之间还没有分化"的基础上。有机关联是一种建立在社会成员异质性和相互依赖基础上的关联。它是一种其社会成员之间彼此不相似而形成的关联,社会的协调一致建立在"个人分化"的基础上。衡量机械关联和有机关联的根本标准是集体意识的强弱程度。在机械关联的社会中,集体意识驾驭着大部分个人的意识和行动;在有机关联的社会中,集体意识的作用相对削弱了,个人对社会解释的余地扩大了。在机械关联的社会中,集体意识通过"刑事法"的惩罚形式来表现自己的力量;而在有机关联的社会中,集体意识以"恢复原状法"的形式表现出来。

陈劲松根据人与人之间所存在的社会关联的形式,将社会关联分为巫术关联或神性关联、伦理关联和契约关联三种形式。"巫术关联或神性关联是指人与人之间或人与外界所发生的关系,是依赖于某种神秘性的力量,如巫术、萨满、神等,也就是说人与人之间的社会关联需要一种中介,即神性的中介。伦理关联是指人与人之间的社会关联依靠的是一种宗法的、亲情的伦理来维系的。契约关联指的是人与人之间的社会关联的维系有赖

---

① 埃米尔·涂尔干:《社会分工论》,生活·读书·新知三联书店2000年版,第27页。
② 埃米尔·涂尔干:《社会分工论》,生活·读书·新知三联书店2000年版,第31页。

于一种明文规定的、具有法律效应的规则或人与人之间的相互契约。"①一个复杂的社会系统中,可能各种形式的社会关联都存在。但是,如果仅仅以一个社会中占主导地位的社会关联形式来划分社会,那么,社会可以划分为以巫术或神性关联为主导的社会、以伦理关联为主导的社会和以契约关联为主导的社会。

二、刑事政策视野下的社会关联

涂尔干使用的社会关联重在关注社会这一特殊事物的结构特征,即社会作为整体拥有优于个人的作用。本书借用的社会关联则更关注社会结构中个体之间的具体关系状况,即把个体结合在一起的社会纽带,建立在某种共同情感、道德、信仰或价值观基础上的个体与个体、个体与群体、群体与群体之间的以结合或吸引为特征的联系状态。这种联系状态借助于法律规范、伦理规范等介质促成了社会秩序的生成。在刑事政策领域,社会关联既是社会结构变化的原因,又是社会结构变化的结果,既同犯罪生因相联系,同时又是刑事政策运行的社会基础。

刑事政策视野下的社会关联关注的是处于社会中的个体在面对刑事政策的具体运行时可以调用社区各种关系的能力。当一个社区居民能够调动足够多的关系资源时,他就可以更为深入地参与到刑事政策的制定和实施过程中。如果一个社区居民无法或者很难调动足够的关系资源时,那么他获得安全这一公共品的难度将会大大增加,他将无法从社区获得足够支持,而只能寄希望于国家正式力量。

社会关联具有程度的强弱。当一个社区中有相当一部分居民具备调动关系资源的能力时,我们说这个社区的社会关联程度很高,社区的集体行动能力也就越强,也就越能够为刑事政策体系提供支持。若一个社区中的大部分居民都缺乏调用关系资源的能力,我们说这个社区缺乏社会关联,

---

① 陈劲松:《传统中国社会的社会关联形式及其功能》,载《中国人民大学学报》1999年第3期。

或社会关联程度很低,这样的社区无力应对犯罪威胁,犯罪控制的能力就低,参与刑事政策过程的能力也就越差。

社会关联关注人与人之间关系所构成的行动能力,与公共生活有更为密切的联系,是指那种构成应对治安事件能力的人与人之间的联系,它强调人与人之间关系对社区秩序的影响。一个拥有众多关系资源的人,在遇到治安事件时,他可以调用这些关系资源进行应对。当社区中很多居民具有足够应对治安事件的关系时,社区治安秩序也就有了基础,社区就具有了犯罪控制的能力。

我们延伸涂尔干社会关联的概念,是希望通过对当前社会正在变动的人与人关系的考察,理解造成社会参与刑事政策运行不够深入的社会原因。从制度层面考虑,因为社区秩序是通过事件来建构的,重复发生的日常性和突发性的事件,使应对事件的人与人的关系具有重复博弈的性质。涉及的主体包括社区居民、警察、社区自治组织等。这种重复博弈形成了刑事政策运行中各主体之间的一种模糊约定,这种模糊约定使各主体可以对对方的行为有较为明确的预期,预期的基础即"游戏规则"。由于社会关联类型的不同、强度的差异,不同的社区"游戏规则"也不相同,这些"游戏规则"就构成了吉尔兹所说的"地方性知识",此类"地方性知识"是刑事政策运行中重要的制度资源。

三、当前中国社会关联的具体类型

季卫东教授提出中国秩序是一"复杂系","它不采纳把所有事实都九九归一于法律条文之下的包摄技术,因而不可能按照还原主义的法律八股的思路进行复杂性缩减,也很难通过透明而精确的概念计算来充分保障行为结果的可预测性。这种秩序是在各种差异因素互相干涉中形成并不断分枝、生长的一棵活的决定之树。"[①] 基于这一点,有学者将中国的社会

---

① 季卫东:《宪政新论——全球化时代的法与社会变迁》,北京大学出版社2005年版,第86页。

秩序概括为："法治秩序"与"礼治秩序""德治秩序""人治秩序""宗法秩序"等组合而成的"多元混合秩序"。① 这一"复杂系"的形成的根本原因在于虽然从制度上我们似乎完成了"礼治秩序"向"法治秩序"的转变，但从现实建构的角度看，这一历史过程跨度较大，还需要较长的时间。

由于社会系统的复杂性，伦理关联和契约关联可能同时存在，但是，不同历史时期的中国社会，只可能由某一种类型的社会关联来主导。传统中国社会的社会关联类型比较单一，以伦理关联为特征；改革开放以后的中国由于地区的差异、文化传承能力的差异以及经济分化程度的差异，社会关联类型比较复杂，大体由伦理关联和契约关联共同组成，不同的社区，两者所占比重存在较大的差异，以伦理关联为主导的社区往往集中在受市场经济侵入不明显的农村，以契约型关联为主导的社区往往包括大中城市和经济社会分化比较明显的小城市与农村。由于当前中国社会正处在一个变迁的过程中，因此，很难将两种社会关联进行严格区分，而只能从理论上和逻辑上进行分类。事实上，无论是在发达城市还是在传统农村，两种社会关联都以一定的形式同时存在，不同的是比重大小以及发展趋势。

就社会关联的发展趋势而言，总体上我们可以概括为逐渐由伦理关联向契约关联转化。具体而言，从理论上可以分为三种类型：一是伦理关联、契约关联兼有，但伦理关联为主，如比较传统的农村；二是伦理关联、契约关联兼有，但契约关联为主，如比较现代化的城市；三是伦理关联向契约关联转变，处于动态变化的过程中，如城市化进程中的农村和现代化程度比较低的中小城市。

这种分类方法有利于从不同的角度划分中国社会，而且从伦理、契约角度也同经济—职业型的社会分层理论相一致。社会关联类型的差异决定了社会秩序生成机制的不同，进而导致了社会控制模式的差异，具体到刑

---

① 刘作翔：《转型时期的中国社会秩序结构及其模式选择——兼对当代中国社会秩序结构论点的学术介评》，载《法学评论》1998年第5期。

事政策的运行,就会形成不同的刑事政策模式。

社会关联的类型并不必然决定社会治安秩序的好坏,相反,由于契约关联主导中国社会的时间比较短,在契约关联发展尚不成熟的社区或者同契约关联相关的法律制度、社会制度尚不完善,社会自治水平还比较低的情况下,以契约关联为主的社区反而会出现犯罪高发的情况,如高速变迁的城市社区。

四、社会关联主导下的刑事政策运行模式

在多元化的社会秩序中,刑事政策模式的构成比较复杂,社会关联类型不同,刑事政策模式也就不同。在此,我们以社会关联类型及其强弱为标准来划分不同的社区,并以此为基础构建一个初步的刑事政策模式系统。我们的标准分两个层级,第一层级的标准是社会关联的强弱,第二层级的标准是社会关联的类型。

(一)强社会关联类型下的刑事政策运行模式

在第一层级的标准下,社区可以分为两类,强社会关联的社区和弱社会关联的社区。在强社会关联的社区,首先,作为个体的社会成员能够从所在社区调动丰富的社会关系以及资源,当其个人利益受到侵犯时,他能够充分地汲取社区力量,来维护自己的合法权益;其次,作为整体的社区则因为关联程度强,社区成员之间相互熟悉、关系融洽,社区的凝聚力较强,在面对整体利益的时候集体行动的能力强,也有能力抵御犯罪的侵害;再次,这样的社区往往有比较丰富的权威性资源和制度性资源,比如往往有在当地有威望的领导或能人,能够号召和动员社区力量,或者有比较健全的制度,使社会成员的意愿能够通过这种渠道得到充分表达。这种强社会关联的基层社区,其自我组织、自我管理、自我保护的能力比较强,应该说是发育比较良好的基层社区,刑事政策体系在这些社区运行时,需要

注意以下几个方面：

第一，应当坚持刑事政策运行中国家力量的主导地位。我国是一个集分权相结合的国家，就国家和地方的管理权而言，国家有明确的划分，大部分具体事务由地方负责，但有全国统一的法律制度和管理体制。因此，在刑事政策的运行过程中，国家仍然担负着重要的职责，而且专门化的力量在运行体系中占据主导地位，其资源具有不可替代性，如人力资源、装备资源及具体的巡逻、社区警务等有效地保证了刑事政策的运行效率；再如其权力资源，如着装、配备枪械、逮捕等权力也使犯罪控制更为容易。因此，即便是在自我发育比较好的基层社区，也必须坚持国家力量的地位，这既是保证中国政治稳定、社会秩序的需要，也是维护党和国家权威的需要，更是保证党和国家对地方领导与控制的需要。

第二，坚持刑事政策运行中基层社会力量的广泛参与。从历史传统考察，在农业文明时期，社会的流动性受到限制，大多数社会成员被土地关系和户籍制度所束缚，基层社会的社会秩序基本上依靠地方力量，国家力量难以触及底层，因而在大部分时候很难发挥作用。1949年以后，由于国家力量的极度发达，个人空间被严重压缩，基层社会的自我控制体系全部被摧毁。1978年以后，社会流动性开始增强，经济的变化开始影响政治和社会，基层社会的犯罪控制仍然延续了由国家控制的局面，虽然国家试图通过群众路线、权力主导促进基层社会的自治工作，但总体而言国家仍然承担着维护地方秩序的任务。随着民主政治的影响加大，未来中国的市民社会会逐渐发育成熟，社会的力量在国家事务中的比重将会加大，国家事务社会化的趋势会逐渐明显。强社会关联的社区意味着具有成熟市民社会的发育土壤，或者说从社会基础来看完全符合市民社会的标准和要求，在这些社区，基层社会的力量在刑事政策运行中起着重要的作用。这种情况同传统中国社会以家族为单位的村庄比较类似，即同质性和集体行动力强，在对抗外部力量时有较强的行动力。

第三，应当建立刑事政策运行中的国家力量与社会力量协商机制。在关联度比较强的基层社区，就刑事政策的运行而言，国家力量和社会力量的沟通协商会比较容易。由于双方对秩序有共同的偏好，官方希望有一个良好的政治秩序以确保稳定完成政治任务，而群众则希望有一个良好的治安秩序以确保自身的安全。在共同目标的引导下，双方由于有共同的预期，会选择友好的协商与谈判，在这种情况下，协商机制的建立会显得容易，无论是传统农村还是发育比较好的现代城市社区，都有比较丰富的自治资源，如人力、财力以及制度等，国家力量可以在自己的主导下依托这些资源建立科学的犯罪防控体系。具体来说，强关联度的社区里，往往有自我保护的力量，如义务巡防队、治保会、物业保安等，即便没有也容易组建。由于所在社区的需要，这些力量平时承担了大部分的犯罪控制工作，作为官方力量代表的派出所和社区警察需要做的就是在这些力量需要的时候提供及时的法律支持和技术支持，以及同这些组织协商通过制度建设举行定期的沟通交流会议以互通信息、密切关系、整合资源，共同参与犯罪控制和刑事政策的运行。

在第一层标准下，根据社会关联类型将强社会关联的社区又分为两类：第一类社区，社会关联以伦理关联为主，且有较强的关联度，符合传统中国社会的特征，这种社区的秩序多为内生型的，社区成员之间的关系比较淳朴，调整其行为的多为伦理规范，以契约为内核的法律规范的约束力较小，但同样发挥重要的作用。这样的社区，参与刑事政策运行的程度比较高，往往有比较强的集体行动一致性，也往往存在比较丰富的社区自治组织。第二类社区，具有强社会关联度，且以契约关联为主，常见于发达城市。这些社区总是处于不断的变化和冲突中，秩序处于一种动态平衡状态，可变因素较多。这些社区往往自我发育比较完善，有较强的自组织能力，往往有比较丰富的社区活动，以增强社区关联和凝聚力。因此，其关联度较高，契约关联类型比较成熟，社会秩序的生成主要依靠国家力量和社区自治力量及其代表——契约化的保安公司。这些社区也可能自己组建义务型的治安自治组织。对于这两类社区，由于社会关联类型成熟，关联强度高，社区的同质性较强，集体行动能力强，因此，刑事政策运行中的社会参与比较容易实现，不需要大量的制度建设和资源投入，注重警察和社区的沟通、协商就足够了。

（二）弱社会关联类型下的刑事政策运行模式

在弱社会关联的基层社区，首先，作为个体的社会成员难以有效调动所在社区的社会关系以及资源，当其个人利益受到侵犯时，他也很难从社区中获得支持与帮助，而只能向国家组织和力量求助；其次，作为整体的社区则因为关联程度比较弱，社区成员之间关系淡漠、交往较少，社区缺乏凝聚力，在面对整体利益受损的时候缺乏集体行动能力，难以有效抵御犯罪的侵害，参与刑事政策运行的可能性较小；再次，弱社会关联的社区往往缺乏正式的或非正式的权威，也缺乏丰富的制度资源，由于没有在当地有威望的领导或能人能够号召和动员社区力量，又没有健全的制度使社会成员的意愿能够通过这种渠道得到充分表达。这种弱社会关联的基层社区，其自我组织、自我管理、自我保护的能力都很差，缺乏成熟的基层市民社会需要的社会基础，其刑事政策运行体系中的社会参与的实现难度较大。

在这种社区里，国家力量在刑事政策运行中当然占据主要地位。弱社会关联社区和强社会关联社区相比较，由于缺乏集体行动力、社区内人与人之间关系淡漠，因此往往没有能力自我保护，往往没有有组织的犯罪控制力量，如治安联防小组、物业保安等，无论是安全事务还是其他事务，都缺乏集体行动的一致性。在这种情况下，犯罪控制只能依靠警察力量，这样的社区也类似于犯罪学中破窗理论里的社区，表现为人文环境人情淡漠、物理环境破败不堪，治安问题丛生，社会秩序比较混乱，犯罪势力容易扎根生存，因此，对于这些社区必须坚持国家力量在刑事政策运行中的主导地位，而且要加大其力量。以警察为代表的国家力量在日常的工作中必须加强对这些社区的关注，如果有可能，可以在其他国家组织的共同努力下，结合社区警务的具体工作，致力于解决社区问题，从根本上改变社区，使其秩序能够自发内生，进而得以控制犯罪。

除了坚持国家力量的主导地位外，还要努力发动基层社会力量参与到刑事政策运行当中。在社会转型的背景下，部分中国的基层社会由于各种原因缺乏自我保护、自我管理的能力，但市民社会的发育成熟又是不可逆转的趋势，因此，对于弱社会关联的社区，应当在地方政府的努力下，通过权力介入使其能够恢复自我管理的能力，并逐步建立起自治型或契约型的治安防范组织，以保护社区利益。

在这种社区里，同样需要建立国家力量与社会力量的协商机制。在关联度比较弱的社区里，国家力量和社会力量的沟通协商会比较困难。虽然双方对秩序有共同的偏好，但由于这类社区缺乏自治资源，无论是人力、物力、财力还是制度等，从根本上说，其社会运转基本上是一种自发的、无序的状态，大多数时候人们以个人的家庭、工作领域为限，不与社区其他成员接触，由于没有社区权威和制度资源，国家力量同其沟通就非常困难，无法形成比较有效的沟通机制，而只能在具体案件发生后进行短暂的联系。从刑事政策体系的构建来看，难度较大。

弱社会关联的社区又分为两类：第一类社区以伦理关联为主，但关联度较弱，虽然也符合传统中国社会的特征，但这种社区由于缺乏比较充分的社会关联，社区成员之间的关系疏远，抵御犯罪的能力比较差，也没有自我保护的组织。这样的社区，刑事政策运行体系的构建比较困难，在当前中国，由于自我保护功能无法实现，只有借助于国家专门的犯罪控制力量——警察来维持社会秩序。契约化的保安公司和治安自治组织在这些社区很难发挥作用。第二类社区以契约关联为主，但关联度弱，常见于发达城市。这些社区和第一类社区有相似性，但相较而言，它的自我发育不完善，自组织能力较差，秩序的维护主要依靠警察，往往没有治安自治组织，对社区活动的参与热情不高，人与人的关系往往比较淡漠。对于这两类社区，虽然关联强度不高，但由于关联类型成熟，可以在加强国家力量作用的同

社会关联形式的转变与刑事政策运行社会基础的消解 **第四章**

时，注重同地方政府的沟通，通过社区活动提高关联度和凝聚力，注重培育社区治安资源，以增强社区力量在刑事政策运行中的作用。

上述的伦理关联社区和契约关联社区、强社会关联社区和弱社会关联社区的划分是一种理论上的类型，实际上，在社会变迁过程中，只存在程度上的差异，更多的是一种逐渐变化的状态，处在这种变化中的社区比较多。这类社区的关联类型和社会结构都在发生较大的变化，其社会关联度往往比较低，缺乏强社会关联的社会基础。这种类型的社区在中国社会占有较大的比重。特征表现为：契约关联的比重逐渐变大，但缺乏自我组织的条件和能力，也没有丰富的社区活动以增加社会关联的强度，集体行动能力较差，在应对社区事件尤其是治安事件时，处于一种此消彼长的博弈状态，削弱了其行动的一致性。这些社区的治安秩序维护也主要依靠国家力量。对于这类社区，由于关联类型不稳定，有效的刑事政策体系难以建立，只能依赖于国家力量，但由于存在大量滋生犯罪的社会因素以及国家力量的有限性，这样的社区不得不忍受较高的犯罪侵害风险，刑事政策运行效果相对较差。在这类社区，刑事政策体系要想发挥有效作用，只能从"治标"入手，要想"治本"，只能依赖于社会关联类型的逐渐成熟和定型。

第二节　社会关联形式的转变与基层社区的消解

经过政治经济制度的多次变革，今天中国的基层社区，无论是城市还是农村，都很难说还保持着某一种模式。在农村，以黄宗智、贺雪峰、折晓叶、毛丹[①]等人为代表的学者们试图将少数村庄以样本分析的方法进行研究，在城市，围绕社区建设和基层社会治理展开研究的学者们也试图对

[①] 黄宗智：《华北的小农经济与社会变迁》，中华书局2000年版；贺雪峰：《乡村治理的社会基础——转型期乡村社会性质研究》，中国社会科学出版社2003年版；折晓叶：《村庄的再造——一个超级村庄的社会变迁》，中国社会科学出版社2003年版；毛丹：《一个村落共同体的变迁——关于尖山下村的单位化的观察与解释》，学林出版社2000年版。

城市社区进行类型化分析,但在高速变迁的中国,基层社会已呈现出一种复杂局面。从韦伯意义上的"理想类型"角度看,影响基层社区社会关系模式的因素表现为关联形式,主要类型为伦理关联和契约关联。1978年以后,市场化的因素开始显现并发挥越来越重要的作用,在人口分布占大部分的农村,契约化的因素冲击很大,并逐步占领由伦理控制的领域,当然,制度和文化的变迁有其规律,这种替代的速度比较缓慢。在契约化因素影响较深的城市,市场化的因素也在加速影响以"单位"为基本单元的"伦理"关系。这种关联形式的转变对基层社区的消解影响深远。

一、关联形式的转变与农村基层社会的消解

(一)传统农村的社会结构

在描述农村基层社会时,学者们更习惯于使用费孝通先生所说的"乡土中国"。"乡土"一词成为了一个普遍为人们所接受且能极为传神地表达出内心感受的学术概念。在乡土中国,"乡土性质、宗族、士绅、儒家文化构成了不可或缺的四个方面,或者说,成为中国乡土社会最基本的架构。"[①]王立胜认为,1978年以后市场化的兴起对乡土社会的架构造成了彻底的冲击,在各地农村,乡土社会都在快速地消解,从而呈现出和之前都不相同的面貌。而事实上,这种冲击早在1949年以后的中国就已经开始了,只不过这个时期对中国农村造成冲击的是国家权力而非市场。

对于乡土性质,费孝通先生认为,首先,从人和空间的关系看,乡村社会是不流动的;其次,就人与人之间的关系而言,乡土社会的人际关系是对外以聚居集团为单位的孤立和隔膜,而对内则以熟人社会为特色。乡村社会的基本单位是村落,人口流动性低,由于农业劳作不需要社区合作,村与村的隔膜就很自然。乡土生活具有地方性,人们共同享用乡土社会中

---

① 王立胜:《中国农村现代化社会基础研究》,人民出版社2009年版,第71页。

社会关联形式的转变与刑事政策运行社会基础的消解 **第四章**

形成的信用，人们对规矩自发的尊重使农村形成了一种"礼治"社会，这种对"礼"的遵从是自发的而不是靠国家强制力推行的，作为乡土社会中的个体，要想生存，就必须按照这套规则去行动。

乡土社会中的基本单位是家庭而非个人，若干家庭形成一个家族，这是乡村社会中的基本联系模式，这种联系其实就是一种伦理关联。对于这种模式，费孝通先生用"差序格局"做了形象描述。在乡土社会，家族承担着重要的功能，要保证村落社区和成员的生存，要维护内部秩序解决纠纷，还承担着重要的文化功能，也就是说家族实际上掌握着社区的政治、经济、外交甚至是军事职能。① 国家通过保甲制度和乡里制度完成对基层社会的严密控制，维护基层的稳定，但这些制度需要依托于宗族家庭的势力，因为家族系统可以深入国家权力无法触及的领域。事实上，国家权力对基层社会的控制是名义上和制度上的，从而保证在形式上达成对基层的驯服，真正在日常发挥作用的还是基层社会自我的控制，家族系统的自我治理为国家的行政管理节约了成本，减轻了负担。

当然，并非所有的家族势力或者家族势力中的所有成员都有能力参与地方的事务，拥有这些能力和权力的是在知识上和经济上具有优势地位的士绅阶层。"三代之始虽无地方自知之名，然确实有地方自治之实，自隋朝中叶以降，直到清代，国家实行郡县制，政权只延于州县，乡绅阶层成为乡村社会的主导型力量。"② 费正清概括乡村士绅的特征时认为，首先，士绅阶层掌握着较多的财产，很多就是地主，经济实力是其占据优势地位的基础；其次，士绅阶层拥有较多的社会关系；再次，士绅阶层受过较多的教育，在农村代表着知识阶层。③ 士绅阶层在连接国家权力与乡土社会中的作用表现为：地方士绅对基层社区形成事实上的控制，国家难以干预；从法律上看，国家权力是自上而下运作的，但中间的政

---

① 王立胜：《中国农村现代化社会基础研究》，人民出版社2009年版，第73页。
② 吴理财：《民主化与中国乡村社会转型》，载《天津社会科学》1999年第4期。
③ ［美］费正清：《美国与中国》，世界知识出版社2000年版，第33页。

府官员和基层士绅是有能力将某些不合理的命令打回去的,虽然正式的政治制度是不承认这一点的;士绅们可以通过非正式的压力形成一种自下而上的影响机制,因为中央要和地方当局保持交往,而士绅阶层在地方占据战略性和主导性地位。①

乡土性质、家族体系和士绅阶层这三种因素能相互支持形成稳定结构,背后是儒家文化这一特定的文化系统做支撑的。原因在于,儒家文化与中国传统社会的小农经济生产方式高度契合,同时,儒家文化与宗法控制的社会结构也相契合。儒家文化与乡土性质、宗族、乡绅一起构成了中国乡土社会的基本要素,形成了农民之间、农民与组织之间、农民组织与国家之间的连接关系模式,在实现自身福利的同时,与国家意志和政策目标之间实现紧密对接,构成了传统中国农村社会的社会基础。

(二)市场化对乡土社会的消解

市场经济是一种流动性的经济方式、交往方式和生活方式,这种方式对静态的、相对闭合的乡村性质构成了极大的打击。在开放性的环境中,变化成为常态,生活在其中的成员必须接受这种变化,传统和经验就不能再成为行动的依据。传统也不再受到尊重,"礼治秩序"就没有了前提。王立胜认为:市场经济的开放性决定了其必然具有超出社区范围的标准化的特征,因此,对于乡土的"地方性知识"的冲击随之而来,生活方式、思维方式、交往方式都要被市场所引导和塑造,人们不能再按照传统习惯来生活,标准化的各种制度和规范开始影响并约束农民的生活,以"无讼"为特点的乡土纠纷解决方式开始失去功效,甚至失去合法性依据。②

王立胜对宗族遭受的市场化冲击也做了分析:宗族意味着一个封闭群体,具有典型的熟人社会的性质,其血源性基础使边界完全闭合,这与市

---

① 费孝通:《中国绅士》,中国社会科学出版社2006年版,第52页。
② 王立胜:《中国农村现代化社会基础研究》,人民出版社2009年版,第79页。

场的性质格格不入。市场化经济活动要求超出熟人社会的领域，或者说，要把信任的对象扩展到陌生人领域中，这样所遵循的法则只能来源于群体外部，或者说来自国家，不可能再是内生性的、具有独特色彩的规矩了，交往的扩大化使与陌生人的经济联系超过同血缘的人，陌生人的重要性在经济和生活方面超过了自己的亲戚，宗族不再构成一个经济意义上的共同体，它能够带给宗族内部的人的实际利益已经十分有限。合作领域的扩大化使公共产品的生产提供不能再依仗宗族的力量，无论是教育、水利、治安、纠纷化解都必须由市场来提供了，宗族的重要性明显地衰落。[①]

而对于士绅阶层，在1949年以后取代士绅阶层的各种乡村精英在某种程度上发挥了和士绅阶层类似的作用，然而在市场经济条件下，这些农村社会的精英的经济来源不一定来自所在村庄内部，其参照群体也不再是本社区的农民，他消费的场所和希望居住的场所不一定是农村，生活世界、经济世界和意义世界的分离使他们很难主动地且制度化地为本社区农民履行某种正面的义务。

在价值层面，开放性的市场化极大地改变了农民之间的交往模式，当农民的交往范围远远超出血缘和地域的限制的时候，传统的基于血缘推演而构造起来的儒家伦理对人们的约束力量也就随之瓦解；市场化所带来的纯粹的现实主义和消费主义的观念，使市场伦理在彻底的意义上消解了儒家伦理的影响。市场伦理要求农民与农民之间、农民与国家之间结成另外一种关系，按照市场化的逻辑重新构造一种社会关系体系。

通过以上几个方面的改变，中国农村基层的社会机构性质产生了重大变化，基本的社会关系体系开始依赖新的逻辑得以生成，虽然在许多地方，生产发展水平还不高，村庄面貌与生活方式也还在很大程度上保持着"传统"模样，但是，类型化的乡土社会的面貌已经极大地模糊了。[②]

---

① 王立胜：《中国农村现代化社会基础研究》，人民出版社2009年版，第80页。
② 王立胜：《中国农村现代化社会基础研究》，人民出版社2009年版，第81页。

二、关联形式的转变与城市基层社区的变迁

（一）1978年以前城市基层社区的形成过程

"最终结束乡村崩溃和分离格局的，是以1949年作为时间标志的中华人民共和国，此时，摆脱了武装格局势力身份的中国共产党，一方面出于制度建设上的路径依赖，另一方面则由于政治资源和社会资源的极度匮乏，开始集中运用民族—国家的创构力量，将基于苏区经验形成的政治沟通系统扩展到全国范围，党作为沟通的唯一介质，将个人与集体、城市与乡村、国家与社会贯串成一个整体，至此，继近代城市之后，整体意义上的传统乡村正式转变成为基层社会。"[1] "先夺取政权，然后用政权的力量建立全新的生产关系的社会主义革命逻辑，决定了革命后重新组织社会的首要力量，不是经济的力量，而是政治的力量，即通过政权对社会结构和组织进行变革和改组来重新组织社会。"[2] 这样，"脱胎于革命根据地的单位组织形态就随着党的组织网络而向国家和一切社会组织延伸，成为改造基层社会的制度资源，进而外化为基层社会的空间表现形态。"[3] 这种对社会结构的重组不仅发生在农村，而且发生在城市。

通过政治权力的延伸，新中国成立后的城市社区形成了以单位为基础的社会结构形式，虽然在行政区划上实行的仍然是街道制，但却被国家权力主导下的自上而下的单位型的行政隶属关系分割成不同的条块，从而形成了一种虽有街道，但实际被单位制主导的特殊的城市社会结构。"由于体制上的条块分割，城市社区形成了许多不同的利益集团，城市区划上就出现了明显的集团边界，这些边界或以大面积的围墙为标志，

---

[1] 胡位钧：《中国基层社会的形成与政治整合的现代性变迁》，载《复旦政治学评论（第2辑）》，上海辞书出版社2003年版，第59页。

[2] 林尚立：《集权与分权：党、国家与社会权力关系及其变化》，《复旦政治学评论（第1辑）》，上海辞书出版社2002年版，第265页。

[3] 王立胜：《中国农村现代化社会基础研究》，人民出版社2009年版，第82页。

或以几米未接通的柏油路为符号,或以不同年代、不同风格的建筑为象征。"① 权力主导下的城市分割超越了行政意义上的区划,将完整的城市无形中分解成一个个碎片,将体制上的高度集中与分散表现得淋漓尽致。这种划分表明,中央高度集权的计划体制所造成的社会影响已深入城市社区的各个领域:区位结构、社会互动、集团划分,乃至个人意识最深层的归属感等。社区的发展是在社区分化和社区整合的交互作用下实现的。②

张鸿雁、殷京生对这种社会结构做了进一步分析,认为这种权力分割所形成的基层社区具有很强的单位属性。③ 我们赞同这一分析,由于国家权力在城市中的主导地位,政府基本上垄断了城市的各项社会事务,承担着管理城市的职责,但却缺少对社会化服务事业的关心。各个社区所属的单位则不但承担着对所辖社区的政治控制和社会管理职能,而且承担着原本应当由社区承担的社会服务和保障职能。其原因在于在1978年以前的中国社会中,由于国家权力的绝对地位,国家与社会之间的关系表现为国家对社会的统管和控制,国家把原本属于社会自身的各类组织都纳入自己的权力控制之下,一方面模糊了国家与社会的界限,承担了不该由其承担的服务职能;另一方面又将本来应当由自己承担的管理职能通过权力体系转嫁给基层社会组织去实现。这导致中国的基层社会组织不得不完成国家交与的对社会成员进行政治控制和社会保障的任务,进而造成了基层社会组织职能的多元化。基层社区背后的各个企事业单位功能就变得极为复杂,成为具有行政经济、社会等多元功能的相对独立的、履行多元职能的"小社会"。

---

① 张鸿雁、殷京生:《当代中国城市社区社会结构变迁论》,载《东南大学学报(哲学社会科学版)》2000年第4期。

② 张鸿雁、殷京生:《当代中国城市社区社会结构变迁论》,载《东南大学学报(哲学社会科学版)》2000年第4期。

③ 张鸿雁、殷京生:《当代中国城市社区社会结构变迁论》,载《东南大学学报(哲学社会科学版)》2000年第4期。

张鸿雁、殷京生还论及了这种城市社会结构对基层社会自身发展的影响，指出：中国城市社区内单位组织多元化职能造成了社会自身发育的严重滞后，原本应当承担社会服务职能的社会服务部门因为没有需求而难以发展。因为国家权力的垄断地位，这种恶性循环一直继续，即城市社区内的单位承担了原本由社会及其组织提供的社会服务和自我管理职能，导致当人们需要这些服务时首先寻求的不是社会组织而是自身所在的单位，社会组织因为没有有效需求，其自身难以发展，发展不成熟则无法提供有效的社会服务。各单位功能的大而全且相对混乱导致了社区功能的滞后和萎缩。由于社区分工机制所应发挥的作用被限制在各单位内部，基层社区的发展受到影响，社区生活服务设施和社区管理部门得不到应有的发展，使社区内部产业结构失衡，这从根本上妨碍了社区社会分化的进行和全面发展，导致城市社区的相对萎缩。社区管理和服务在整个社会管理系统中处于次要地位，管理和服务功能也仅仅是环境保洁和调解邻里纠纷，起着补充的作用。结构功能主义理论认为，在比较复杂的系统发展过程中，由于环境的变化或系统内各部分相互作用的加强，会出现内部分化的趋势，系统内部会相继出现一些相对独立的功能单位（子系统），整合功能由这些部门分工承担。社区内单位组织多元职能的履行也使基层社会组织成为社区的基本整合单位，形成了对社区内部分化的严重障碍，严重影响了城市社区的发展和成长。社区内单位组织承担着多种职能，使得社区内部职能分工的需求在一个单位内部即可得到满足，这就强化了个人对单位的全面依附关系，产生了强烈的"单位意识"（即对单位的依存意识、归属认同意识和参与意识），而不是"社区意识"。这就使我们城市社区中的社会组织在不同程度上成为一个个相对封闭的社会实体。这种自成体系、自给自足以及单位间的高度纵向一体化的社会特征，使得在中国的任何一个城市社区内部都形成了一种"细胞式"的结构：任何一个生产或行政组织不论规模大小，都是一应俱全的整体，各个部门、地区的专业化程度低，部门间、地区间具有较少的社会交易和社会联系。①

从正面意义上讲，单位型社区所拥有的权力制度机制具有很强的整合性。社区整合是指各种功能不同、性质不同的社区构成要素和单位在不同纽带的连接下形成一个整体，各部分在整体中根据社区共同需要发挥自己的功能，从而造就社区整体功能，维持社区存在和发展。中国在改革前形成了一种高度集权的社会体制，在这种体制的制约下，城市社区的内在整合机制受到很大的影响，张鸿雁、殷京生认为一种可以称之为"越级整合"的机制逐步取代了社区自身的整合机制。所谓越级整合，就是社区内部的构成要素或部分不是根据功能互补、能量交换的原则结合在一起，构成社区的整合形式，而是在互不发生内部联系的情况下，直接整合于上一级行政组织提供的框架中。中国城市长期以来按行政体制划分辖区，使中国城市内部的整合纽带，并不是社区各构成部分相互依存或相互促进的共生关系，而是从高度统一的社会体制派生的行政隶属关系。之所以会如此，这与改革前中国城市的组织管理体制是分不开的。②

上述学者对城市社会结构及其对社区自身发展和社会整合的影响的分析是相当准确、深刻的。在高度集权的经济政治体制下，国家权力对社会空间的统摄压制了基层社会自身的发展，也影响了基层社会自身的整合能力，而这种整合能力一直是传统中国社会维系稳定的重要原因，但单位制带来的"越级整合"同样具有社会整合的能力，而且，在强大的政治权力的影响下，这种整合更能带来实际的效果，对于刑事政策的运行能够起到正面的作用。在这种社会结构下，人们之间的社会关联形式是一种单位之下的"类伦理关联"，只不过单位取代了家庭、宗族，而且关联强度比较大，基层社区的凝聚力很强，强烈的单位意识和归属感可以保证政治动员能够

---

① 张鸿雁、殷京生：《当代中国城市社区社会结构变迁论》，载《东南大学学报（哲学社会科学版）》2000 年第 4 期。

② 张鸿雁、殷京生：《当代中国城市社区社会结构变迁论》，载《东南大学学报（哲学社会科学版）》2000 年第 4 期。

发挥重要的效果，从而使社区成员都能积极地参与到刑事政策的运行中来。因为国家权力的主导作用，刑事政策运行体系可以依托于上述单位社区，将其作为多元化职能之一加以落实。不过需要说明的是，这种政治权力主导的社会结构并不是一个正常的社会形态，因为它混淆了国家与社会之间的界限，国家与社会的高度统一是这一社会结构得以形成的基础。

然而，这种计划经济体制下的城市组织管理体制对于和国家相对的社会的发展起到了压制、阻碍的负面作用。这种单位型的城市管理体制取代了新中国成立初期建立的街道制，一个个单位承担了居委会的作用，形成了一种自上而下相对封闭的金字塔式体系。在纵向上，由于单位强大的资源分配和政治控制能力，下级单位对上级单位具有强烈的依附性，一个上级单位可以管理和控制多个下级单位。同时，在横向上，完整的城市社区被纵向上的单位体制所分割，形成一个个碎片，而碎片之间因为所属单位的不同呈现出封闭的状态。这些碎片背后的单位因为利益的不同互不隶属，这就给城市整体利益的实现带来了难度，而且，在这种条块分割明显的城市中，基层社会自身根本就没有发育发展的空间，应当承载的社会功能也无法实现。时间越久，纵向上的依附依赖关系就越强大，而横向上的分割和封闭也就越明显。基层社区之间缺乏有机联系，难以形成共生资源。这些单位制的成员缺乏对所在小区之外的社区的认同感，基层社会本身应当具有的整合功能缺失了。在计划经济体制下，其弊端尚不明显，一旦转向市场经济，打破单位制的垄断形态，基层社区社会服务、社会整合功能缺失的后果就会显现出来。

（二）1978年以后城市基层社区的变迁

改革开放以后，中国的社会结构开始发生变化，这种变化对于城市基层社区有很大的影响。如果说1949年以后的中国城市社区在国家权力主导下被单位分割成不同的条块，那么1978年以后的中国城市社区则因为市场化的影响，对这种单位型的社区进行了再次消解，国家将原本属于社会的空间归还给社会，从而让社会保持应有的活力，这种活力不但促进了社会自身的发展，而且对经济发展也有重大的影响。

首先，受市场化影响，城市社区中的单位开始在体制上有所转变，其承担的社会功能逐渐淡化甚至消失。在经济体制改革和政治体制改革的各项举措下，城市各单位开始简化职能，除了保留自己的核心职能和专业职能外，将其他本该由社会承担的职能全部交还给社会和市场。这一转变不但减轻了单位的负担，而且弱化了单位成员对单位的社会服务依赖，间接促进了社会的分工和社会组织的发展。而且，随着职能的转变，单位占有分配资源的能力也在下降，下级单位对上级单位以及单位成员对单位不再过度依赖，单位纵向上的社会整合能力日益减弱，且逐渐转而由社会自身承担起整合社会的责任。

其次，市场化带来的流动性加剧了城市社会结构的变迁，从而给社会管理带来了很大的挑战。1949年以后的中国社会虽然从农业社会转向工业化社会，但是，由于户籍制度限制了人口流动，这种静态化的社会管理模式和传统农业社会没有本质上的区别。但1978年以后，大量的人口流动给社会管理带来了巨大的冲击。在信息化尚不发达的情况下，这种人口流动给城市管理带来了极大的挑战。改革开放以后，城市人口结构的两个最大变动趋势就是大量流动人口和无单位归属人员的出现。市场化经济体制对于劳动力是一种解放，改革开放后，大量的农村人口为了更好的生活而从农村来到城市，这些农民是城市流动人口的主力，此外，还有一些中小城市的居民为了更好的发展也流向了北上广等大型城市。除了流动人口外，在改革开放的过程中，随着国企改制等因素的影响，城市中还出现了大量的下岗职工、失业待业人员以及个体户等。从社会管理的角度看，在原来的静态化社会中，由于社会成员对单位的依附作用，无论是对社会成员的管理还是提供服务都比较容易，但在动态化的社会中，单位的作用开始淡化甚至消失，对于这些无单位的人员的有效管理和服务就只能由单位转向社会，但如上所述，社会组织因为之前单位垄断的原因并没有及时地发展起来,从而给城市的社会管理和社会服务工作带来了困难。

当然,除了上述变化和挑战外,城市中的基层社区在自我发展方面也有很大的提高,表现之一就是城市中社会服务体系的飞速发展,各种社会化服务体系如雨后春笋般地发展起来,包括如下体系:社区家政服务体系、社区医疗服务体系、社区消费服务体系、社区文化服务体系、社区老年人服务体系、社区教育体系、社区就业服务体系、社区治安服务与管理系统、社区环境卫生管理体系等。总之,城市社会社区的管理与服务等的社会化体系表现在方方面面,住宅商品化、退休养老、失业救济等各种形式的社会保障制度也在社区内不断地发育、发展和完善,社区劳动力市场也空前活跃起来。①

1978年后的中国城市社区受市场化的深刻影响,出现了比较大的变化,除了人口的大量增长和城市规模的不断扩大外,社会分层不断加剧,多个阶层开始出现。从国家和社会关系角度看,国家开始将原本由社会承担的职能交还给社会,增强了社会的活力,但就刑事政策运行的社会基础看,由于整体社会的变迁,人们对于单位的依附能力逐渐下降,这种单位型的社区和乡土中国的农村在关联形式上并没有本质的区别,都是一种熟人社会,都是一种伦理型的关联方式。而转型后的城市社区,更多的是一种陌生人的社区,人与人的联系更多的是契约关联。这种根本上的转变对于政府而言,社会秩序的管理难度和社会整合的难度加大了。具体到刑事政策体系的运行,基层社会整合能力和凝聚力的下降不但在主观上消解了社区成员的参与意识,而且在客观上消解了之前稳定的参与制度和机制,原有的政治动员方式也开始失效。从我国社区建设的经验看,解决上述难题的正确思路当然是厘清政府和社会之间的界限,摒弃政府包办一切的思维,在党和政府的领导下,健全社区组织体制、完善社区功能、培养社区意识,

---

① 张鸿雁、殷京生:《当代中国城市社区社会结构变迁论》,载《东南大学学报(哲学社会科学版)》2000年第4期。

使社区政府组织、社会团体、企事业单位和社区居民都成为城市管理的参与者。

（三）城市社会结构变迁后基层社区的种类和特点

1978年以后，社会结构的变化对社会基础的消解在城市表现为社区的分化，并最终形成了不同类型的社区。有学者将社区类型分为两类：一类是地域性社区，包括了巨型社区、大型社区、中型社区、小型社区和微型社区；另一类是功能型社区，包括政治性社区、经济性社区、商业性社区、军事社区、旅游性社区、文化性社区等。① 有学者认为，根据中国城市社区治理结构，将城市社区分为三类：传统型社区、协作型社区和行政化社区。传统型社区的治理主体是单一的，即社区居民委员会，传统型社区中还包括了单位型社区，传统型社区中的协作主要依赖于非正式关系；在协作型社区中，社区党委、上一级政府的下延机构、业主委员会、物业公司和社区NGO共同参与到社区治理中，协作型社区治理主体的多元化使主体之间的协作无法仅仅依赖非正式关系达成，而要借助于制度化程度不等的两种协作形式——协商或者协调来实现；行政化社区和协作型社区类似，有极参与社区公共事务的业主委员会和社区NGO，也会通过协商达成协作，但行政化社区实行了"居社分离"改革，从而在社区层面建构了一级政府，其目的是解决社区居委会"行政化"问题。② 在更早的研究中，有学者以城市发展方式为标准将中国城市社区分为自发方式、注入方式和混合方式三种：自发方式是指基于自身商品经济的文化传统、地理区位和自然资源条件，在外部经济与社会发展方式的影响下，经过自身经济与社会结构的不断分化与整合，逐渐地依靠自身发展的惯性，推动和促进城市化、工亚化社会过程的方式，这种方式可以涵盖大部分的城市社区；注入方式主要

---

① 于燕燕：《社区和社区建设（二）——城市社区的界定及类型》，载《人口与计划生育》2003年第8期。

② 魏姝：《中国城市社区治理结构类型化研究》，载《政治学研究》2008年第4期。

是指国家和政府根据一定时期政治、经济、文化发展和国防建设的需要，有意识地在一定区域中进行大规模的经济建设和工业布点，大量地和集中地注入现代经济发展的要素，在工业发展的过程中带动城市发展的方式；混合方式是指中国的一些城市社区在其自身发展的基础上，根据宏观经济与社会发展的需求和布局，在一定时间内集中地注入大量的现代经济发展要素，大规模地集结外部生产力参与城市社区的经济与社会成长，加速工业化、城市化社会过程的方式。① 上述分类从不同的视角对改革开放后的城市社区做了分类研究，我们认为都有其理论价值，但有学者做了更为具体的分析，认为城市社区可以分为六种：传统式街坊社区；单一式单位社区；混合式综合社区；演替式边缘社区；以房地产开发为主体的新型房地产物业管理型社区；城市社会变迁中形成的"自生区"或移民区。② 传统型社区以城市旧街和老街区为主，居民住宅与商业、工业用地混杂，社区内的居民职业构成较为复杂，居民之间形成了复杂的社会纽带，邻里人际互动较强，在我们看来，这种社区从关联形式上基本保持了1978年以前的形式，仍以"类伦理"关联为主，且关联度比较强。单一式单位社区由一个或几个单位筹建，自设各类服务设施。居民职业构成比较单一，社区互动与单位互动并存，既保留了旧有的单位社区的特点，也有新兴城市社区的特征，这种社区的居民之间的关联度也比较强，互动较多。混合式综合社区是20世纪70年代末以来在独立的地段和城市边缘兴建的居住功能较为单一的大型居住区。居住环境较好，生活设施配套，往往是多功能的商业中心，但由于建设历史较短，且缺乏半公共空间，居民间的互动不强。演替式边缘社区以城市扩大和乡村向城市的渗透为特点。城市边缘地带是属于农村向城市社区演替的社区，由于受到城市功能辐射，农用地渐渐

---

① 李汉林、王琦、王颖、方明、孙炳耀：《经济发展与社会变迁——转变时期中不同类型城市社区发展的社会学分析》，载《社会学研究》1988年第5期。

② 张鸿雁、殷京生：《当代中国城市社区社会结构变迁论》，载《东南大学学报（哲学社会科学版）》2000年第4期。

转化为建成区。社区功能混乱，居民职业构成复杂，各种服务设施匮乏。社区内生活和生产功能紧密交织，体现了初级的"前市后坊"的空间特点，是当今最为活跃也是最为混乱的社区。新型房地产物业管理型社区可分为高级住宅区或别墅区、封闭性的混合型生活社区和中低档的经济房开发型的物业管理型社区。"自生区"或移民区，如北京的浙江村和南京的河南村等。

社会结构变迁给城市社区带来的除了类型多样化以外，还有其他方面的变化。首先，是利益主体的多元化。随着市场经济体制的建立，城市社区出现了多元化的利益主体。通过政治经济体制的改革，许多原本依附于政府和国家的企事业单位从行政系统中脱离出来，正式成为相对独立的利益主体。这些脱离了单位的利益主体无法再从原有的单位获取保障和支持，其依托的载体从单位转向了社区。与此同时，承载社会服务和管理职能的各类社会组织也随之出现并发展起来，基层社会的发育发展回归正常。脱离了单位的这些群体成为了社区的成员，行政依附关系的脱离使得其只能通过社区及其组织表达自己的利益需求，社区也成为其生活的关键场域，社区的安全、卫生与健康和其利益密切相关，基层社区的自我治理也才有了可能。

其次，是社区功能的社会化、多元化。计划经济体制割裂了社区内各组织与社区间的有机联系，阻碍了面向社区的社区功能的合理分化和发育，导致了城市社区功能的相对萎缩，使得中国城市社区的功能发育极不完善。随着改革开放的不断深入，中国的社会组织功能发生了巨大的结构变化，现代企业制度的建立，明确了企业的生产、经营功能，剥离了其在计划体制下承担的大量社会服务、社会管理、社会保障功能。此外，伴随着行政管理体系的改革，一部分社会管理、社会服务职能也从政府职能中分化出来。所有这些转移出来的社会管理和服务功能则直接地落在了作为城市社会基础单元的街区社区中，作为社区中的管理主体，街区办事处自然承担了这些社会管理和服务功能。这就意味着，中国城市基层社区的发展开始回归正常，但从过程看，社区的这种社会化和多元化仍然在继续，还远未达到成熟的状态。

再次，是互动模式的多元化与各种社会组织的发展。计划体制下，对基层社区的管理是以单位制为依托的纵向模式，分布在街区中的各个单位社区之间属于不同的行政隶属关系，相互之间处于封闭状态，很难发生横向上的联系，居委会的边缘化使得它也无法发挥横向上的整合作用。在这种情况下，对社区内各类事务的管理是通过不同的行政条块按自上而下的途径实现的。市场经济条件下，多元利益主体的出现，使社区内各组织间的互动模式出现了变化，单一的纵向互动模式已不适应现实需求，加强社区内各组织间的横向关系的必要性也日渐明显，需求形成多元互动、纵横互动的联结。社区建设、管理和组织在呼唤多元互动的运作模式，将条条的职能转移到社区工作中，通过权限、职责的理顺，确立社区与街道办事处的关系。①

在这种多元互动中，单位制的消解给了各类社会组织生存的空间。这类组织是连接国家与社会个体及其共同体的纽带和桥梁，介乎两者之间，通过自身功能的发挥来促进国家和社会的互动，并在共同目标的指引下协调双方的行动。这些组织不同于正式的国家机关，没有管理职权，也不同于盈利机构，没有盈利的目的。这些组织包括了群众性的自治组织，也包括在民政部门登记在册的NGO组织。在基层社区的治理中，这些组织往往发挥着重要的作用。无论是社区警务、社区矫正，还是其他刑事政策的运作方式，都需要这些日益专业化的组织发挥作用，从而弥补国家行政能力不足的弊端，达成犯罪控制和促进刑事政策有效运行的目的。

---

① 张鸿雁、殷京生：《当代中国城市社区社会结构变迁论》，载《东南大学学报（哲学社会科学版）》2000年第4期。

三、社会基础的消解对刑事政策运行过程的影响

关联形式的转变背后是整体社会结构的变迁，这种变迁在客观上消解了刑事政策赖以运行的社会基础。在市场化条件下，人们可以自由地通过各种方式从市场中分配资源，在自然空间和社会空间中也实现了自由的流动，这一方面导致党和国家对社会成员个体控制能力大大减弱，另一方面也导致了更为明显的社会分化，出现了在经济地位、政治地位、社会地位等方面的差别而产生的较为清晰的阶层，这与之前按照阶级标准划分的社会机构迥然不同。但是人们的意识并未和社会分化实现同步。国家力量在社会中，尤其是在农村的回缩，导致了基层社会的去组织化十分严重，甚至出现了个别学者所说的"碎片化"和"原子化"的趋势。权力的回缩消除了对基层社会的过度控制，但也意味着基层社区少了很多保护，当个体面对国家和市场的时候，能否有效应对就成了疑问。

这种去组织化的状况对于刑事政策的运行而言是一种挑战。如前所述，刑事政策是嵌入社会中的，其制定、实施、评估都需要依托于社会，并需要社会力量的深入参与，当既有的权力体系弱化甚至不复存在的时候，刑事政策的运行效果就存在疑问。无论是社区警务还是社区矫正，对于社区的依赖程度都很高，当基层社会无法通过制度化或者机制化的途径和刑事政策的权力体系进行对接时，其具体工作都无法推进。例如，社区矫正中的一个普遍问题是矫正力量的薄弱，无论是正式的矫正官员还是志愿者，都远远难以满足工作的需要，必须依靠社区力量加以弥补，但现实的状况是，社会基础的消解对于基层社会的破坏比较严重，基层社区的组织能力已经相当羸弱，参与意识和参与能力的下降使其无法完成社区矫正所交付给社区的任务。

第三节 社会关联形式的转变与基层社区社会参与的消解

社会存在决定社会意识，社会结构的变迁带来了社会关联形式的转变，这种转变也影响了基层社区的社会参与。在刑事政策的跨学科研究中，学者们使用了诸如社会资本、社会参与、公众参与、协商合作等词语来分析刑事政策体系中的具体问题，然而，从本质而言，这些研究都没有脱离国家与社会的基本分析框架，都是在探讨社会力量如何有效地参与国家事务的治理这一问题。社会关联形式的转变在根本上消解了刑事政策赖以运行的社会基础，使中国的基层社会面貌发生了重大的改变，无论是农村还是城市，都呈现出前所未有的表现形态。与此同时，经济政治体制的改革也改变了基层社会和国家的互动方式，这种改变不仅消解了社会公众的参与意识，也消解了既有的参与机制。

一、社会关联形式与社会参与

（一）政治参与、社会参与、公民参与和公众参与

在研究社会力量参与国家治理的课题时，学者们使用的概念并不统一，常见的词语有政治参与、社会参与、公民参与和公众参与。无论是从文字意义还是从内涵上看，上述四个词语的含义并不一致。王新松对前三个概念做了比较分析："研究者似乎常常将公民参与和政治参与相混淆，用政治参与指代公民参与，并把焦点集中在哪些因素影响了政治参与的水平、政治参与对中国政治发展的影响等。然而，公民参与所包含的内容并不止于政治参与，社会参与也是公民参与的一个重要部分，且不同类型的公民

参与对于政治发展的影响会有所不同。"① 王新松认为：公民参与是指公民参与到社会、社区等共同体的生活中以便改善他人的境遇或是改变共同体的未来。公民参与的概念包含"公民"和"参与"两部分，"公民"部分强调现代社会中的公民性。公民性首先体现在公民间具有平等的权利和责任，公民之间是互惠和合作的水平关系，而非权威与服从者之间的垂直关系；即使有分歧，公民之间也能够相互帮助、相互尊重、相互信任；公民性也体现在公民对公共事务的积极参与，对公共而非私人事务的关心和投入是公民道德的核心价值。对公民参与的研究更多地关心"参与"的部分，例如帕特南强调社会结构的建构和参与公民组织的重要性，他认为这有利于培育社会资本以及改善治理的质量，而对于什么类型的参与或者参与到什么类型的公民组织，则没有更细致的探讨。对帕特南来说，无论是通过足球俱乐部、登山俱乐部参与公众生活，还是通过参加选举来参与政治，都是公民参与，并且都能够建立起公民的社会资本。②

该学者在比较了西方学者对该问题的研究结论后提出：公民参与是包含政治参与和社会参与等参与行为在内的更广泛的参与概念，公民性既体现在政治参与行为，如联系公共组织官员以实现自身政治诉求、参加选举活动、为竞选捐款等，也体现在社会参与行为中，如参加公益活动、参加志愿组织和各类社团、为慈善组织捐款等。将公民参与简单地等同于政治参与（或是社会参与）事实上忽略了其他参与行为对公民性的体现，而将公民参与变成一个什么都可以往里面放的"垃圾桶"，则使得这个概念失去意义。③ 从该学者的表述来看，他将"社会参与"视为"公民参与"的一部分，而且指的是参与社会事务的行为。这和我们通常所理解的"社会

---

① 王新松：《公民参与、政治参与及社会参与：概念辨析与理论解读》，载《浙江学刊》2015年第1期。

② 王新松：《公民参与、政治参与及社会参与：概念辨析与理论解读》，载《浙江学刊》2015年第1期。

③ 王新松：《公民参与、政治参与及社会参与：概念辨析与理论解读》，载《浙江学刊》2015年第1期。

参与"有所不同，从内容上看，我们所说的社会参与存在概念上的模糊性，通常指的是社会力量参与到公共事务的管理中来，大体上类似于公民参与的概念，既包括对社会事务的参与，也包括对政治活动的参与。

与之相类似的还有"公众参与"这一概念。从字面意思看，并不存在理解上的难度，但如同"社会参与"一样，如何理解公众的范围有着模糊之处。徐文星、刘晓琴认为：公众参与在理论上至今未有精确定义，但这并不影响我们对其的探讨和研究，因为我们对公众参与的核心内涵已达成共识，即"公民有目的的参与和政府管理相关的一系列活动"。其包括四个要素：第一，公众参与所欲达成的目的；第二，公众参与活动类型；第三，参与者；第四，与公众参与相关的"目标组织"。一般来说，公众参与有着两个层面的含义：首先是表面性、功能性、制度性层面的，也就是公众参与作为一项具体制度对行政决策、行政管理的作用；其次是本质性、价值性和宪政层面的，也就是对行政权力的约束、控制及对整个宪政权力的再分配。两位学者认为，学界尽管尚未能对公众参与的概念达成一个精确定义，但对于公众参与的核心内容我们还是达成共识了的，无非就是"公民有目的的参与和政府管理相关的一系列活动"。① 上述两位学者的论述很有代表性，由于公众参与或社会参与的研究尚不深入，概念上还有需要厘清之处，同时，社会学的学科属性也使得对某些概念作出严密的界定本身就存在一定的困难。但正如两位学者所说，虽然概念还不够精确，但并不影响相关研究。

（二）社会关联形式的转变对社会参与的影响

具体到刑事政策的运行过程，我们所说的社会参与指的是基层社区及其成员通过制度化或非制度化的方式参与到刑事政策的制定、实施和评估中。伦理关联到契约关联的转变，影响了人与人之间的互动关系和交往模

---

① 徐文星、刘晓琴：《21世纪行政法背景下的公众参与》，载《法律科学》2007年第1期，第62页。

式，进而影响了社会资本和关系网络。

对于社会资本而言，关联形式的转变会减少社会资本的存量，具体会影响到社会信任、权威的树立、凝聚力以及个体获取资源的能力。而社会资本和社会参与之间是正相关关系。社会资本存量的减少意味着社会参与能力的下降。对于成熟的基层社区而言，内部组织和组织之间形成的网络在参与方式上是横向的，其组织特征是信任的、规范的。横向关系网络把具有相同地位和权力的行动者联系在一起，而垂直网络将不平等的行动者结合到不对称的等级和依附关系之中。对于共同体而言，横向关系网络越密集，其公民就越有可能进行为了利益的合作。而垂直关系网络无论多么密集，无论对其参与者多么重要，都无法维系社会信任和合作。①1949 年以后的中国社会的特征之一就是国家通过权力在纵向上加强了网络的建设，同时，利用这种纵向上的权力关系又切割了横向上的关系网络，并通过社会改造将横向上的网络关系消解掉，这对于社会资本的影响是巨大的。1978 年以后，这种状况开始改变，纵向上的网络关系开始弱化，但横向上的关系网络却因为关联形式的转变一直未能有效地恢复。从目前的研究看，横向关系网络仍然比较密集的地方主要集中在两类社区：一是以东北三省为代表的老工业基地，这些地方仍然存在大量的单位社区；二是一些受市场化影响很小的老旧地区，本身还保留着小农经济体制下的熟人社会。两类社区的共同特点是都是熟人社区，相互之间仍是靠着成熟的伦理关联形式交往互动并形成网络。但总体来看，大部分社区的横向联系仍然不够密集和成熟，这对于社会参与有着根本的影响，也就是说基层社区无法通过有效的途径吸纳社会力量参与到公共事务的治理中来。

由于社会参与的内容较为复杂，我们选取参与意识和参与机制作为切入点，分析基层社区的消解对社会参与的影响，以期能够寻找出当前刑事

---

① [美] 罗伯特·D·帕特南：《使民主运转起来》，王列、赖海榕译，江西人民出版社 2001 年版，第 200–205 页。

政策运行过程中的社会参与程度低下的原因，为进一步的对策建议的提出提供基础。

二、社会关联形式的转变与参与意识的消解

有人认为所谓参与意识就是社会成员在政治参与过程中对社会政治关系以及由此而形成的政治行为、政治体系、政治现象等政治生活各个方面的一种自发的心理意识，主要表现为人们对国家政治的态度、兴趣、信念等，在深层次上影响着公民参与的质量。[1] 也有人认为参与意识是个体积极参与各种事务的心理状态，主要是指公民作为共同体的成员，具有积极的直接或者间接社会公共生活的主人翁意识，这是公民意识的最重要的体现。而社区居民的参与意识指的就是社区居民积极参与社区的公共生活、文体活动，参与社区建设中各项事务的心理倾向。两种观点的侧重点不同，第一种更偏重于政治参与，第二种更偏重于社会参与，基于我们的研究主题，我们更倾向于融合这两种概念，即强调公众通过参与基层社区公共生活，并在刑事政策运行过程中与国家力量互动协作，以达成刑事政策目标的意愿。我们所说的社会参与的主体主要是社区公众，还包括了各类社会组织；参与的内容是社区的公共活动，包括各种与居民生活息息相关的政治性和非政治性的活动；参与的目标是为了维护自己的切身利益，推进基层社区的发展，并和国家力量形成良好的互动。

作为一种社会意识，参与意识是社会存在在社会精神领域中的反映，其形成有着深刻的社会根源和深厚的现实基础。马克思主义认为，社会意识是人脑感应机能的体现，属于精神现象，但它不是先验的或独立的客观存在，社会意识决定于社会存在。与其他的社会意识相比，参与意识有其特定的内涵和反映对象，其实质是对现实的政治关系和政治生活的心理反映，是在政治社会化过程中形成的心理倾向和心理定势。从社会根源看，

---

[1] 张云龙：《论公民参与意识的制度保障》，载《理论月刊》2005年第3期。

社会关联形式的转变与刑事政策运行社会基础的消解 第四章

人们在满足了温饱和安全的基本需求后，转而会向满足自我价值的实现目标努力，这种更高层次的需求会促使人们积极参与到社会活动和政治活动中，这是参与意识形成的社会根源。从现实基础看，生活在基层社区中的社会个体会面临各种交往互动以及矛盾纠纷的化解，这些互动和纠纷的化解归根到底是社会个体追求自身利益的必然结果，无论是传统中国社会还是当前社会，社会个体都需要通过各种途径解决各种关乎自身利益的矛盾。刑事政策的运行既包括对违法犯罪人员的打击、教育、感化、挽救，也包括对社会一般人的引导、规范和保护。换句话说，刑事政策的制定和运行既决定了对犯罪人利益的保护范围，也决定了对守法公众的保护，无论是犯罪圈的扩大缩小还是法律适用中的从严与从宽，都和基层社区的公众有着密切的关系。公众的参与可以确保刑法适用的效果，也可以影响刑事政策本身的实施。

在传统中国社会，基层社会的成员大多很难参与到国家事务的管理，但在以村庄为单元的基层社会自我治理中，人们却能够以家庭、宗族为途径有效地参与到村庄秩序的维护当中，因为这种秩序的形成和其自身利益密切相关。在1949年以后的中国社会，受国家权力体系的影响，人们不但参与到自身所在社区的事务中，而且能够参与到更高层次的国家事务中。对于这个时期的参与模式，有学者做了比较详细的区分，认为存在五种模式：一是1949年到1956年期间以革命为主题的动员型政治参与模式，在这一时期，我国政治生活的主要任务是将民主革命进行到底，建设和巩固新的国家政权，并在此基础上进行社会主义革命，公民政治参与的主题主要是参加革命；二是1956年到1966年以社会主义建设为中心的动员型政治参与模式，这一时期民众的政治参与主要围绕社会主义建设进行，由于这一时期的经济生活被强烈地政治化，民众参加经济建设运动实际上就是在参与国家的政治生活；三是1966年到1976年以阶级斗争为主要内容的动员型政治参与模式；四是1978年到1989年以追求民主和个人利益为中心的自发型政治参与模式，这一时期国家把工作重点转移到社会主义现代化建设上来的战略决策，在经济改革的大潮中寻求自身利益的最大化，同时关注政治体制改革的进程，关注自身的民主权利的保障和实现成为这一时期民众政治参与的主题；五是1989年至今走向理性自主型政治参与模式，这一时期我国公民政治参与的主题主要是通过政治参与维护自身的经济权益，行使宪法规定的广泛的政治和社会权益以及参与社会主义民主政治建设，参加民主选举、民主决策、民主管理和民主监督。①这种模式划分方法对于每个时期的公民参与特点和具体内容有着非常详细的描述。我们认为可以以1978年为分界点，将上述五个阶段概括为改革开放前和改革开放后两个阶段。第一个阶段由于政治生活对经济生活和社会生活的统摄作用，基层社会的参与表现为一种政治上的狂热，这种狂热引导人们无序无节制地进入政治过程，并以社会秩序、国家法律、公民权利和经济发展的牺牲为代价，是一种参与范围广泛的群众式参与，同时也是一种不正常的参与形式。在第二阶段，国家将重心转移到经济建设上来，政治领域、经济领域和社会领域开始从高度重叠走向相对分离，回归正常。一方面，因为对第一个阶段参与政治活动过度这一教训，人们对政治参与产生了恐惧；另一方面，在国家权力回缩以后，由于社会结构的重大调整，基层社会缺乏有效参与的途径，人们开始将参与政治的激情转向了经济领域，又造成了对政治参与的冷漠，这种冷漠的表现就是人们参与意识的严重不足。

有研究者通过实证研究的方法对参与意识做了分析，在肯定普通市民公共参与意识呈健康发展态势的基础上，也指出了存在的问题：部分普通市民践行政治权利的主动性不强；部分普通市民维护政治权利的自信心不足；部分普通市民对基层公共事务认知度不高；普通群众政治认知水平还待提高。②还有诸多学者从不同的角度对参与意识不足的情况做了研究，

---

① 祝天智：《当代中国政治参与模式的演进》，载《广东行政学院学报》2005年第2期。
② 谢来位、钱婕：《重庆市主城区普通市民公共参与意识现状及培养路径研究》，载《重庆理工大学学报（社会科学版）》2016年第6期。

如孟天广、马全军分析了社会资本与公民参与意识之间的关系①，余敏江、梁莹分析了政府信任与公民参与意识之间的关系②。这些学者的研究均提及一个前提，即在我国，基层社区的公众参与意识存在比较严重的不足，这也是目前公认的现状。

我们在之前的讨论中对中国城市社区的演变过程做了分析，提出单位在城市社区形成中的重要作用，单位型社区所过度承担的社会服务和社会保障职能使社区公众在遇到困难时可以向社区寻求帮助。同时，在单位制社区中，政府对经济生活和个人生活的过度干预，使得基层组织机构重叠、人员冗余，社区居民所需要的服务和保障都是单位提供的，这种情况下是无法产生参与意识的，单位对个人生活的全面干预让居民产生的只是强烈的单位依赖意识。这种意识的形成从行政体制上有其必然性，从社会分工和社会功能的划分上看，也与当时国家和社会高度统一的情况相适应。

但1978年以后，随着社会的转型，我国的城市社区开始在社会结构变迁和社会关联形式转变的影响下发生改变，理论界将其概括为"单位型"社区向"街道型"社区的转变。在这个过程中，单位的作用越来越小，在单位背后的国家权力逐渐回归并在法治的框架下日益规范之后，急需加强社区建设，尽早促进社区的发育和成熟。但这种受市场化、契约化制约的新的社区形式在中国是一个新生事物，既不同于传统中国的乡土社会，也不同于1949年到1978年之间的国家权力主导一切的高度一体化的社会。一方面，大量的农民及其他流动人口涌向城市；另一方面，单位型社区的解体使得大量"单位人"变为"社会人"，单位意识的依赖的社会基础已经消解，单位依赖意识也就随之消解，找"单位""公家"解决问题的思维逐渐改变，开始转向现代政治生活所要求的社会参与意识。

---

① 孟天广、马全军：《社会资本与公民参与意识的关系研究——基于全国代表性样本的实证分析》，载《中国行政管理》2011年第3期。

② 余敏江、梁莹:《政府信任与公民参与意识内在关联的实证分析——以南京市为例》，载《中国行政管理》2008年第8期。

然而，这种意识的转变需要一个过程，从实际情况看，社区居民在生活中遇到困难时，仍然习惯性地寻求单位的帮助，而很少会考虑通过体制内渠道自己解决或寻求居民代表的帮助，同时，当遇到和自己利益无关或关系不大的社区事务时，又不愿意积极参与。按照《中华人民共和国城市居民委员会组织法》和《中华人民共和国村民委员会组织法》的规定，村委会和居委会是自治组织，但在实际运行中，两者都被视为基层行政体系的一部分，社区公众很难有效地参与进去，这在一定程度上会影响居民的参与热情，最终影响到居民参与意识的培育。在单位制向社区制过渡的这段时期内，社区基层组织的主要任务仍然是上传下达，完成街道或乡镇政府交代的任务，这种过渡对于居委会改变思想工作的"灌输"的模式，转向适应社区民主自治的建设、培育居民的参与意识而言，是一个不小的挑战。

从立法本意和改革思路看，居委会有责任在组织居民开展自治活动的过程中将参与意识的培育融入其中，居委会主任及居民代表要定期走入自己选区宣传党和政府的政策、征集选票、征求选民意见等以增强居民的参与意识。类似的举措还包括开展社区各种文体活动、处理邻里纠纷、增强社区凝聚力以及居民的归属感，指导社区组织和志愿者开展志愿服务，宣传社区的各项政策等。但从实际情况来看，社区居委会本身还没有转变观念，对上述培育居民参与意识的举措并不重视，因而影响了参与意识的培养效果。

三、社会关联形式的转变与参与机制的消解

社会结构的变化与社会关联形式的转变除了对参与意识产生了消解之外，对于既有的参与机制也有重大的影响。由于农村和城市在基层社会秩序的形成上有根本的不同，我们按照社会变迁的过程，对农村和城市基层参与机制的消解分别进行分析。

社会关联形式的转变与刑事政策运行社会基础的消解 第四章

对于农村而言，如上所述，我们认为1949年以后的国家权力因素和1978年以后的市场化因素分别对之前的社会基础进行了消解。王立胜在分析农村基层基本连接模式时提出：传统中国农村基层形成的农民之间以及农民经由宗族、乡绅等中介形成的组织与国家产生联系的方式、基本组织方式和控制体系，以此实现社会的秩序，实现社会顺畅运转，并在此过程中体现国家的意志，实现国家的统治目标。而这段时期农村政治架构的特点是纵横交织，具体包括了自上而下达成政治控制的保甲制、联结传统乡村社会"双轨政治"的士绅阶层，以及传统乡村社会基础内核的差序格局。①在上述三个因素的共同作用下，基层民众不但能够参与到和自己的生存发展关系密切的地方秩序的维护中，而且可以通过宗族、士绅的影响将基层的意志和权力主导的国家意志相对接，也就是费孝通先生所说的自上而下和自下而上双轨政治的融合。当然，在封建体制下，这种对接和对话在地位上并不具有对等性。王立胜认为，在改造中国农村社会基础的过程中，中国共产党最终完成了这一转变，从1921年开始，经过二十余年的建设，最终在1945年形成了以人民代表大会为基层政权的最高权力机关。而这种制度安排要想发挥真正的作用，就不得不和传统农村既有的社会运作秩序相对接，中国共产党通过党组织的作用和土改等措施对基层农村的社会基础进行了再造，形成了新的参与制度。在新中国成立以后，通过人民公社化的方式，国家政权力量向乡村社会进一步渗透，基层农村的运转是在国家建构性秩序的规划中进行的，农民之间的连接关系以及农民与国家之间连接关系的再造是靠外力强行进入的。其结果是社队共同体取代了家族共同体，而且农民和国家的连接关系方面达到了前所未有的紧密程度。但正如王立胜所言，这种以单纯的行政权力取代了其他所有农村地区的权力形式，以行政动员方式取代了其他所有的动员方式，因为农民间的关系被简化为纯粹的行政化的"社员"联系，这种高度依赖于纵向的行政体系的

---

① 王立胜：《中国农村现代化社会基础研究》，人民出版社2009年版，第92-104页。

简单关系模式是脆弱的。①

1978年以后，村民自治制度代替了人民公社制度，国家力图以村民自治的方式重构农村社会基础，重新建立农民和国家之间的连接关系。从三十多年来的基层民主实践看，这种法律制度上的安排并未起到应有的效果，仍然需要有所突破和改进。

王立胜对中国农村社会基础变迁过程以及对基层农民和国家的连接方式与途径的梳理可以为我们理解刑事政策运行过程中社会参与严重不足这一问题提供一种思路，即1949年以后国家政权力量主导的社会基础被动再造和1978年以后以市场化为代表力量主导的社会基础自发再造实际上对社会基础进行了两次消解，这种消解意味着对旧有的社会参与机制的破坏以及同时对新的社会参与机制的建设。但新机制是否有效，取决于是否适应其所依附的社会本身，从目前看，以自治制度为核心的参与方式尚未发挥出应有的效果，但这需要以法治为基本精神的契约关联形式的逐渐成熟，也需要基层社会的发育完善，而决不能否认这种制度安排的科学性和合理性。

对于城市而言，在传统中国社会中，和基层农村在关联形式上没有根本的差异，均以伦理关联为核心，且士绅阶层、差序格局、保甲制等发挥着同样的作用，所以其参与制度和基层农村是相同的。新中国成立以后，在对社会基础再造的过程中，城市和农村开始显现出不同。由于中国共产党领导的革命以及1949年以后的社会再造的重心都在农村，对于在城市基层社会，以什么样的社会组织形式将广大群众组织化，使其能够参与城市管理和社会管理，从而将居民和国家有效地连接起来，就成为一个亟待解决的问题。1954年12月，第一届全国人民代表大会常务委员会第四次会议制定并颁布了《城市居民委员会组织条例》，以法律的形式把这种由居民自发创造所建立起来的群众性组织加以固定，并对居民委员会的性质、

---

① 王立胜：《中国农村现代化社会基础研究》，人民出版社2009年版，第123页。

社会关联形式的转变与刑事政策运行社会基础的消解 第四章

任务、组织结构、与有关部门和单位的关系以及工作方法、经费来源等做了具体规定，从而大大推动了居民委员会建设工作的全面开展。截止到1956年，全国各个城市基本上都建立了居民委员会。城市居委会作为城市居民自发创造的自治组织，主要作用是"自我管理、自我教育、自我服务"，组织居民参与生活服务、调解纠纷、卫生环境管理等方面的工作，当选的居委会干部不计报酬、任劳任怨，而居民对居委会也是高度认同的。同时，居委会也能够和街道办事处进行良性的互动，反映群众的需求，居委会成为连接基层群众和国家权力体系的纽带。

但在国家实现工业化的过程中，高度集权的计划经济管理模式开始深入社会生活各个方面，国家利用行政手段分配其掌握的社会资源，对经济生活和社会生活实行了全权化管理，其特点是"党政一体化、政经一体化、政治一体化、政社一体化"。国家成为社会管理的唯一主体，并通过行政体系对经济社会生活实行全权化管理，各类全能型的"单位"组织则是实施这种管理的基点。这就直接造成了作为群众性自治组织的居民委员会功能的退化和萎缩，其功能在很大程度上被社区内的单位所覆盖。关于单位型社区的形成及其影响，我们在之前已有论述，由于对纵向上的单位有着强烈的依附作用，居委会也在人民公社化运动中成为其体系的一部分，其自我服务、自我管理、自我发展的功能逐渐萎缩，其虚拟化和边缘化特点日益明显。在计划经济体制下，国家主要通过单位体制完成社会控制和服务，有单位的城市居民均被吸纳到单位制中，无论是政治活动、经济活动还是社会生活，都通过单位和国家发生联系，反过来，国家也利用居民对单位的依附作用通过政治安排完成居民对国家事务的积极参与，国家和社会的高度统一使得居民参与公共事务不存在制度上和体制上的障碍。

1978年以后，市场化的因素和改革开放的深入消解了单位制，从参与制度上来说，就等于把参与制度依附的基础摧毁了，城市居民和国家间的紧密联系消失了，国家权力的回缩对社会空间的解放使得居民难以再通过单位参与到公共事务中来。但这种松动同时给城市的社会组织的重新发展提供了契机。"随着市场经济体制的逐步建立和城市化进程的进一步加快，国家不再直接承揽资源配置的功能，而主要由社会通过市场来配置资源。这样，国家对社会的控制不仅在控制手段上发生了根本性的改变，譬如，由单一的行政控制手段转向综合使用经济的、法律的控制手段以及必要的行政控制手段，由直接式控制转向间接式控制，由集中式控制转向分权式控制，由微观式控制转向宏观式控制，等等，而且在控制程度上也在逐步减弱，原来由国家统包的社会管理职能逐步回归社会，社会的自主性大大增强，国家与社会的关系开始出现分离。这种国家与社会关系出现分离的状况，主要表现在城市社会基层自治组织的重新崛起，即新型城市社区的大量涌现，以及作为具有独立人格的个人从国家的严格束缚中逐渐挣脱出来，从而获得了更为宽泛的自由空间。这种新型城市社区是指在一定地域上因生存需要而形成相对稳定的社会关系的人类共同体，其根本价值取向在于通过社区自治进而实现人的全面而自由的发展之目标，它与计划经济时代的居民委员会的最大不同点就在于其组织架构、功能和发展目标已发生了根本性转变，不仅城市社区的组织架构由社区居民自我选举产生，而且城市社区的功能开始向满足社区居民多样化的公益福利性要求转变，同时城市社区的发展目标也被鲜明地定位在促进城市社区居民个人本身素质的发展之上。"①

虽然国家和社会的相对分离使社会焕发了活力，但单位制的弱化也给基层社会和国家之间的连接带来了困难。伴随着单位制的式微，基层社会公众参与的制度也被消解掉，国家通过制度安排以及社会自身自组织的需要使居委会重新获得发展良机，但就像村委会一样，其功能的发挥仍然存在许多问题，社区参与的制度化环境还不够完善，公众参与的个体行为和组织行为都与市场经济发展的要求不相对应，导致体制不顺、机制缺位。

---

① 唐亚林、陈先书：《社区自治：城市社会基层民主的复归与张扬》，载《学术界》2003年第6期。

有学者指出：我国的社区组织主要是建立在政府的行政推动下的，政府的行政号召、行政协调和督促构成社区参与的基础。但是，政府行政政策没能成为相应的法规制度，这产生了一系列不良后果。缺乏法律上的界定，城市、社区建设中，容易陷入各单位参与共建时相互"踢皮球"的困境，也不便于社区工作者进行管理和协调。另外，没有相应的法律制度，社区工作职能缺乏界定，大量本属于政府、企业、社团的事务落到社区的头上，既加重了社区的负担，又不方便社区工作者开展社区工作。此外，我国从20世纪80年代开始推动的社区建设一直没有系统的法律法规给予支持，使社区建设处于"无法可依""无章可循"的状态，很大程度上按照领导意志办事，随意性比较大，缺乏系统性、稳定性和规范性，这一问题同样有待解决。①

---

① 叶南客：《中国城市居民社会参与的历程与体制创新》，载《江海学刊》2001年第5期。

第五章　制度建设与创新：优化刑事政策运行的社会基础

第一节　社区的重建与参与意识的增强

刑事政策的社会嵌入性使得其运行需要坚实的社会基础，但国家权力主导的社会再造和改革开放带来的市场化对中国既有社会基础的消解程度前所未有，社会的转型意味着需要重新夯实社会基础，从而为嵌入社会的刑事政策的运行提供可能。社会基础的再造并不是虚无缥缈的空中楼阁，无论是外力的注入还是自发的改变，农村基层社会和城市基层社区都在逐步发展，从前面的分析可以看出，社会和国家的互动在基层社区这个层面有着最为丰富的体现，我们所说的社会参与实际上更多时候指的就是基层社区的参与，因此，基层社区的成熟对于刑事政策的运行就显得至关重要，社区重建也就成为夯实刑事政策所依赖的社会基础的重要路径。同时，就参与主体而言，当前中国基层社会的政治冷漠也阻碍了刑事政策中的有效社会参与，唤醒并增强社区公众参与意识和社区重建具有同样重要的意义。

一、从"共同体"到"社区":重建的基础

"社区"一词在当前中国广为流行,其最早在中国使用是在20世纪30年代初由吴文藻、费孝通等人引入中国社会学研究中的。"1979年中国社会学恢复重建后,在费孝通等老一辈社会学家的推动下,城乡社区研究及社区概念又逐渐得到发展和普及。"① 随后,在党和国家,尤其是民政部门的逐步推动下,"社区""社区服务""社区建设"逐渐在官方话语体系和学术研究中成为热门概念。

德国社会学家滕尼斯在其著作"Gemeinschaft and Gesellschaft"对"共同体"和"社会"进行了区分,20世纪初美国芝加哥学派将书中的Gemeinschaft翻译为Community,即将"共同体"翻译成了"社区"。按照滕尼斯的描述,"共同体"是一种基于情感、习惯、记忆等自然意志,以血缘、地缘和心灵为纽带而形成的社会有机体,包括了家庭、邻里、村落等。"滕尼斯指出:'在共同体中,尽管有种种的分离,仍然保持着结合;在社会里,尽管有种种的结合,仍然保持着分离。'社区或共同体之所以总是保持着结合,最重要的是它是在特定的较小的区域中存在的,进而形成了难以回避的亲密关系;社会之所以总是保持着分离,最重要的在于它超越了有限区域的限制,进而展开了广阔的社会空间和难以发生紧密联系的社会关系。"② 对于中国社会存在的"共同体"意义上的社区,大体上可以分为四类:一是情感(精神)共同体,这种观点认为,社区共同体存在的关键是共同体意识,体现为成员对社区的归属感、认同感、参与意愿及社区整体的凝聚力等;③ 二是地域共同体/社会治理单元,这种观点认为社区的地域特质并非单纯的自然地理特征,而是一种包含了物理空间、制

---

① 陈鹏:《社会转型与城市社区的重建》,载《重庆社会科学》2011年第7期。
② 刘少杰:《新形势下中国城市社区建设的边缘化问题》,载陆学艺主编:《中国社会建设与社会管理:对话·争鸣》,社会科学文献出版社2011年版,第266页。
③ 高鉴国:《社区意识分析的理论建构》,载《文史哲》2005年第5期。

度设置、资源配置和文化价值的综合性系统;[①]三是社会网络共同体,这种观点认为社区的"社会关系网络"是社区的本质属性,社会网络中所蕴藏的社会资本(特别是集体层面的社会资本)是社区共同体生成的主要动力和基础;[②]四是利益共同体,这种观点认为,社区成员以个人利益或公共利益关联为纽带联结在一起,社区凝聚力和集体行动都隐藏着对某种利益的理性追求。[③]由上述观点可见,"共同体"对于基层社会状况的描述要比"社区"更为准确,从这个意义上看,在我国,更接近于滕尼斯意义上的社区不在城市,而是在传统中国的乡土社会。在传统中国的基层社会,成员有着长期共同的生活联系,存在着血缘、亲缘与地缘联系,相互之间的认同感、亲情性和互惠性都比较强。但如前所述,传统乡村在1949年以后已经被消解掉,随后再造起来的以队社为基本单位的农村社会在1978年以后被市场化再次瓦解,现在的农村社会无论是亲情关系还是互动模式乃至村庄结构都发生了很大的变化,大部分地方"共同体"已经不复存在。

中国城市社区和滕尼斯所说的"共同体"更是完全不同,滕尼斯研究的"共同体"是以西方国家的城市为样本的,这些国家的城市其形成经过了长时间的自然演进,是基层社会的个体和群体之间以及和国家之间不断互动交往而发展起来的,能够逐渐形成滕尼斯所说的认同感、亲情性、互惠性。我国在1978年的单位体制下形成的社区原本是具有这种认同感和互惠性的,但如前所述,这种"共同体"随着单位制的消解已逐渐消失。我们现在所说的社区是在原有的"单位"和"政府"之间的互动过程中作为单位制的附属品出现的,在单位制下,居委会是作为单位的补充而存在的。但随着既有体制的瓦解,单位制开始衰落,使得原本承担补充作用的"社

---

① 陈福平、黎熙元:《当代社区的两种空间:地域与社会网络》,载《社会》2008年第5期。
② 桂勇、黄荣贵:《社区社会资本测量:一项基于经验数据的研究》,载《社会学研究》2008年第3期。
③ 孙璐:《利益、认同、制度安排——论城市居民社区参与的影响因素》,载《云南社会科学》2006年第5期。

区"及其居委会开始挑起大梁,开始接手单位承载的社会服务和管理职能。只不过此时的社区已经和单位制时期有了很大的不同,已经不再是"共同体"意义上的社区了。

在上述社会变迁的背景下,基层社区原本具有的"共同体"在形式和功能上都开始分化。无论是农村的村庄还是城市的单位制社区,那种具有高度同质性和整合功能的有机体均逐渐瓦解。契约关联对伦理关联的取代使得社会具有了很强的流动性和多元性,高度同质化下的社会参与、社会整合、沟通协商、矛盾化解等功能不复存在,以"单位"为代表的能够满足社区成员大部分生活需求的"全能型"社区共同体解体了。社区重建就需要在契约关联下利用市场化和民主化的要素重构社区共同体。在全球化背景和网络时代下,社区共同体的重建面临着一个难题,即"脱域化"社区开始兴起,社会关系网络成为社区共同体建构的核心要素。所谓社会关系网络的"脱域化"指的是地理上的邻里关系日趋疏离,人们对自然社区的认同感在减弱,参与热情在下降,在互联网的影响下,社区的开放性、多元化日益增强,这是共同体构建不得不面临的一个难题。

同时,社区重建还包括了社区成员的情感认同和利益维系。从情感认同看,共同体要求社区成员具有强烈的参与意识,能够积极参与社区事务,无论是对社区还是对其他成员在情感上能够认同和信任,并形成良好的互动网络。同时,由于生活场域的限制,社区的秩序对于每个成员都至关重要,利益上的驱动使得社区成员之间需要建立成熟的沟通协作机制,以解决社区安全、卫生、服务等问题,并通过志愿行动和自治组织形成集体行动,这是共同体得以构建的基础。当然,新的社区功能整合机制决定着社区共同体是否能成功重建。社区共同体的分化甚至解体与城市生活的"功能结构的空间分化"密切相关,功能分化导致社区内关系松散化,居民的社区需求弱化、社区参与弱化。这说明城市社区共同体的迷失并非单一因素影响力的变化所致,而与其功能整合机制有关。新的社区功能整合机制应以多元、开放、灵活的社区互动平台为基础,以建立良好邻里关系、服务居民、实现社区可持续发展以及建立起长效的共同体行动机制为目标。①

二、社区重建

社区作为连接社会个体和国家的场域，蕴含着国家力量、社会力量和市场力量三方的互动关系。新中国成立以后主导基层社会再造过程中的是国家力量，而改革开放以后主导基层社区建设的则是社会力量和市场力量。2000年11月，中共中央办公厅、国务院办公厅转发的《民政部关于全国推进城市社区建设的意见》对社区建设的具体定义、基本原则、目标、具体内容等进行了详细阐述，成为城市社区建设制度化发展的重要基础。社区建设的根本目标就是将地理意义上"社区"重现转化为实质意义上的"共同体"，无论是城市还是农村，我们目前的基层社区建设更多的关注点在外在的形式，如道路和建筑的整齐划一，而不重视文化、情感等实质内容。

由于政府承担着社会管理的职能，社区建设首先意味着隐含着一种自上而下的国家意志，即国家期望通过制度安排和行政手段加快推进社区建设，以解决转型过程中单位制消解后基层社会载体空置化的难题。在这个过程中，社区居委会从计划经济体制下承担对单位的补充职能这一角色转向取代"单位"承担起社会整合和社会管理职能的角色，同时也将"单位"所具有的政治参与、行政管理的功能接管过来，变成了政府基层政权的末梢，这和国家法律对居委会的政治定位是相背离的，导致法律规定的自我服务、自我发展等自治功能无法实现。

在社区建设中，除了国家意志外，市场也在发挥着重要的作用。1978年以后的中国基层社会受到了市场化的严重冲击，在市场因素推动下的城市化加速了基层社区既有社会基础的消解，导致城市内部发展的严重不统一，呈现出多样化的局面，具体类型之前已有论述。总体而言，除了少部分社区因为居住房屋的单位属性还保留了计划经济时期的同质性外，大部

---

① 冯朝亮、潘晨璟：《共同体重建与社区建设研究综述》，载《传承》2014年第11期。

分社区在市场化的侵蚀下分崩离析，原有的"同质性"被消除殆尽。当然，也有少部分新兴社区在契约关联的主导下，形成了比较好的自治组织和机制，能够完成社区自治，但所占比重总体不大。

基层社会自身的力量在社区建设中也发挥着重要的作用，这既有利益的驱动，也有民主意识的提升以及社会组织自身发展的影响。社区居民和社会组织为了弥补政府和市场的不足，开始更多地介入基层社区公共事务如公共安全、卫生环境的维护当中，但由于各种原因，和政府力量、市场力量相比较，社会力量的发展一直比较缓慢，还未达到能够和政府、市场良好互动的状态，这在根本上影响了社区建设的进程。

刑事政策运行所依赖的社会基础需要对基层社区进行重建，对于这一宏大课题，研究者们都提出了许多建议，如陈鹏认为社区重建的内容包括了组织、结构、功能，重建的动力包括了行政化推动和社会化发育。① 夏学銮认为社区重建包括了四个方面：首先是概念重建，社区重建的实质是对人际关系的重建，是对包括社区原理、社区功能和社区精神在内的社区概念的再认识、再定位，使人们充分认识到社区及其传统人际关系在现代生活中的地位和作用；其次是组织重建，包括社区全组织建设和社区专组织建设；再次是能力重建，恢复社区作为一个完整有机体的组织活力，使其成为一个自给自足、自在自为的实体；最后是机制重建，包括社区运作机制和社区功能机制两方面的建设。② 基于滕尼斯的"共同体"概念，我们认为应当从以下四个方面讨论社区重建问题。

（一）文化重建

文化重建拟在重建人们之间的信任关系，可以从以下几个方面着手。首先，重建亲密的人际关系，通过社区制度建设重建行为规范，促进成熟

---

① 陈鹏：《社会转型与城市社区的重建》，载《重庆社会科学》2011年第7期。
② 夏学銮：《中国社区建设的理论架构探讨》，载《北京大学学报（哲学社会科学版）》2002年第1期。

社区应当具有的邻里互助精神。由于新兴社区大多是陌生人社会，熟人社会的伦理关联转化为了契约关联，原有的家庭、宗族或单位也都不复存在，在这样的社区必须以社区活动、利益共享为桥梁和纽带，通过制度建设形成良好的社区行为规范重建人际关系。其次，开展具有文化内涵的社区活动。社区文化活动一直是社区建设的重点内容，常见的如体育运动、休闲娱乐等，这些活动的开展需要社区提供良好的硬件设施，并通过社区组织或志愿者进行有效的组织引导。在各项活动的开展中来密切邻里关系、增进邻里感情，提升其社区参与意识，增强社区的凝聚力，并构建成熟的个体与群体的互动机制。再次，要尊重社区文化的开放性和多元性。中国的社区建设本质上是"共同体"的重建，当前社会在互联网的冲击下具有很强的开放性和多元性，这是之前中国基层社区所不具备的特点，在重建文化时，必须根据自身社区的情况，以一种开放的心态对多元化的文化就进行甄别和融合，既不能一概排斥也不能全部接纳。

文化的重建重点不在于形式，而在于通过各种行动最终形成社区健康良好的价值观和文化修养，提升社区的道德准则和行为准则，这些是达成情感慰藉、相互信任、相互认同的基础，也是社会个体和共同体之间有效互动的前提。

（二）组织重建

有学者认为组织重建包括全组织建设和专组织建设，把社区作为一个整体组织的建设叫作社区全组织建设，把社区内专门功能组织的建设叫作社区专组织建设。前者如社区委员会和社区居民委员会的建设；后者如社区志愿者协会、社区个体工商业者协会，以及其他专门的群众团体如工会、青年团和妇联等组织的建设。社区委员会包括社区内所有机关、学校、企事业单位和社区居民委员会，是一个区域性实体组织。只有社区委员会才有能力和权威协调社区内单位与单位之间、单位与居民之间和居民与居民之间的利益关系，真正把众多不同利益的主体单位组成一个利益共同体，最大限度地实现资源共享与协同力整合。① 也有学者认为当前社区建设的目标正是走向"社区社会组织化"方向，构建一个以村委会与居委会为核心、以社区社会组织为基础的社区组织格局。② 市场化对社会基础消解意味着基层社会组织能力的下降，在基层社区，究竟是以自上而下的行政主导来再建社区还是以自下而上的自我组织来恢复活力，一直是未曾解决的难题。但不管采取何种方式，基层社区社会组织始终是社区建设的基础。"广义的社区社会组织指活跃在社区内除了政党、政府之外的各类民间组织。狭义的社区社会组织是伴随着社区功能的逐步完善而发展起来的一种新型群众组织形式，是以社区居民为成员、以社区地域为活动范围、以满足社区居民的不同需求为目的，由居民自发成立或参加，介于社区主体组织（社区党组织和社区居委会）和居民个体之间的组织。目前学术界在学术研究中采用比较多的是狭义的概念。"③

从中国基层社会治理历史看，组织重建指的应当包括两大类，第一类是名为自治组织实际上是作为国家行政体系组成部分承担着社会管理职能的村委会、居委会；另一类是在城市化过程中自发形成的其他社会自治组织。组织重建一方面是对村委会、居委会自治功能的确立和发展，另一方面则是对其他自治组织的规范和促进。其中，后者是社区重建的关键，由于路径依赖等原因，村委会、居委会的行政管理职能无法削弱，对其只能通过进一步的改革将其自治功能有效地发挥出来。真正要实现社区重建，就必须把"作为社会生活主体的职业群体及其专业活动纳入社区建设与社区管理的视野"④。这种纳入要避免通过行政管理的手段强行实施，由于

---

① 夏学銮：《中国社区建设的理论架构探讨》，载《北京大学学报（哲学社会科学版）》2002 年第 1 期。

② 曾正滋：《重建"双轨政治"与社区社会组织参与社会治理》，载《甘肃理论学刊》2014 年第 6 期。

③ 王名：《社会组织论纲》，社会科学文献出版社 2013 年版，第 72-173 页。

④ 刘少杰：《新形势下中国城市社区建设的边缘化问题》，载陆学艺主编：《中国社会建设与社会管理：对话·争鸣》，社会科学文献出版社 2011 年版，第 270 页。

村委会、居委会的行政依附性,也要尽量避免村委会、居委会的参与。按照自治的精神,应当由社会组织来完成整合工作。社会组织作为居民自发组织起来的自治组织,由于情感认同、价值统摄和利益依存等因素的作用,可以将不同职业的群体整合起来,促进交流和互动,提高基层社区的社会参与程度,提升社区治理水平。

此外,需要注意,社区重建必须将国家力量和社会力量区分开来。以政府为代表的国家力量在社区建设中只需要提供制度安排和资源配置,具体的社区建设应当靠社会力量自身来完成,也就是一定要避免居委会、村委会管理职能的扩大和泛化,通过培养社区精神来提升居民对社区的认同感,提高社区的凝聚力和参与能力。

(三)观念的更新

在计划经济体制下,单位制社区事实上就是政府行政管理的基层单位,社会转型以后,居委会承担起原有的单位职能,按照政府的行政命令管理社区。然而,城市社区的多元化使得居委会的这种管理在效果上大打折扣,在许多小区,真正发挥着管理作用的是服务型的物业公司,从一些秩序良好、管理到位的小区来看,正在形成滕尼斯所说的"共同体"。在这些区域,无论是居委会还是物业公司,在理念上都正从管理向服务转换。

社区居民通过权属观念认可了自己的社区主体地位,将社区视为自己的家园,愿意参与社区治理和社区建设。这种"单位意识"到"社区意识"的转变促进了社区公众对社区公共空间的再认识,开始有了权利意识,意识到自己对社区公共空间的建设和管理有知情权、参与权、监督权,这是社区建设的重要基础。在此基础上,社区公众会通过各种社区活动参与社区治理,居委会或物业管理公司也愿意通过各种活动如宣传活动、教育活动、信息咨询活动、培训活动、义务劳动、文体活动、娱乐活动、整治环境活动将居民调动、组织起来,共同维护小区的秩序。同时,可以通过社会整合将社区内分散的资源整合起来,在社区层次上形成合力,构建社公共关系网络。

（四）社区服务的社会化和专业化

社区服务的专业化、产业化指的是由社会承担的服务职能应当从居委会剥离，由专门化的社会组织提供专业化的服务。社区服务的社会化和专业化是市场经济发展的必然产物，是国家和社会相对分离的结果。居委会作为自治组织在一定程度上可以为社区提供必要的服务，但从其机构、人员和功能看，不可能承担所有的服务项目，为了提升服务质量、满足社区公众的需求，必须推进社区服务的专业化。常见的社区服务内容包括了公共安全、环境卫生、教育医疗等，这些服务可以通过市场化的途径提供，也可以通过社会化的方式以志愿者形式来提供，无论何种方式，都需要专业化的队伍和措施。比如公共安全的供给，可以通过聘请保安服务公司的方式，也可以由小区组织志愿者来完成，但都应当经过必备的知识和技能培训，以保证社区服务的质量和效能。

三、公众参与意识的增强

公众参与意识既是公民精神的重要内容，也是法治精神的内涵之一。公众参与意味着对自身权利的维护，让这种权利意识成为公民精神是法治中国建设的基础，也是公共治理、实现国家与社会良好互动的根本渠道。在当前，社会公众缺乏公共参与意识是一个基本的共识，社会公众过于看重个人利益而对公共事务秉持一种冷漠的态度是一个较为普遍的现象。如何提升公众参与意识，既是基层民主政治建设的要求，也是基层社区重建的重要课题。

张善根、李峰通过实证调查，认为公众参与意识的形成和发展是多重因素相互影响的结果，要提升社会公众的公共参与意识必须以这些因素为基础，他们认为人口学因素、社会政治经济地位、个体的价值观、社会信任、法治政府建设、政府公信力与公共参与意识有密切的关系。①李鸣、张强提出，应当综合利用各种资源，推进政治社会化，保证公民政治参与意识的持续发展。政治社会化就要结合社会发展的时代背景，利用社会发展所提供的资源，通过教育引导、制度规范、社会心理影响等多种途径，使一种政治文化经过通俗化、普及化、层次多样化的过程，在全社会得到广泛认同；市场经济的发展是政治参与意识生成的物质基础；网络文化的兴起为培育公民参与意识提供了新的机遇，要结合网络发展的新趋势，积极引导，合理组织，通过这种边际性的民主实践，不断地提高人民群众的参政意识、参政能力和参政的积极性；社会资本的发展为公民参与意识的培育构筑了新的平台，要鼓励发展具有自治性的社会团体，培育公民之间的信任感、责任感，以社会资本的发展带动公民参与意识的提升。此外，还要加强制度执行力度以保障公民政治参与意识培育有序进行。②孟天广等人从社会资本视角分析了参与意识，提出了三点建议：大力调控和发展公民参与网络，尤其是积极促进志愿结社组织的发展；逐步超越基于"熟人社会"的"小群体信任"，推动适用于现代社会的"社会性信任"；坚持并加强"和谐社会"建设，推动社会宽容与和谐的价值观。③谢来位、钱婕认为有四种办法提升参与意识：一是规范政府行政行为，提高公民政治认同感；二是实现公民权利保障法治化，提升公民政治归属感；三是健全公民参与机制，增强公民政治效能感；四是增强人民民主的政治观念，培养公民政治责任感。④从上述观点看，对于提升公民意识的途径并没有比较一致的看法，研究者们大体上是从基层民主建设和社会资本两个视角结合政治、经济、

---

① 张善根、李峰：《法治视野下公民公共参与意识的多因素分析——基于上海数据的实证研究》，载《北方法学》2015年第2期。
② 李鸣，张强：《当代中国公民政治参与意识的培育》，载《大庆社会科学》2010年第6期。
③ 孟天广、马全军：《社会资本与公民参与意识的关系研究——基于全国代表性样本的实证分析》，载《中国行政管理》2011年第3期。
④ 谢来位、钱婕：《重庆市主城区普通市民公共参与意识现状及培养路径研究》，载《重庆理工大学学报（社会科学）》2016年第6期。

文化等因素来展开分析，这跟公众参与意识的多视角化有关系。在上述观点的基础上，我们认为可以从以下几个方面探讨参与意识的增强问题。

第一，应当从制度上为参与意识的培养提供保障。存在决定意识，参与意识的形成需要政治、经济、文化等方面制度支持。在传统乡土社会以及1949年以后的中国社会，公众参与意识比较强的一个重要原因就是有比较成熟的政治制度和社会制度，无论是乡土社会的伦理制度和差序格局还是计划经济体制下的单位制都给基层社区的社会参与提供了制度和渠道，尤其是新中国成立后，在政治参与热情的促进下，通过政治动员就可以激发基层群众的参与意识。改革开放后，政治动员的方式日渐失去作用，而以村委会、居委会为依托的社区自治制度始终没有发挥应有的作用，在当前，中国基层社会治理还在沿着"行政型社区—合作型社区—自治型社区"的道路前进，基层社会的自治远没有达到理想的程度，在这种情况下，应当明确国家力量如政府的职责，在坚持其引导作用的同时将其职责限定在一个合理的范围内，使其能够充分动员社会力量，吸纳各种社会力量参与社区公共事务，通过制度和机制创新为社区公共事务的治理以及社区参与意识的培养提供制度和机制保障。

第二，应当推进社区文化建设发挥其情感认同作用。在社区重建部分我们已经讨论过社区文化的作用，社区文化体现了社区成员共同认同的价值观念、道德水平和行为规范，对社区成员的心理、性格、行为有深刻的影响，不同的社区文化特质不仅造就了人们特殊的习性，而且在一定程度上决定着人们的价值取向，因此，文化对社会成员的生活有着极其重要的意义。转型时期的中国社会，社区文化还处于不断形成的过程中，社区成员不仅受到社区文化的熏陶，还直接参与到社区文化的建设当中，即每一个成员既是社区文化的创造者，也是社区文化的受益者。因此，社区应当秉承开放的、多元的文化建设理念，通过各种形式的活动，尤其是利用新社交媒体的作用将积极参与的意识融入社区文化的建设当中，使社区公众将参与社区公共事务、推进社区治理变成其日常行动的一部分。

第三，应当整合社区资源为社区活动的开展提供物质保障。社区参与意识的培养除了制度的保障和文化的引领外，还需要物质保障。无论是参与意识的培养还是社区自治的开展，都需要通过各种活动来实现，活动需要的场所、器材、设施乃至经费就成为必须解决的问题。由于我国社区的发展目前仍处于初步阶段，社区所拥有的经济自给能力十分有限，所需经费一部分来自政府部门的供给，如社区建设器材的配备由政府体育部门提供；另一部分则来自日常管理中社区居民缴纳的各种费用，由社区组织以及成员捐赠的情况比较少见。在经费紧张的当口下，可以动员各种社区力量、整合社区资源为社区活动的开展提供尽可能多的物质保障，并采取措施使社区资源达到合理配置。

第四，应当充分发挥网络虚拟社区的作用，构建社区沟通新机制。网络已经成为当今人们生活不可或缺的构成部分，尤其在社会交往中发挥着极为重要的作用，网络不仅改变了人们的工作方式，还改变了人们的休闲娱乐等生活方式。在参与意识的培养中，我们应当充分利用网络这一新工具，而实际上，很多社区的管理工作、交流共通乃至具体事务的处理如成员投票都通过网络来完成，不仅提高了效率，更重要的是提升了人们的参与热情，也为社区成员间的交往互动提供了更广阔的空间。社区成员可通过网络对社区公共事务作出迅速、及时的反应，并能够通过自组织能力的实现形成群体力量，对和自己切身利益休戚相关的事务施加影响，以更好地维护自己和社区的利益。

除了上述方面，公众参与意识的培养还可从其他多个途径展开。总体而言，制度建设、物质保障、组织架构以及文化的熏陶是提升公众参与意识、吸纳社会力量参与社会治理的几个重要措施。

第二节 完善社会公众参与刑事政策运行的立法

一、社会公众参与刑事政策运行的宪法基础

"刑事政策就是治国之道,刑事政策其实应该翻译成'刑事政治'的,而犯罪问题从来就应该是一个公共政策问题。"[①]刑事政策过程中的公众参与应建立在人民主权的现代民主逻辑之上,人民主权逻辑在刑事司法领域的延伸,就是刑事政策运行的合法性、科学性和有效性有赖于社会力量的广泛参与。从法律渊源上看,这一民主理念在我国宪法中有着根本的体现,从我国宪法的规定来看,从三个方面肯定了社会公众参与在刑事政策制定和实施中的合法性与必要性,即人民主权、人权保障、民主监督。

(一)人民主权原则

公众参与国家和社会事务依托于民主理论,现代民主政治的基本原则是人民主权,人民通过多种方式行使民主权利。《中华人民共和国宪法》第二条规定:"中华人民共和国的一切权力属于人民。人民行使国家权力的机关是全国人民代表大会和地方各级人民代表大会。人民依照法律规定,通过各种途径和形式,管理国家事务,管理经济和文化事业,管理社会事务。"该条明确肯定了公众参与的基本原则,赋予了人民参与国家事务、经济文化事业和社会事务的权利,构成了公众参与刑事政策运行在我国宪法上的渊源。

《中华人民共和国宪法》第三条规定:"中华人民共和国的国家机构实行民主集中制的原则。全国人民代表大会和地方各级人民代表大会都由

---

① 卢建平:《刑事政策与刑法变革》,中国人民公安大学出版社2011年版,第51页。

民主选举产生,对人民负责,受人民监督。国家行政机关、审判机关、检察机关都由人民代表大会产生,对它负责,受它监督。"这表明民主权利不仅能通过具有代议制特征的人民代表大会行使,而且公民在法律规定范围内拥有参与和管理国家事务的权利,体现在刑事政策领域,参与国家事务和其他社会事务的权利就是通过公民参与的方式重新分配权力,体现人民的自主权。

(二)尊重和保障人权原则

《中华人民共和国宪法》第三十三条第三款规定:"国家尊重和保障人权",同时,从第三十三条到第五十条规定了包括平等权、选举和被选举权等各项政治、经济与人身权利在内的公民基本权利,这些权利基本涵盖了我国公民社会生活的各个方面。尊重和保障人权原则在刑事政策领域的表达,就是要求在刑事政策运行的各个环节都应当尊重并保障公民权利。

刑事政策的实施对于社会公众具有重大的影响,其对刑法适用的指导会影响到每一个具体案件的判决,近些年来频频出现的引起广泛争议的刑事案件和判决都表明如何在刑事领域通过立法和司法来平衡、协调不同利益阶层之间的矛盾以及公共利益和个人利益之间的冲突是当前急需解决的社会难题。公众对刑事立法、司法和刑罚的执行常见的质疑就是法律的实施是否保护了国家利益、公共利益和人民利益,法律的实施是否必须以牺牲部分人的利益为代价?在刑事领域,不公正的法律一旦出台或实施,可能会损害到人民的切身利益,会损害司法的公正和公平以及宪法与法律的权威。对于刑事判决,如果不是冤假错案,很难通过法律途径予以救济,大部分时候只能通过新闻媒体制造舆论或者信访等方式引起重视,倘若不能通过再审途径予以解决,其造成的损失就难以弥补。因而在刑事政策的出台和实施中引入公众参与程序,以保证政策运行的合法性、科学性和有效性就极为必要。通过刑事政策运行过程中的公众参与机制,对刑事政策的运行予以规范,尊重社会公众和当事人的合法权益,强化社会监督,促进立法和司法的透明化、民主化，约束并防止权力的滥用，进而实现司法的公正和公平，是对宪法人权保障原则的具体落实。只有通过程序对刑事政策的运行进行规范，才能保证我国宪法第三十三条所规定的"国家尊重和保障人权"的要求以及宪法所规定的公民的各项民主政治权利的实现。

（三）民主监督原则

我国宪法第二十七条第二款规定："一切国家机关和国家工作人员必须依靠人民的支持，经常保持同人民的密切联系，倾听人民的意见和建议，接受人民的监督，努力为人民服务。"第四十一条第一款规定："中华人民共和国公民对于任何国家机关和国家工作人员，有提出批评和建议的权利。对于任何国家机关和国家工作人员的违法失职行为，有向有关国家机关提出申诉、控告或者检举的权利，但是不得捏造或者歪曲事实进行诬告陷害"。这两个条款确立了民主监督原则，人民有权对国家机关和国家工作人员行使权力的行为进行监督，确保权力的规范使用，这种监督本身就是公众参与民主政治和国家事务的具体体现之一，在刑事政策领域，就意味着公众有权对刑事政策的制定、实施和评估提出个人意见，对整个刑事政策的运行过程进行监督。

二、社会公众参与刑事政策运行的立法现状和问题

（一）立法现状

关于公众参与立法的主要依据是《中华人民共和国立法法》，就立法机关的立法行为而言，立法法规范的是所有的立法行为，而刑事政策作为立法工作的一部分，无法和其他领域的立法完全分开，除了在刑事法律的具体适用问题上由最高人民法院与最高人民检察院司法出台、司法解释会有所不同外，在程序上并不具有特殊性，因此，刑事政策领域中的公众参与在立法上也是通过《中华人民共和国立法法》的一般性法律规范予以规

定的。但由于我国立法法的法律位阶较高，加上立法技术的原因，从《中华人民共和国立法法》的具体内容看，对公众参与这一问题涉及较少。《中华人民共和国立法法》第五条规定："立法应当体现人民的意志，发扬社会主义民主，坚持立法公开，保障人民通过多种途径参与立法活动。"但该条规定在《中华人民共和国立法法》总则中，是一项原则规定，没有涉及具体内容。此处有两点需要说明：一是本条所说的"人民"不仅包含公民，还应当包含法人以及其他社会组织等形式；二是本条所说的"通过多种途径参与立法活动"应理解为不仅包括了人民代表大会制度，还包括了以人民政协制度为代表的其他协商民主形式。我国立法的进步不仅需要进一步完善人民代表大会制度，还需要进一步拓展协商民主的形式和内容并落到实处。协商民主不仅包括了人民政治协商制度，还包括其他各种形式的协商民主，这些协商式民主的核心就是公众对政治的参与。在我国，绝大部分的日常立法工作都是由全国人大常务委员会承担的，因此，公众参与这一协商民主的形式在此情况下就显得尤为重要。

《中华人民共和国立法法》第三十六条规定："列入常务委员会会议议程的法律案，法律委员会、有关的专门委员会和常务委员会工作机构应当听取各方面的意见。听取意见可以采取座谈会、论证会、听证会等多种形式。法律案有关问题专业性较强，需要进行可行性评价的，应当召开论证会，听取有关专家、部门和全国人民代表大会代表等方面的意见。论证情况应当向常务委员会报告。法律案有关问题存在重大意见分歧或者涉及利益关系重大调整，需要进行听证的，应当召开听证会，听取有关基层和群体代表、部门、人民团体、专家、全国人民代表大会代表和社会有关方面的意见。听证情况应当向常务委员会报告。常务委员会工作机构应当将法律草案发送相关领域的全国人民代表大会代表、地方人民代表大会常务委员会以及有关部门、组织和专家征求意见。"该条规定了列入常务委员会会议议程的法律案要听取各方面的意见，具体形式包括座谈会、论证会、听证会等。在实践中，诸如立法调研、实地考察、问卷调查、征求书面意见、委托专家起草、公开草案征求意见、召开座谈会等都是立法工作中常见的方式，且大部分都具有公众参与的特征，但这种参与已是立法常见举措，其中不乏一些初步的公众参与特征，但这种参与大多都是零散的、被动的，常常是自上而下运行的，信息往往也不透明，对于问题也缺乏反馈意见，整体参与活动缺乏制度化和系统化。

《中华人民共和国立法法》第三十七条规定："列入常务委员会会议议程的法律案，应当在常务委员会会议后将法律草案及其起草、修改的说明等向社会公布，征求意见，但是经委员长会议决定不公布的除外。向社会公布征求意见的时间一般不少于三十日。征求意见的情况应当向社会通报。"这是关于法律草案公开征求意见的规定，这一规定明确了公众参与法律草案修改的权利。该条于2015年经过了修改，和之前相比有很大的进步，但仅就修订案草案内容征求公众意见导致公民参与的时机太迟，且征求意见的范围过窄，在法律草案公布以前的立法规划、计划、论证、起草以及立法后的质量评估等环节的信息公开及公众参与都尚未获得法律保障，因此和立法过程中公众的全面参与、系统参与、规范参与还有很大的差距。不过，在实践中，公开征集立法项目建议等将公众参与扩展到立法前期工作的全国性及地方实践却并不少见，无论是权力机关的立法还是政府部门的立法。从实际效果看，由于参与时机滞后、相关信息不透明、征求意见的时间较短、意见征集对象范围有限、参与形式单一等原因，这一阶段的公众参与机会效果并不理想，往往流于形式，公众要么对立法项目本身不知情、不熟悉，要么对征求意见程序的有效性缺乏信心，要么由于缺乏专业知识和技能而无法实现有效参与。总体而言，虽然公众参与还有很大的改进空间，但构建系统化的立法参与机制已经有了较为丰富的实践经验和坚实的现实基础。

除了在《中华人民共和国立法法》层面规定了公民参与立法的权利、方式和程序外，就刑事政策领域的公众参与问题一直没有专门立法作出系统规定，只有少数条文散见于《中华人民共和国刑法》《中华人民共和国刑事诉讼法》《中华人民共和国监狱法》《中华人民共和国禁毒法》《中华人民共和国治安管理处罚法》《社区矫正实施办法》等刑事法律和治安法律法规中。比如2011年出台的《中华人民共和国刑法修正案（八）》和2012年修改实施的《中华人民共和国刑事诉讼法》明确规定了对判处管制、缓刑以及假释的罪犯依法实行社区矫正，2012年出台的《社区矫正实施办法》对社区力量如何参与社区矫正做了相对详细的规定，其中第三条规定："县级司法行政机关社区矫正机构对社区矫正人员进行监督管理和教育帮助。司法所承担社区矫正日常工作。社会工作者和志愿者在社区矫正机构的组织指导下参与社区矫正工作。有关部门、村（居）民委员会、社区矫正人员所在单位、就读学校、家庭成员或者监护人、保证人等协助社区矫正机构进行社区矫正。"这条规定中明确了社会工作者、志愿者、有关部门、村委会居委会、社区矫正人员所在单位、就读学校、家庭成员或者监护人、保证人等社会力量在社区矫正中的作用和责任，这是为数不多对刑事政策运行中社会参与作出规定的法律条文。除此以外，我国监狱法对公众参与刑罚执行也作出了一系列规定，如第三十七条规定："对刑满释放人员，当地人民政府帮助其安置生活。刑满释放人员丧失劳动能力又无法定赡养人、扶养人和基本生活来源的，由当地人民政府予以救济。"第四十四条规定："监区、作业区周围的机关、团体、企业事业单位和基层组织，应当协助监狱做好安全警戒工作。"第六十八条规定："国家机关、社会团体、部队、企业事业单位和社会各界人士以及罪犯的亲属，应当协助监狱做好对罪犯的教育改造工作。"然而，从整体上看，无论是刑事政策的制定，还是其实施和评估，我国立法都不够系统和细致，即便有个别条文涉及，其法律位阶往往也比较低，缺乏权威性。

（二）当前存在的问题

第一，从刑事领域的公众参与这一宪法赋予的民主权利而言，现行立法位阶过低，保障性不够。公民对刑事政策运行的直接参与和间接参与是宪法赋予的参与国家管理的基本政治权利，这既关系到宪法赋予的民主权利的落实，也关系到政府公共治理、政府行为的合法化，更关系到刑事政策的正当性、科学性和有效性。因此，国家应当由全国人大或全国人大常委会对刑事领域的公民参与进行立法，以保证和这项民主权利的地位对等性。从我国目前的立法现状看，对这一问题的规定多以地方法律法规和部门法律文件的形式予以体现，法律位阶过低，而且地方性法规、规章和规范性文件等低位阶法律规范公民的政治权利，其合法性、适当性均存在疑问。

第二，从法律体系的构建而言，现行关于公众参与刑事政策运行的立法体系不完整。我国现行立法对公众参与的有序化、有效化、理性化、公开化和公平化等机制规定的缺失，致使刑事政策运行中的公众参与具有很大的随意性，且有限的参与也流于形式，不但造成了资源上的浪费，而且削弱了社会公众对国家和法律以及公检法司等机关的信任，并最终影响了刑事政策运行中公众参与的有效性。从结构而言，现在的立法无论是制定还是实施，层级越高，涉及公众参与刑事政策运行的全国性法律法规越不完善，层级越低，就公众参与的相关规定反而越细致。对于刑事政策运行中的公众参与，至今零星见于地方法规、规范性文件以及一些如社区矫正等专门法律法规中，而无国家层面如全国人大及其常委会立法，这对于法律体系的架构来说极不合理。系统的公众参与制度应当能够为公众参与刑事政策提供多个层次的参与机会，形成系统的公众参与制度体系，保障公众有充分有效的参与渠道，从而尽可能保障公共利益和个人权益。

第三，关于公众参与刑事政策运行的程序性规定严重不足。有效的公众参与离不开法律制度的完善以及具体的制度安排，尤其是程序上的规定。具体来说，除了要明确刑事政策运行中参与主体和参与事项的范围外，还要对公众参与的时机、方式、时间以及对公众意见的处理和反馈等程序性问题作出详细的规定。此外，政治参与对参与者的素质有一定的要求，而且刑事领域的事项专业性比较强，因此，对参与者尤其是弱势群体的参与能力有一定的要求，立法过程中对此也应有所涉及。上述等问题的解决不仅需要公众参与意识的提升、参与信心的重建、参与渠道的畅通，还需要各种基层社会组织发挥资源共享、社会整合的作用。

第四，关于参与主体的规定过于模糊。刑事政策中的公众参与虽和其他领域的政治参与、社会参与有所不同，但从类属关系上和其他种类的社会参与存在同样的问题，即参与主体的模糊。从宪法权利角度而言，"公众"其实是一个包含了公民、法人和其他组织在内的群体性概念，但其中又可以因年龄、经济和政治地位、受教育水平、行业及组织性质、受影响程度等原因分为若干个不同的类别。不同的群体或者社会组织目前在我国所实际享有的参与权程度往往差异巨大。例如，在我国公众参与相关的大量立法中，专家往往独立于"公众"的概念被单列出来，在具体的制度安排和实践操作中通常也享有更高的参与度和影响力。专家高度参与政府决策固然是一个进步，但专家的参与并不能替代其他群体和个人的参与。[1]

第五，刑事政策领域中的公众参与依赖于其他公众参与制度的完善。在社会和国家互动的过程中，社会组织的整合作用、公民参与能力的提高以及参与机制的健全对刑事政策中的社会参与具有重要的支撑作用。上述问题涉及的内容广泛而复杂，很难对其进行系统性的分析和阐述，但不同领域公众参与制度的突破都是我国公众参与制度整体建设的重要内容，反过来，整合之后形成的公众参与制度对刑事政策运行中的公众参与也有重要的指导意义。

---

[1] 高琪：《我国环境决策中公众参与制度的立法分析——兼评〈环境保护法〉修订案的相关规定》，载《南京工业大学学报（社会科学版）》2014年第4期。

三、社会公众参与刑事政策运行的立法建议

（一）明确公众的参与权

按照宪法的规定，公民有权参与政治活动，刑事政策中的公众参与权是公众的基本权利之一。刑事政策运行虽涉及定罪量刑等专业领域以及诸如侦查、起诉、审判、刑罚执行等国家权力的行使，但这并不排斥公众的参与，公众有权对这些领域的权力行使进行监督，而且在某些阶段和领域甚至需要公众的深入参与，以保障刑事政策的运行效果。因此，我国应当在立法中，尤其是要在全国人大及其常委会制定的法律中对公众参与权作出明确而系统的规定。此外，还应修改涉及刑事政策运行的其他法律，如社区矫正法、监狱法等，使公众能够真正参与到刑事政策的运行中。

（二）完善有关"参与公众"的规定

第一，明确"公众"的范围。有学者认为"公众"与"公民"的混淆导致了学术界对"公众参与"与"公民参与"混用的现象，同时，该学者认为公众参与并不强调参与者的公民资格，而是更关注社会组织（利益群体）的参与。[①] 我们认为这种区分是正确的，公众的范围要比公民广泛得多，作为社会公众有权表达个人意志和个人诉求，有权维护个人的权益。在维护权益时，作为社会公众可以选择以社会个体的形式也可以选择以群体或者共同体的方式表达诉求。因此，公众的范围既不能以"人民"的范畴为限，也不能仅仅局限于"公民"的范畴，而应包括公民、法人及其他社会组织，甚至居住在我国的外国人或无国籍人在特定情况下也可以纳入公众的范畴，公众的内涵应当是非常广泛的。

第二，促进公众参与主体组织化，注重社会组织的参与。犯罪治理中

---

① 王士如、郭倩：《政府决策中公众参与的制度思考》，载《山西大学学报（哲学社会科学）》2010年第5期。

的公众参与实践过程已经证明：利益组织化可以使分散的社会个体分担集体行动的成本，分享行动的利益，并且可以通过组织化的激励、制约机制，协调个体的行动方向和步骤，避免了聚众所带来的不可控制的破坏性力量。经过组织化的方式对个体利益诉求进行内部的过滤和协调，可以使得利益表达更加集中、更加有力，因此，也更有可能对刑事政策产生影响。在转型期的中国，基层刑事政策的运行更要强化参与主体的组织化，改变过多的社会个体无序参与的局面。这些组织常见的包括社区聘请的保安组织、治安自治组织、村委会、居委会、社区矫正中的志愿者协会等。这类社会组织与社会个体相比，既有与政府沟通的途径，又具有广泛的群众基础；既可以将刑事政策领域的信息及时充分地传达给公众，又可以将公众意见进行有效整合后反馈给政府。因此，我国应充分发挥基层社会组织的作用，在相关立法中规定社会组织包括非政府组织参与刑事政策运行的权利，确立其在刑事政策体系中的地位。

（三）明确公众参与刑事政策的范围

刑事政策运行的过程包括了制定、实施和评估三个环节，从实践现状看，每个环节中都有社会公众的参与，不同的是在不同的环节参与的程度和范围有所区别。在立法环节，参与的主体主要是法律专家，近年来通过公开征求意见的方式扩大了参与主体的范围，但仍是以专家意见为主，今后应当通过立法的完善和参与机制的健全加强一般公众的参与；在实施环节，尤其是行刑社会化的过程中，社会公众的参与比较广泛，原因在于刑罚执行蕴含的教育性理念和社会化理念需要社会力量的参与才能实现，如社区警务和社区矫正，如果没有社会的参与，根本无法推行；在评估环节，社会公众包括法律专家的参与相对较少，主要原因在于相关数据信息的不透明，对于执行效果，最有直观认识、最有条件进行评估的是公检法司等部门，但这些部门对相关信息的垄断使得社会力量很难有效参与刑事政策运行效果的评估。对于上述三个环节中的公众参与，需要在立法上进一步细化，如在每个环节中公众可以参与哪些具体事项、参与的程度如何、参与的方式如何、权利如何保障等。明确公众参与刑事政策运行的范围与内容，能够使我国的刑事政策兼顾国家利益、社会利益和公众利益，能够有效落实刑事政策，实现预防打击犯罪、维护社会秩序、保护公民合法权益的总体目标。

（四）完善公众的参与方式

公众参与方式的选择应当以方便参与、节约成本为原则，应当有利于公众意见的表达、有利于公众平等地位的确立。立法应当规定明确的程序和步骤，确保公众能够真正参与到刑事政策的运行中。常见的方式包括以下几种：一是公开征询意见，这是目前采用较多的一种公众参与的方式，能够确保社会参与的广泛性，也是一种比较直接和便捷的参与方式。对这一方式的完善，应当制定配套的制度，以保证参与的实际效果，如公示的时间要求、公众意见的开放性以及对公众意见法律效力的规定。二是座谈会方式，这是地方立法实践中常见的一种方式，因其具有形式、时间、地点、人员构成的多样性、灵活性和方便性，成为决策机构征求意见、公众参与决策的重要方式，也为多部法律、法规明确规定。但实践中，座谈会方式的弊端在于容易走过场、随意性比较强，而且在权力意识的主导下，座谈会的效果如何往往容易被忽略，参与座谈会的人员所提意见是否被采纳往往缺乏后续的回应。对座谈会方式应当制度化，通过立法规定座谈会的人员构成和选择标准、座谈会会议记录及其法律效力等。三是民意调查。民意调查的弊端和座谈会一样，容易流于形式，不能真实反映绝大部分社会公众的真实意见。对这种方式，应当通过立法规定独立的调查机构的形式及其选择标准、调查程序的要求、调查结果的法律效力等。

（五）加强信息公开与知情权保障

对于我国刑事政策领域的信息公开，有学者做了分析，认为当前信息公开的方式包括最高人民法院与最高人民检察院每年向全国人大提交的工作报告中所公布的全国性的犯罪统计方面的信息以及最高人民法院在官方网站上发布的犯罪统计信息、各地人民法院与人民检察院向各级地方人民代表大会提交的工作报告中或相关文件中公布的地域性的犯罪统计信息、统计局以及中国社会科学院公布的犯罪信息如《中国统计年鉴》和《法治蓝皮书》等。① 信息公开是保障社会公众知情权的有效途径,知情权是宪法赋予的公民权利,人民有权知晓法律,也有权知晓法律的运行及其结果。人民通过公布的信息了解法律的内容及其运行过程和结果。"犯罪信息公开有利于公民在及时获取犯罪信息的前提下,采取有针对性的个人防范犯罪的措施。同时,可以借此引起社会舆论乃至决策部门对犯罪问题的关注,更好地动员和整合社会资源投入到打击、防范、控制犯罪的活动中来。此外,通过犯罪信息公开,还可以充分发挥媒体和公众的监督作用,增强刑事司法工作的透明度,遏制司法腐败与权力滥用现象,促进刑事司法效能的提高。"② 我们认为保障公民知情权,可以通过立法完善犯罪统计制度、明确犯罪统计的机构组织及其职责、明确犯罪统计的范围、制定犯罪统计的标准、加强犯罪统计的信息化建设、强化统计规范、建立积极开放有效的刑事司法信息发布制度等。

(六)完善公众参与刑事政策运行的专项立法

《中华人民共和国立法法》作为规范立法的总括性法律,已经对刑事立法作出了总体上的规范和指导,刑事政策体系中的公众参与还需要专项立法予以规范。首先,关于刑事政策的制定,目前还缺乏高位阶的法律予以规定,更多的散见于公检法司等部门发布的法律文件中,这影响了刑事政策的权威,对此,应当由全国人大或其常委会的立法作出规定,以确保

---

① 汪明亮:《公众参与型刑事政策》,北京大学出版社2013年版,第135-136页。
② 冯卫国,刘莉花:《论我国犯罪信息公开制度的构建》,载《河南公安高等专科学校学报》2007年第2期。

制度建设与创新：优化刑事政策运行的社会基础 **第五章**

刑事政策在我国刑事法律适用中的地位；其次，对于公安部、最高人民检察院、最高人民法院、司法部等部门发布的司法解释和法律文件，尤其是最高人民法院以外的部门发布的文件的属性和效力应当由人大立法予以规范，以确保其权威性；再次，在刑事政策的实施中，尤其是刑事审判中的人民参与，应当加强专门立法；最后，对于社区矫正、社区警务这些社会化程度较高且急需社会力量参与的领域，也应当出台专门的法律法规，以保障公众参与权的合法性、系统性和可操作性。

第三节　健全社会公众参与刑事政策运行的机制

一、公众参与机制的含义

（一）公众参与机制的概念

按照《当代汉语词典》的解释，机制是指有机体的构造、功能及其相互关系或指一个工作系统的组成或部分之间相互作用的过程和方式；机器的构造和工作原理。从社会学上来讲，机制是指：在正视事物各个部分的存在的前提下，协调各个部分之间的关系以更好地发挥作用的具体运行方式。对于公众参与的含义，在前面章节已有论述，并和社会参与、政治参与等概念做了比较分析，"公众参与"主要是指公众在公共事务的决策、管理、执行和监督过程中拥有知情权、话语权、行动权等参与性权利，能够自由地表达自己的立场、意见和建议，能够合法地采取旨在维护个人切身利益和社会公共利益的行动。[1]刑事政策中的公众参与机制指的就是在刑事政策的运行过程中，将公众参与作为一种基本的程序性规定或者将其作为一种手段解决具体的制定、执行和评估中的问题。刑事政策运行中公

---

[1]　戴雪梅：《和谐社会与公众参与问题研究》，载《求索》2006年第8期。

众参与机制的内涵主要包括以下几个方面：

第一，社会公众是刑事政策参与的主体。这里的社会公众既包括个体，也包括组织。随着社会主义现代化的发展，公众在社会事务中的作用日益重要，社会公众的主体地位日益巩固。经济、政治、文化、法制等方面的建设和发展都离不开社会公众的参与，它不仅符合民主的基本要求，也是现代化政治发展的重要形式。第二，社会公众拥有合法的参与权利，按照宪法规定，公众有权参与国家事务和社会事务的管理，社会公众参与到社会事务的决策、管理、执行和监督环节，是建立在法律赋予公民权利的基础上。公民参与机制的建立是在法律允许的范围内的，也是社会公众享有的正当权利。第三，社会公众参与的方式多样，社会公众参与是一个行使民主权利的过程，对于参与形式，在国家政府关于推进决策科学化、民主化进程的精神指导下，目前确立的公众参与的途径主要包括议（提）案式参与、公示及听证参与、咨询调研式参与、媒体式参与等，公众参与方式的多样化得益于社会生活的飞速发展，反过来，多样的参与方式又能促进刑事政策的科学运行。第四，参与范围广泛。刑事政策的运行过程从纵向上看包括了制定、执行和评估，从横向上看包括了总的刑事政策、基本的刑事政策和具体的刑事政策，从涉及的部门看包括了公安机关、检察院、法院、司法行政机关等，从具体的工作内容看包括了预防、打击、改造等，这种复杂性决定了刑事政策运行中社会参与的广泛性。第五，参与机制内部应当协调规范。社会公众参与的范围广泛，事项复杂，又涉及刑事政策这一专业性较强的领域，因此，公众的参与必须有序规范，按照整体与部分、系统与要素的关系可知，整体作用的最大化需要各个组成部分之间的协调，参与机制内部的各要素只有统筹协调才能达到刑事政策最理想的效果。

（二）公众参与机制的现实意义

公众参与刑事政策运行机制是对公众参与行为内在本质与规律的揭示，对于公众参与起着基础作用，是决定公众参与功效的核心问题。一方面，刑事政策的运行需要借助于刑事法律制度、程序以及机制，把其分化为联系密切的很多环节，再把这些环节进一步细化为社会公众的权利及义务，并使刑事政策能够在具体案件的办理中转化为社会现实；另一方面，作为宪法赋予的民主权利，公众的参与权必须借助于法律程序方能获得充分的保障与实现。公众参与刑事政策是否有效依赖于各种要素之间的相互联系、活动方式以及运行机理，这是由各要素根据一定结构而组成的有机整体。公众参与刑事政策运行机制是一种客观存在，一经形成，便会按照一定的规则自发影响和调节公众的参与行为。正是从此意义上讲，刑事政策运行机制决定了公众的参与行为和效果。

首先，公众参与刑事政策运行机制可以减少社会矛盾的产生。当前我国社会矛盾产生的原因，主要可以归结为以下几类：一是经济发展不平衡带来的利益分化；二是市场经济体制的影响；三是公民的主体意识有所增强；四是利益表达渠道的不畅通；五是有些政府工作人员的素质低下。[①]社会矛盾有可能成为违法犯罪案件的导火索，社会矛盾的减少就意味着犯罪诱因的减少，因此，可以针对上述五种产生社会矛盾的原因采取措施以减少社会矛盾的产生。公众的有效参与就是一种有力的措施。如果公众可以通过合理的渠道表达意见和诉求，并将其以合适的形式反映给政府部门，使政府能够及时掌握社会公众的诉求，那么很多问题在萌芽阶段就可以解决，从而减少社会矛盾的发生或者避免矛盾的升级。而如果社会公众缺乏意见沟通渠道，没有机会表达诉求，则这些矛盾的产生或升级就有了很大的可能性。一些恶性案件和群体性事件的发生，就是因为群众缺乏表达渠道，或者渠道没有制度性而导致地方政府忽视群众的这些正当诉求，致使矛盾不断升级。因此，公众在刑事政策运行机制方面的参与可以减少矛盾的产生。

---

① 郝丽：《社会矛盾化解视域下公民有序政治参与机制探析》，载《中国行政管理》2015年第10期。

其次，公众参与刑事政策运行机制可以防止社会矛盾的激化。从社会转型的角度而言，社会的分化会加剧社会阶层的产生，不同的阶层有着不同的利益，其间必然会存在冲突，这种冲突在一定时期是正常的现象。而且犯罪规律也在转型期，违法犯罪率会有一定的提高，这是社会机体自身的问题造成的。在尊重客观规律的基础上，我们需要做的就是将这些矛盾控制在一定的范围之内，将犯罪控制在可控范围，避免其激化和升级。当社会矛盾产生以后，如一些民事纠纷、经济纠纷、治安纠纷，应当给公众以参与的机会，在表达正当利益的同时防止矛盾激化。对于一些已发生的犯罪行为，也可以通过公民的参与，如刑事和解、社区矫正、被害人谅解等制度和措施，处理好这些案件，避免埋下隐患，出现案结事不了、被害人或被告人矛盾升级并制造更为恶劣的案件等问题。

再次，公众参与刑事政策运行机制有助于社会矛盾及时化解。国家在政治制度改革过程中，一直重视推进公众在政治领域和社会领域的参与，也非常重视在刑事政策领域以及其他法律领域化解社会矛盾，也总结出了很多有益的经验。这些经验表明，只有充分尊重和保护广大公众刑事政策运行中的社会参与，加强长效机制建设，通过参与机制保证公众的参与，使碎片化、随意性的参与转化为制度化、有序化的参与，才能有效地发挥公众在刑事政策参与机制化解社会矛盾中的重要作用，保护公民合法权益，维护社会治安秩序，并实现刑事司法的公平和正义，达成刑事政策的目标。

二、当前我国社会公众参与刑事政策运行机制存在的问题

从实践现状看，我国社会公众参与刑事政策运行机制取得了不少成就，如公众参与制度不断健全，包括组织（尤其是基层自治组织和其他社会组织）制度、程序制度、信息公开制度、信访制度和法律救济制度；公众参与的领域不断拓宽，既有法律制定、实施的参与也有犯罪预防的参与；参与的方式也在不断创新，尤其是在互联网技术的支持下，有投票表决、座

谈会、论证会、听证会、议案提案等。但是，我国社会公众参与刑事政策运行机制仍然存在需要反思和改进之处。

陈东、刘细发认为公众参与机制存在的困境包括几个方面：一是公众参与的信息不充分，信息发布存在内容不够完整准确、信息公开方式不恰当、信息公开无效果等问题；二是公众参与的广度和深度有限；三是公众参与的制度化程度较低；四是政府对公众参与的反馈滞后；五是对侵犯公众参与权利的行为监督乏力。① 申锦莲认为我国的社会参与机制存在社会组织发展相对滞后，社会组织自身素质存在不足、不能完全适应社会发展的需求，社会参与的制度环境有待改善，经费筹集困难等问题。② 这些观点基本可以涵盖参与机制普遍存在的问题，具体到刑事政策领域，我们认为存在以下不足。

第一，刑事政策运行中的公众参与缺乏保障机制。公众参与虽然是宪法赋予的公民权利，但是刑事政策领域属于一个相对特殊的领域，如果没有健全的法律制度规范，社会公众就不敢参与到这个可能涉及人身自由限制甚至剥夺的领域。而目前这种保障机制存在两个问题，一是既有的规章制度缺乏实践操作的可能性，即一些原则性、抽象化的规定比较多，而涉及具体参与程序、方法和权利、义务、责任方面的规定比较少，文件政策性的规定比较多，通过立法的规范比较少；二是即便有规章制度对公民参与的权利进行了保障，但缺乏落实和执行，基层在刑事政策领域对这些规定视而不见或者走过场，没有为公众的参与提供机会和便利。

第二，刑事政策运行中的公众参与缺乏激励机制。公众参与的专业化和职业化建设有利于保证参与效果，这其中，无论是专业化还是职业化都需要配套的激励机制。群众路线在计划经济体制下依靠政治动员和单位的利益束缚可以发挥其应有的作用，但在市场经济体制下，政治动员的效果

---

① 陈东、刘细发：《社会管理的公众参与机制及其路径优化》，载《湖南社会科学》2014年第3期。

② 申锦莲：《创新社会管理中的社会参与机制研究》，载《行政与法》2011年第12期。

大打折扣，如果没有激励机制，很难激发社会公众的参与意愿。目前，比较突出的问题有：一是由于职业化程度不足，合理的薪酬制度没有建立起来，对于参与刑事政策运行的各种社会力量而言，付出和收获不成比例，削弱了其参与意愿，社区矫正中优秀志愿者人才的流失就是例证；二是对于社区自发组织起来的有限力量，激励机制也缺乏，这主要包括两大类，一类是无偿的社会服务提供者，没有激励机制，仅仅依靠个别热心公益事业的人员很难保证参与效果；二类是政府或社区出资临时雇佣的人员，由于机制的缺乏，这类人的参与也很难保证系统性。

第三，刑事政策运行中的公众参与缺乏沟通机制。公众的参与意味着社会力量和国家力量的互动，这个互动的基础就是沟通，而目前沟通机制的缺乏，影响了有效的公众参与。这种缺乏包括公检法司等机关和社会公众的沟通，比较突出的问题包括：沟通渠道缺乏，法律工作的专业化使得从业者很容易产生排斥公众参与的想法，而且生活工作上的压力也增加了沟通成本，好在现在微博、微信公众号的推广为这种沟通开辟了一个新的渠道；互动机制缺乏，这主要指的是长期稳定的沟通方式，解决途径是可以通过联席会议或者微信群内定期议事的方式来解决，避免沟通的临时性、随意性。

第四，刑事政策运行中的公众参与缺乏信息公开和评价机制。我国政府在改进工作的过程中提出打造阳光政府、服务型政府，通过改善政府工作实现为人民服务的宗旨。信息公开制度、社情民意反映制度、重大决策民意调查制度、社会听证制度等制度的规定为社会公众的参与提供了便利的渠道，但是，真正的参与程度没有达到理想效果，表现在刑事政策方面的社会公众参与效果不明显。主要原因之一就是社会公众得到的信息不全面、不准确，信息沟通机制不到位，刑事政策的运行环节缺乏真正的社会参与，很多社会公众在参与刑事政策制定时，缺乏相关内容的了解和学习，政府与民众之间信息交流不到位，造成对政策制定的目的、方向了解不够准确，很难提出有价值的意见或者建议；在刑事政策执行环节，没有正确的方向指引，政府对民众的教育引导不够，民众对政策的理解不佳，再加上执行过程中方式方法的不合理、不科学，使刑事政策的执行难度加大；刑事政策的评估环节，是改善提高的关键环节，通常对刑事政策的改进起到关键作用，这个过程更加需要社会公众与政府之间形成高效的互动局面，一方面为了提高政府的工作水平，另一方面为了深刻地了解民意，有效的沟通机制能够避免矛盾的重复发生，降低工作难度，提高社会工作的服务质量。对刑事政策的评价的目的，在于随时掌握工作推进措施的效果和效用，也是保障社会公众知情权和监督权的重要手段。

第五，社会公众参与刑事政策运行的效果不明显。正是由于社会公众在刑事政策的运行中没有发挥出全部作用，从而造成刑事政策运行的效果不明显，浪费了社会资源。主要原因有以下几个方面：一是社会公众参与效率不高。社区居民自身参与积极性不高，社区工作者的工作方式方法存在缺点，政府对社区工作的领导和支持动力不足等因素不利于调动社区居民参与的积极性，难以达到理想效果。二是社会公众参与行为不够规范。当前社会公众参与的行为不够规范，不仅没有为刑事政策的运行带来积极作用，反而增加了其工作的难度。社会公众参与时没有规范统一的参与流程，参与时间和地点、参与人员和组织以及组织管理者等涉及相关工作的具体问题没有落到实处，导致社会公众的参与很多时候是无效的，并没有达到理想的参与效果。规范化的社会参与机制可以减少公众对刑事政策相关工作的理解和认同。三是参与缺乏科学性。没有规范化的机制建设，就很难形成正规化的参与程序，社会公众的参与需要科学化的制度保障和参与机制。例如，社会参与中存在自发的组织和机构形成专门的社会发展力量。保安服务业、私人侦探等组织机构在市场经济发展的浪潮中应时而起，但是缺少规范的管理和运营。我国目前尚未建立完善的保安行业规范，没有形成科学的管理模式，大部分组织机构的发展处于"灰色空间"，一方面可能接触到法律界限以外的服务内容，另一方面也存在因管理不到位而形成的"侥幸利益"。此外，社区矫正中的治保队伍和社区志愿者在工作中缺少理论知识或者实践经验，往往造成社区管理和服务的资源浪费、效率低下的情况。良好的社区建设需要关注工作环节中的每一个细节，在法律的规范下开展工作，保证每一项工作的效果的实现。

三、社会公众参与机制的健全

社会公众的参与主要是发挥社会力量参与刑事政策运行的过程。当前社会公众参与机制存在不足，制约了社会公众的参与效果，需要完善社会公众的参与机制，激发公众参与热情，实现刑事政策目标。

申锦莲认为可以从以下方面着手：构建多元化的社会管理主体，健全党委领导、政府负责、社会协同、公众参与的社会管理格局；创造良好的社会参与制度环境；开拓多样化的社会参与渠道；推进社会工作的专业化和职业化建设。[①] 程琥认为要加强党的领导、强化政府职责、推动社会协同和动员社会参与，其中，强化职责具体包括转变职能和完善民意调查制度、社会公示制度、听证制度、专家咨询制度、反馈会议制度等公民参与制度，推动社会协同包括了大力发展社会组织、推进社区建设、完善社会组织法治。[②]

（一）完善社会公众参与刑事政策制定机制

首先要从以下几个方面对公众参与刑事政策制定的制度进行完善，构建公众参与的制度体系。一是国家层面的公民间接参与，即人民代表大会和政治协商等国家政治制度，这种间接参与制度的落实和优化就需要加强人大代表和政协委员参政议政能力的提高和普通公众对这些人的影响力，以保证民众的意见能够被重视，民众的利益得以保护，同时对一些直接参与制度也有改进作用；二是要对公民直接参与制度进行完善，我国已经开

---

① 申锦莲：《创新社会管理中的社会参与机制研究》，载《行政与法》2011年第12期。
② 程琥：《公众参与社会管理机制研究》，载《行政法学研究》2012年第1期。

展了社情民意反映和反馈制度、重大决策民意调查制度、专家咨询制度、社会听证制度等制度的不同程度的政治实践。但是这些制度基本上都存在着应用范围不明确、程序不完善、对政府刚性约束不够等缺陷，克服这些缺陷成为直接参与制度完善的主要内容。除此之外，政府还应注重参与制度的创新，尤其是对重大事项的决策，应当设计和实践诸如公众投票、公众质询等制度，积极回应公众参与新要求，引导公众深层次参与，以适应社会转型中利益格局的新变化。同时，还要完善配套性制度，通过完善政务公开制度，努力消除政府和公众、弱势群体和强势群体之间的信息不对称，增强公众参与的针对性和实效性；通过完善行政制度，确定不同层级政府的职能结构和权力关系，为公众有区别地参与不同层级公共政策提供规范化的制度支持和良好的行政体制环境；通过完善社会组织制度，引导和鼓励民间组织的发展，规范社会团体的政治行为，为公众参与提供更为健康而丰富的组织载体支撑；通过完善公共政策制定社会监督制度、政策绩效公众评价制度以及政策决策程序和效果责任追究制度等，使公众参与成为政策决策错误纠偏的重要部分。

必须进一步强调的是，制度有效运行实现还离不开法律的支撑，由此，公众参与刑事政策制定的主体地位才能获得真正的落实。政策制定中，公众参与的缺位和虚位根本上是由于政府向社会分权不够，或者说决策权力被政府垄断造成的。虽然公民参与政府决策和管理是国家宪法保护的一项基本政治权利，但这种权利的实现却需要具体法律化程序的保证，如此才能使公民的主体地位获得有力支持并且能够有效地转化为一种实质性的权力。只有借助具体化的程序，才能发挥法律的刚性作用，才能使民众不仅获得进入权力场域的通行证，而且能进入权力运行关键环节，从而对公共政策决定产生不可忽视的影响。参与的法律化刚性落实应当贯穿于政策制定的全过程：政府任何政策议题的选择都应具有公众认可的法律程序，利益相关人能对政策问题进行意见表达，并具有与政府协商沟通的足够途径，保证政策议题和议程的确定来自社会自身的迫切需要，而不是政府主观臆断或自利的结果;在政策备案形成阶段,法律应当对参与人资格条件以确定、可采用的形式、程序以及法律效力作出明确规定,备选方案应当是多元的,参与人有权根据法律规定提交自己的政策方案;在政策最终决定阶段,政府应当在各方协商、竞争的基础上,按照政治、经济、社会、生态及操作等方面的可行性对政策方案进行评估、整合和选择,法律必须能够对政府决策权范围及使用条件、程序和责任作出明确规定。

(二)完善社会公众参与刑事政策执行的机制

为了发挥公共政策执行对利益协调的正向功能,限制公职人员对自由裁量权的滥用,并且引导和规范公众的参与,克服政策执行过程中公众参与的非制度化因素影响,减少公众与政府之间的分歧和冲突,必须优化公众参与的公共政策执行机制。这种优化应当主要从以下几个方面展开:

第一,推进政策执行公开。要进行广泛和深入公开公共政策具体的执行标准(包括自由裁量权运用的条件和范围)、具体执行人的身份、执行程序、执行例外的条件,已经执行的进展情况和结果等方面内容,重点完善申请公开机制,支持公众知情权的实现。这不仅有利于减少执行者和利益相关人之间可能产生的误解,有利于公众更好地监督政策的执行,而且有利于抑制信息不对称所带来的自利企图,以透明的方式挤压执行随意和权力滥用的空间。

第二,健全和拓宽公民参与公共政策执行的渠道,为执行人员与利益相关人之间的沟通、对话、协商提供平台和便利。除了要进一步完善诸如市长信箱、领导接待日、现场办公等已有的公众参与渠道外,还可以把政策制定方面的一些倾听民意、信息反馈的制度和程序,例如社会听证、民意调查、座谈会等进行改进并引入政策执行领域,促进政策执行过程中的官民互动。在官民互动机制建构中,尤其要重视发挥现代电子网络技术的民主作用,公共论坛、官方微博、在线交流等现代网络方式不仅能够使官民互动不再受时间和空间的限制,节省公众参与成本,而且能够摆脱官僚科层制条件下的层级限制，扩大参与的社会影响，甚至形成一种不可逆转的社会舆论，增加公众参与的效果。

第三，构建公共政策执行者和利益相关人之间的利益协调与整合机制。当公共政策执行过程中出现利益冲突时，官民之间的一般性沟通往往不能解决实际问题，这时就需要谈判机制发挥作用。当执行相关者意见分歧较大而无法达成一致时，就需要静下心来进行谈判，通过相互的让步和调适，寻求各方虽不太满意，但是又都能接受的政策执行方案。谈判并不需要各方有共同的目标，不要求每个人都赞同最终的结果，它只需要人们视彼此的反应而调整行动。谈判形成了一种和平的、可控的和建设性的博弈关系，是通过释放各种信息，表明可接受范围，相互妥协和让步，最终达成协议的过程，较之强制执行和暴力反抗都具有无法比拟的优势。谈判中，政府没有政治权力压制利益相关人的道义基础和高高在上的优越感，利益相关人也没有必要用非法手段威胁和对抗政府，双方之间形成了一种相对的对等关系，有利于削弱权力和权利不对称所带来的民众对政策执行的天然不信任。这种民主、平等、开放性的氛围不仅使双方愿意换位思考并容易相互谅解，而且达成的协议也具有很强的可接受性，从而提高了政策执行效率，降低了执行的社会成本。

第四，完善政策执行救济机制。虽然我们可以通过各种民主制度措施尽量实现公众对政策执行的参与，尽量减少公众利益和公共利益之间的冲突与矛盾，尽量争取公众对政策执行的理解和接受，但是，这些都无法改变公共政策执行具有强制性的特点，也无法彻底消除政策执行中执行人的人格化和自利动机的影响。只要有强制性，必然会形成对某些公民利益的强迫安排，只要由人来执行，都无法完全杜绝不公平性现象的出现，从而也不能完全消除公共政策执行中的利益冲突，不可能让每个人都感觉到政策执行结果的公正。这时，就需要权利救济机制作为公利益保护的最后屏障。在我国现实生活中，当公众认为自己利益受损时，一般不会把非正式制度途径作为其权益维护的首要选项，只有当他们投诉无门，各种正式救济机制收效甚微时才会不得已采取极端的参与手段。因为持续的无助会使公众的挫折感不断累积，久而久之就会形成对政府和社会的不满与怨恨，并引发各种社会冲突的发生以及社会不稳定因素的加剧。由此，应进一步完善行政诉讼、行政复议、信访等方面的制度，提高这些制度在利益矛盾解决和公众权益维护中的效率。

（三）完善社会公众参与刑事政策评估的机制

刑事政策的评估是刑事政策运行的最后一个环节，它不仅关系到正在运行的刑事政策的效果评价，还关系到刑事政策的持续完善。

第一，掌握刑事政策相关知识，了解刑事政策评估的技巧方法，为有效的评估提供基础。社会公众参与刑事政策运行的每一步都应当有相应的知识了解，盲目的参与不仅是对刑事政策运行的不负责，也是对自身利益维护的不负责。完善社会公众参与刑事政策的评估应当考虑到社会公众的文化素质，选择有能力参与评估的人针对相关问题进行讨论，提出意见和建议。

第二，拓展社会公众参与刑事政策评估的信息来源，构建公开透明的信息环境。在刑事政策的执行过程中，很多公众对于执行过程不关心、不理解，没有真实地参与到整个过程中，因此在评估时往往不能够全面、客观地评价，盲目地对刑事政策进行评估不能达到理想的效果，并且会阻碍有效评估，造成资源的浪费。所以，在机制设置中要给予社会公众充分的信息数据，让真实的信息为群众所知，避免无效信息的错误引导。此外，社会公众参与评估应当树立良好的观念，明确参与评估的重要性和严肃性，防止错误、无效的评估影响实际的效果。

第三，设计完备的监督制度，防止评估过程存在弄虚作假。社会公众的参与对于刑事政策工作不仅起到帮助作用，还有重要的监督作用。刑事政策的评估也是对相关工作的监督，除了对刑事政策工作人员的监督问责，还要有社会公众参与评估专家的问责制度。从制定到执行，是否存在责任推脱,是否取得优秀成果,对于取得成绩的可以有奖励,反之,可以有惩罚。

第四,促进公民参与评估的新途径,提高评估效率。当前社会发展极大地便利了我们的生活,生活观念和生活方式都发生了翻天覆地的变化,刑事政策评估中社会公众参与方式也应当有所创新,借助先进的通信设备,利用便捷的移动终端,开发社会公众参与评估的新方法。多元化的参与主体对于刑事政策的理解和把握存在差异,针对不同的对象适应不同的需求,改变陈旧落后的方式,强化评估的过程规范性,争取实现评估结果的最真实效果。

第五,弱化外部强制力的束缚,加强专业化和职业化的评估力量。要取得良好的评估效果,就必须要接受真实的评估意见。社会公众一般能够站在客观公正的角度去反映自己的想法,这一过程是保障民主权利实现的重要途径之一,必须要在制度建设上充分保障公众的权利。另外,要提高评估效率,可以借助专业化的人才技术和职业化的分析研判结果,注重评估结果的科学化。

第四节 刑事政策运行中社会参与的职业化和专业化建设

一、职业化和专业化的概念

刑事政策运行中的社会参与涉及社会力量参与犯罪治理、提供公共安全服务等问题,因此在某些方面和社会工作有类似与重合之处,加之学界对刑事政策运行中社会参与的研究相对较少,且不够系统深入,我们在此借鉴针对社会工作的研究方法和研究成果并将其迁移到刑事政策领域,以期加强对该领域社会参与状况的系统研究。

从词义上讲,"职业化"是指一种职业逐步形成并被社会认可的过程,具体可表现为一种兼职、免薪的志愿活动逐步发展成为一种专职、受薪的工作；而"专业化"则指某一职业专业程度变化的过程，即该职业在由非专业、半专业到完全专业的连续体中改变位置的过程。①因此，"职业化"和"专业化"是两个完全不同的概念。犯罪治理、治安治理和刑事政策领域中也经常使用这两个概念来探讨参与主体的专业化与职业化问题，如警察的专业化建设和保安的职业化建设。在探讨相关问题时，由于对职业化和专业化存在理解上的偏差而混淆这两个概念，并在使用时不加区分。

对于职业化概念，王思斌认为职业化是指某种劳动岗位变为社会所承认的职业并形成体系的过程，当前我国存在实际社会工作和专业社会工作两种性质的社会工作，因此也就存在两种类型的社会工作职业化，即实际社会工作者的身份转换型职业化与社会工作毕业生的专业支持型职业化。②孙莹对于职业化和专业化的理解是职业化在发展轨迹上可以划分为两种类型，即职业的专业化和专业的职业化。前者强调在职工作人员的培养问题，即为职业领域未经专业训练的社会工作者提供各种短期培训，使之从"半专业化"逐步走向"专业化"；而后者侧重于专业人才嵌入既有社会服务体系的问题，主要是指受过专业训练的社会工作者能够顺利进入实务领域，将社会工作的理念、知识与方法带入职业领域。③尹保华认为职业化与专业化之间既互相联系又互相区别，前者是指社会工作或社会服务作为社会分工体系中的一个组成部分存在并得到发展的问题，后者指的是从事社会工作的人是否具备专业素质，持守专业理念、运用专业方法进行服务的问题。从这种意义上讲，社会工作职业化是专业化的基础。④上述观点具体到诸如犯罪控制、社区矫正这些社会力量广泛参与的刑事政策领域，就是对于参与者，一方面要加强其职业化，将这些专门岗位在社会分工中变成

---

① 唐斌：《中国社会工作职业化研究：现状、特点及反思》，载《学习与实践》2014年第10期。
② 王思斌：《体制转变中社会工作的职业化进程》，载《北京科技大学（社会科学版）》2006年第1期。
③ 孙莹：《社会工作职业发展的基本要素分析》，载王思斌主编：《社会工作专业化及本土化实践》，社会科学文献出版社2006年版，第247-248页。
④ 尹保华：《社会工作职业化概念解读》，载《社会工作》2008年第4期（下半月）。

一种职业以保证其工作效果和可持续发展，同时给从业者以应有的待遇；另一方面要加强其专业化，刑事领域的工作和其他领域相比专业性更强，而且涉及国家刑事权力的行使，对于参与其中的社会力量在素质和能力上有很高的要求，因此，需要加强该领域社会参与者的专业理念和素质，以保证其有能力参与刑事政策的运行。

刑事领域中的社会参与是在国家和社会相对分离的过程中，为了弥补国家力量的不足而出现的。比如在社区矫正中，需要社会力量广泛而深入的参与，但当前社会力量的参与程度远远不够且相当零散，为了达到矫正罪犯的目的，就必须加强社会参与的专业化和职业化。与国外相比较，我国社会参与的职业化和专业化尚处于起步阶段，且行政化倾向比较明显，缺乏职业化和专业化。这种状况和计划经济体制下国家与社会的高度统一有直接关系，在全能型政府的框架下，社会力量缺乏参与的空间和必要性。改革开放后，国家对社会统摄作用的相对弱化给了社会参与以可能性，社会力量开始广泛参与到各个领域，包括刑事领域。当刑事政策领域的社会参与不是义务，也不是行政命令主导下的政治任务时，由专门人员采用专业化的方法参与到刑事政策运行中就成为提供效率的有效手段，社会参与也就走上了职业化和专业化的道路。我们所认为的社会参与的职业化，在刑事政策运行中表现突出且仍在进一步深化的领域有两个，一是在犯罪预防中占据重要地位的保安队伍，二是在社区矫正中占比重较大的志愿者或社工队伍，这两个领域的社会参与是在满足安全防范差别需求以及社区矫正工作需要的基础上被社会认定为是一种专门的职业领域并获得专业化发展的过程。

首先，职业化要满足人类需要的特定功能并不断得到社会的认可。在刑事政策的价值体系中，秩序和安全是国家与社会的共同目标，也是社会公众的基本需求，而这种需求所处的层次要比人们的温饱需求所处的层次高，那么安全产品的提供按照分工就是一种更为高级的分工，也就需要专门的知识和技能、特定的服务对象、共同的工作标准，且在社会发展过程中，在满足人类需要和社会分工体系中具有不可替代的作用,这种社会服务已经逐渐被社会认可且得到了发展,开始了职业化过程,警察就是这种职业化的产物,只是由于政府供给的有限性,仅仅依靠警察无法提供足够的公共安全产品,因此,才会有保安这种职业化社会力量的出现。

其次,职业化是一个能够通过相关职业人群,发挥其专业功能、达成其专业目标、实现其专业理念和价值的过程。职业化和专业化紧密相关,职业化指的是某一职业越来越由具备专业知识和技能的人从事并按照专业要求为社会服务的过程。刑事领域的社会参与工作具有特定的恢复功能、预防功能和发展功能,也具有特定的专业目标和价值追求,即通过提供社会服务维护社会秩序、预防违法犯罪行为的发生、帮助服刑人员回归社会并最终实现刑事司法的公平正义。

再次,职业化是从业者的利益逐渐被确认并获得市场保护的过程。从职业发展的角度来说,某种职业的专业化是与职业共同体对提高自己的职业服务活动、维护职业共同体的利益相联系的。对于政府来说,强调某一职业的专业化意味着为该职业制定标准,要求它提供符合标准的服务,同时也意味着对该职业给予一定的市场保护。专业化要求有一定的入职标准,要求从事该职业者遵守职业规则,并对该类从业者实施专业评估或监督,这种评估和监督有的是自律性的,有的是外部强制性的,显然,专业化的监督是一种控制行为,但是,它也同时赋予被监督者以权利,因为专业标准可以发挥专业排他性的功能,这有利于专业团体在市场中的自我保护。[①]

所以,从职业化与专业化关系的角度分析,刑事政策领域社会参与的职业化与专业化既互相联系又互相区别。职业化指的是刑事领域中的社会参与工作可以成为社会分工的构成部分而得以存在和发展;专业化指的是参与刑事领域的社会个体具备专业理念和素质、拥有专业知识和技能并将其充分运用以提供社会服务。职业化是专业化的基础,当刑事政策中的社

---

① 尹保华:《社会工作职业化概念解读》,载《社会工作》2008年第4期(下半月)。

会参与工作还没有成为一种职业时,其专业化就无从谈起。但刑事政策领域中社会参与的职业化并不一定促进专业化,如治安防范中常见的问题是普通公众也被认为可以参与其中而不需要专门的训练和技巧,因此,职业化的保安队伍虽然已逐步建立,但其专业性远远落后于实际的需要。因此,刑事政策领域中的某些社会工作首先需要职业化,确立自己的价值功能和标准,以此为基础,再对参与成员进行专业化培训,提高其专业化程度。比如,无论是在治安防范领域还是在社区矫正领域,都应当先进行职业化建设,建立规范化的保安队伍和社区矫正志愿者队伍以满足社会服务的基本需求,然后在提供服务的过程中不断积累经验,通过各种方法和措施推进专业化建设。

二、职业化和专业化面临的困境

我们在前面梳理了刑事政策制定、执行和评估三个阶段的社会参与现状,无论是在犯罪预防、刑事审判还是最终的刑罚执行领域,社会力量的参与随处可见,也取得了很好的效果,而且这种做法和群众路线的内涵相吻合,国家一直非常重视社会力量的参与作用,《中共中央关于构建社会主义和谐社会若干重大问题的决定》提出要"建立健全以培养、评价、使用、激励为主要内容的政策措施和制度保障,确定职业规范和从业标准,加强专业培训,提高社会工作人员职业素质和专业水平。制定人才培养规划,加快高等院校社会工作人才培养体系建设,抓紧培养大批社会工作急需的各类专门人才。充实公共服务和社会管理部门,配备社会工作专门人员,完善社会工作岗位设置,通过多种渠道吸纳社会工作人才,提高专业化社会服务水平。"2016年10月,司法部、中央综治办、民政部、财政部联合制定印发《关于社会组织参与帮教刑满释放人员工作的意见》,指出要通过组织引导、政策支持和组织落实等途径贯彻党的十八届四中全会提出的要求,即建立健全社会组织参与帮教特殊人群的机制和制度,鼓励、

刑事政策运行的社会基础研究

引导和支持社会组织参与帮教工作,促进社会团体、民办非企业单位、基金会、社会中介组织以及城乡社区社会组织,参与对刑满释放人员的教育帮扶,帮助他们解决生活工作学习中遇到的困难、问题,促进刑满释放人员顺利融入社会。

国家对社会参与的重视,使得刑事政策运行中的社会参与工作取得了明显的成效,无论是在犯罪预防领域还是社区矫正领域,社会力量,尤其是社会组织发挥了重要的作用,但是从目前的实际需求看,仍有很大的差距,尤其需要加强社会参与的专业化和职业化建设。有学者认为,社会参与活动职业化不足表现在几个方面:研究者缺乏职业经验,研究成果脱离社会实际;没有建立健全的职业规范体系;社会工作的职业地位尚不确定,社会地位不高、社会工作职业教育缺乏职业性。专业化建设不足的表现包括:我国的社会工作专业教育还不成熟,专业地位不稳固;社会工作学者队伍不容乐观,其知识结构不合理,专业危机意识淡薄;一线社会工作从业人员缺乏专业教育和训练、专业技能差;专业理论与国情不符,专业操作无规范可循。①上述观点虽然针对的是社会工作的职业化和专业化,但刑事政策领域中的社会参与从类属上看也是社会工作和社会服务的组成部分,因此,这些观点具有重要的参考价值,比如当前社区矫正实践工作中面临的一个重大难题就是队伍建设困境,也就是如何实现志愿者或者社工的职业化和专业化,在解决其职业身份和职业规划的同时提高其专业能力,以满足社区矫正工作的需要、保证社区矫正工作的效果。有学者对社会工作职业化的制约因素进行了分析,认为包括五个方面:一是社会认同度不高,存在两种误解,即社会工作不需要专门训练和社会工作可以兼职;二是专业服务组织发展不足。不少国家规定,除了法定的核心社会服务由政府直接提供外,绝大部分社会服务由民间机构提供。目前,我国民间组织

---

① 王辅贤、王启智:《试论我国社会工作的专业化、职业化和社会化》,载《转型期的中国社会工作——中国社会工作教育协会 2001 年学会论文集》,华东理工大学出版社 2003 年版,第 36-38 页。

不仅数量规模远不能满足需要,而且社会上对于民间组织作用的认识不够,民间组织自身不够壮大、影响力不足,有的民间组织自立、创新意识不强,有的不太规范;三是社会工作岗位设置尚不明确,职业制度尚不健全;四是高校社会工作人才培养与职业资格缺乏有效衔接;五是社会工作职业化的本土策略尚待探索。① 对于社区矫正中的社会参与问题,有人认为:在建立专业化的社区矫正执法队伍的同时,各省市自治区也需要根据本地的具体情况和条件,适当招聘一部分非执法人员参与社区矫正的工作。2014年12月,司法部等六部门联合出台《关于组织社会力量参与社区矫正工作的意见》,明确要"切实加强社区矫正志愿者队伍建设以及进一步加强矫正小组建设"。志愿者在社区矫正中的作用毋庸置疑,其存在的问题具有普遍性:退体人员参与多、社会环境的培养不足、认识上的偏差、志愿者的活动因经费紧张而受到一定的影响、各项规则制定不规范、安置帮教内容较窄。②

无论是犯罪预防中的社会参与还是刑罚执行中的社会参与,均证明我国刑事政策领域中社会与国家的互动取得了良好的效果,但从实践来看,碎片化、随意化的倾向比较明显,而制度化、规范化的操作相对较少,尤其是社会参与的专业化和职业化还存在很大的不足,我们认为主要有以下几个方面:

第一,行政化的倾向比较严重。国家和社会的对立统一意味着各自有各自的空间而不能相互取代,但在体制转型的过程中,政府仍然过多地介入了社会参与的领域,政府多度主导的色彩比较浓厚,主要原因有二,一是体制改革过程中,基层政权如街道办和乡镇政府基于路径依赖与部门利益等原因,习惯并热衷于插手社会服务领域,包揽本应由社会提供或承担的事务;二是刑事政策的运行是一个特殊的领域,涉及对行为人的定罪量

---

① 李迎生:《我国社会工作职业化的推进策略》,载《社会科学研究》2008年第5期。
② 武玉红:《我国社区矫正队伍专业化建设探究》,载《北京联合大学学报(人文社会科学版)》,2016年第3期。

刑和刑罚执行，是权力体系相对集中的领域，基于统治的需要和部门利益的维护，地方政府对这些领域的社会参与一直保持着警惕。但这种"政社不分"的现象客观上阻碍了刑事政策领域社会参与的职业化和专业化。

第二，各类社会组织的职业化和专业化程度不足。改革开放以后，受新公共管理理论的影响，我国各级政府开始转变管理理念，开始简政放权，还权于民，把不该管、管不好的事项交还给社会，这对社会力量包括各类社会组织的发展起到了极大的促进作用。例如，在环保、养老、慈善、教育以及社区服务等领域出现了大量的社会组织，有效地弥补了政府效率的不足。在刑事领域，市场化的保安服务企业和自治化的治安组织以及志愿者协会等社会组织也开始出现，这些组织在法律的授权下积极参与到刑事政策的运行中，起到了重要的作用，但目前仍然不能充分满足社会的需要，而且从运行方式看，经验性、行政命令式的做法较多，许多社工人员和管理人员未受过专门训练，不具备专业知识和技能，其能力、水平无法达到工作的要求。而且，像保安公司这样的企业化组织又因过于注重盈利目的而导致队伍素质参差不齐，缺乏专业化、职业化和规范化。

第三，对刑事政策领域的社会参与认同度不够。从整个社会服务领域看，无论是地方政府还是社会公众，对社会工作的认同度都比较低，对于社会工作科学合理的评价体系尚未建立起来，高素质的人才从事社会工作的积极性较低。虽然国家从战略层面对社会工作建设提出了规划和要求，但由于发展时间短、体制机制尚不完善等因素，人们的观念始终未转变过来，对社会工作者的地位和作用认识还不够。从刑事领域看，由于参与的是预防打击治理犯罪的工作，参与人员更多的是以临时工的身份出现起着补充的作用，其专业化程度不够，对这些人员也缺乏长远的职业规划，这种社会认同度上的差距必然会抑制社会参与的职业化和专业化建设。

第四，相关领域如社区矫正缺乏专业技术职务的岗位设置。国外的社会工作有一百多年的历史，社会力量参与社会服务的领域非常广泛，尤其是在和社会公众利益休戚相关的安全、环保、社会矛盾化解等领域。我国香港地区的社会工作也发展得非常成熟，不仅在民政、福利、医疗康复等行业或学校、社区都设置了社会工作专业岗位，司法部门也是如此，如某些监狱的职业社会工作者占全部管教人员的比例也很高。相对而言，我国在人事制度上还没有设置专业的社会工作岗位，也未配备专业技术职务。在刑事司法领域，工作的专业性比较强，如果没有专业职务序列和明确的岗位设置，很多工作无法开展。

三、职业化和专业化建设的途径

针对职业化和专业化建设问题，学者们也做了相当深入的探讨。赵君从宏观、中观、微观三个层面提出了建议，认为宏观上需要加强政府主导，促进运行机制建设；中观上要加强机构建设和组织建设，具体可从两个方面着手进行：一是全面推动传统机构的专业化改革，二是大力扶持民间组织的发展；微观上要健全社会工作参与人员的培养体系、激励机制和评价体系，打造一支政治素质过硬、业务能力强、专业水准一流的专业化、职业化队伍。① 尹保华认为应当从完善立法和规章制度、重视政府主导作用、发挥民间推动力量、端正对职业化长期和渐进发展的认识及通过专业教育建构高素质人才队伍等方面着手推进职业化和专业化建设。② 叶兴华认为中国社会工作职业化应从资格认定、职业岗位、薪酬体系、培训制度和管理机构等方面入手。③ 如上所述，这些学者对整体社会工作职业化和专业化建设的建议对于刑事政策运行中的社会参与同样适用。例如，对于刑罚执行中的社区矫正专业化建设问题，有学者也提出了和上述观点类似的建议，认为社区矫正工作者在开展工作时对于不同的矫正对象和当时情景应

---

① 赵君：《和谐社会建设中社会工作专业化、职业化的功能分析》，载《河南社会科学》2009年第5期。
② 尹保华：《社会工作职业化概念解读》，载《社会工作》2008年第4期（下半月）。
③ 叶兴华：《社会工作职业化专业化过程中的政策选择》，载《华东理工大学学报（社会科学版）》2003年第3期。

该如何更好地帮助矫正对象需要准确的判断和丰富的经验。"同时，在具体的实践中，社区矫正工作者要注重工作言语和谈话语气、态度转变中向矫正对象传达社会工作的专业价值观，在具体的工作中实践好专业理念。探索成立独立的社会工作机构，由政府出资购买该服务项目，机构派专业的社会工作者到社区具体实施项目。服务项目的计划方案和评估由专门的社会工作人员做"、"在社区矫正中开展各种专业方法的前提是在收集并分析各种资料的基础上对矫正对象的问题进行诊断，并对问题进行研究，设计矫正方案，实施社区矫正。这一过程中，矫正方法是否专业便成为决定社区矫正能否成功的关键"、"作为一种宏观层面的社区矫正方法，通过社区分析、建立关系、资料收集、制定社区发展计划、社区行动、社区工作成效评估六个步骤，这样一个结构化的操作实施过程，能够有效地整合社会资源和社区资源，为矫正对象营造一个全方位、多层面的矫正工作格局"。[①] 从这部分对社区矫正专业化建设的建议，我们可以发现，作为社会工作总系统中的一部分，刑事政策领域的社会参与的职业化专业化建设可以从社会工作专业化职业化建设中吸取宝贵的经验。

第一，提高对刑事政策领域社会参与的专业化和职业化的认同感。解决社会认同感不足的问题，可以借助诸如社区警务活动、社区矫正相关法律法规的出台等契机，通过媒体尤其是互联网时代下的新媒体，向社会宣传普及相关知识，强化政府主管部门、社会公众和社区各类组织对社会参与工作的认同感，使其明白在刑事政策领域的社会参与过程中，仅仅依靠政治动员、热情奉献不可能保证参与效果。一方面，诸如社区警务、社区矫正、犯罪预防等工作需要专业化的知识和技能，对于参与者的能力和素质都有一定的要求，普通人碎片化的参与不仅无法保证效果，甚至可能出现事与愿违的结果。另一方面，这类专业化的工作并非一朝一夕的事，而

---

① 周爱萍，孔海娥：《社区矫正专业化的现实困境与路径选择》，载《中南民族大学学报》（人文社会科学版），2013年第1期。

需要长期的、稳定的、系统的参与,部分工作可以由社区公众自发参与,但有些工作则需要通过职业化建设,由专门的队伍如辅警、社区矫正志愿者、监狱工作中的志愿者等来完成。

第二,明确刑事政策领域部分社会参与者的岗位设置。刑事政策领域的工作具有特殊性,如所涉事项大多是违法犯罪案件、对象可能是违法犯罪人员、工作内容专业性强等,因此,需要由政府组织专家学者结合工作实践以及国外的相关经验,对刑事政策的运行过程进行梳理,看哪些环节社会力量不能介入、哪些环节需要社会参与,如果需要社会参与,那么需要设置多少岗位、具体的岗位需要什么样的要求和资质,从整体上对刑事政策领域中社会工作的岗位设置进行规范化建设。结合我国实践和国外做法来看,可以根据情况设置工作岗位的领域包括社区警务、犯罪预防、社区矫正、狱内矫正等。

第三,健全社区矫正等领域社会工作者的职业制度体系。在上述可以设置社会工作岗位的领域,应当在政府主导下,尽快建立健全职业制度体系,特别是职业资格认定制度、职务晋升制度、绩效考核制度、薪酬福利制度、培训制度等的建立与完善。在职业资格方面,政府主管部门应当明确岗位的入职要求,是否受过专业教育和训练并获得相应文凭或证书应当成为入职的基本资格。更高层次的要求是受过专业教育的工作者通过执业资格考试方能成为注册社工或取得从业执照。对政府部门内部的一些涉及社会管理的岗位,也应对从业人员的专业提出必要的要求。在公务员招考时,可规定社会工作专业毕业生优先的条件。从其他专业进入此类岗位,要进行一定的社会工作专业培训。[①] 在刑事政策领域,可以推进职业制度体系建设的从业人员主要包括以下几类:一是辅警队伍,在当前警力不足和财政面临压力的情况下,推进辅警队伍的职业化建设可以满足打击违法犯罪、维护社会治安秩序的要求,我国在深化公安改革的战略方案里专门

---

① 李迎生:《我国社会工作职业化的推进策略》,载《社会科学研究》2008年第5期。

提出要加强辅警队伍的建设，其内容就包括了职业制度体系的建立；二是保安队伍，我国的保安制度也进行了深入的改革，目前，其职业化、规范化已经基本完成，对此应当进一步予以完善，严格职业准入资格制度，并进一步完善职称职务晋升和其他配套制度；三是社区矫正中的社工和志愿者队伍，社区矫正对社会服务的需求更专业也更迫切，从基层司法现状看，人员紧缺是目前普遍的难题，在充分吸纳社会力量的同时，应当加强这支队伍的职业制度体系。

第四，加快刑事政策领域各社会组织的发展速度。在刑事领域，权力的运用往往意味着对公民人身自由的限制和剥夺，因此，国家法律通过分权和程序设计对权力的行使进行了规范。刑事领域的特殊性直接限制了该领域的社会参与形式和程度，即并非所有环节和阶段都可以引入社会力量，且参与的形式只能是社会服务而不能涉及权力的使用。刑事政策领域的社会参与是转型期政府管理职能转变的结果，即由原来的政府垄断管理转向政府出资购买社会服务的方式，这种市场化运作比较有成效的领域包括了保安服务组织和与之关系密切的辅警组织。此外，在2003年开始的社区矫正的六个试点城市中，北京和上海在实施细节上虽有不同，但都采用了政府出资、社会提供的方式推进社区矫正工作。客观上讲，政府管理体制的改革促进了社会服务的长足发展，但这种转型需要较长时间的积累，目前，刑事政策领域的社会组织发展还比较缓慢，规模、力量都还十分薄弱。从推进职业化、专业化的需要出发，必须加快此类社会组织的发展。

第五，加强刑事司法专业人才培养和相关领域职业准入资格制度的建设。经过几十年的发展，我国的法学教育体系已经非常健全，在本科、硕士到博士不同阶段的人才培养都取得了很大的成就，为我国的法律实务部门提供了大量优秀的人才。从专业化的角度看，刑事司法实践有其特殊之处，因此，应当考虑针对其中的某些环节，如刑罚的执行，开设一些专门的专业，专门服务于社区矫正、行为人心理矫治、服刑人员的社会帮扶等。此外，针对刑事领域的社会参与工作特点，可以仿照法律职业资格考试制度，针对刑罚执行领域，尤其是社区矫正中社会参与人员的从业资格制定考试制度，将大学的人才培养和职业的准入资格衔接起来，避免学而不用、用非所学的现象出现，推进专业化和职业化建设。

第六，注重对犯罪控制和社区矫正既有社区参与力量的吸收与转化。在我国，在基层社会的秩序形成中，社会力量一直发挥着最重要的作用，且实践中各地积累了宝贵而丰富的经验，如治安治理中的自治组织的建立、社区矫正中的社区志愿者队伍的建设，以及政府通过出资吸纳部分低收入者参与治安秩序的维护等，这些犯罪治理中的各种地方创新为刑事政策的运行提供了重要的社会力量。对于这些人员，可以在经过必要的专业培训之后，使其继续从事相关职业，开展原有工作，在节约资源的同时推进刑事政策领域社会参与的职业化和专业化建设。

参考文献

一、著作

[1] 杨春洗. 刑事政策论[M]. 北京：北京大学出版社，1994.

[2] 王牧. 犯罪学[M]. 长春：吉林大学出版社，1992.

[3] 何秉松. 刑事政策学[M]. 北京：群众出版社，2002.

[4] 张远煌. 现代犯罪学的基本问题[M]. 北京：中国检察出版社，1998.

[5] 杨春洗，高铭暄，马克昌，余叔通. 刑法学大辞书[M]. 南京：南京大学出版社，1990.

[6] 肖扬. 中国刑事政策和策略问题[M]. 北京：法律出版社，1996.

[7] 李成智. 公共政策[M]. 北京：团结出版社，2000.

[8] 邓小平. 邓小平文选（第3卷）[M]. 北京：人民出版社，1993.

[9] 王传宏，李燕凌. 公共政策行为[M]. 北京：中国国际广播出版社，2002.

[10] 郑传坤. 公共政策学[M]. 北京：法律出版社，2001.

[11] 叶海平，李冬妮. 社会政策与法规[M]. 上海：华东理工大学出版

社，2001.

［12］卢建平. 刑事政策与刑法［M］. 北京：中国人民公安大学出版社，2004.

［13］刘仁文. 刑事政策初步［M］. 北京：中国人民公安大学出版社，2004.

［14］曲新久. 刑事政策的权力分析［M］. 北京：中国政法大学出版社，2002.

［15］曲新久. 刑法的精神与范畴［M］. 北京：中国政法大学出版社，2000.

［16］马克昌. 中国刑事政策学［M］. 武汉：武汉大学出版社，1992.

［17］刘斌，王春福. 政策科学研究［M］. 北京：人民出版社，2000.

［18］张福森. 社会主义法治理论读本［M］. 北京：人民出版社，2002.

［19］张国庆. 现代公共政策导论［M］. 北京：北京大学出版社，2000.

［20］林水波，张世贤. 公共政策［M］. 台中：五南图书出版公司，1984.

［21］沈承刚. 政策学［M］. 北京：北京经济学院出版社，1996.

［22］陈庆云. 公共政策分析［M］. 北京：中国经济出版社，1996.

［23］严励. 中国刑事政策的建构理性［M］. 北京：中国政法大学出版社，2010.

［24］严励. 中国刑事政策原理［M］. 北京：法律出版社，2011.

［25］赵秉志. 新千年刑法热点问题研究与适用［M］. 北京：中国检察出版社，2001.

［26］杜赞奇. 文化、权力和国家——1900—1942年的华北农村［M］. 南京：江苏人民出版社，2003.

［27］王立胜. 中国农村现代化社会基础研究［M］. 北京：人民出版社，2009.

［28］葛兰西. 狱中杂记［M］. 北京：人民出版社，1987.

[29] 杜赞奇. 中国近代史上的国家与公民社会[M]//汪熙,魏斐德,主编. 中国现代化问题. 上海:复旦大学出版社,1994.

[30] 卢建平. 刑事政策学[M]. 北京:中国人民大学出版社,2013.

[31] 汪熙,魏斐德. 中国现代化问题[M]. 上海:复旦大学出版社,1994.

[32] 汪明亮. 公众参与型刑事政策[M]. 北京:北京大学出版社,2013.

[33] 袁荃. 社会研究方法[M]. 武汉:湖北科学技术出版社,2012.

[34] 刘伯龙,竺乾威. 当代中国公共政策[M]. 上海:复旦大学出版社,2000.

[35] 朱德米. 公共政策制定与公民参与研究[M]. 北京:同济大学出版社,2014.

[36] 关玲永. 我国城市治理中公民参与研究[M]. 长春:吉林大学出版社,2010.

[37] 莫晓宇. 刑事政策体系中的民间社会[M]. 成都:四川大学出版社,2010.

[38] 高民权,孙岩. 刑法知识简明读本[M]. 北京:中国民主法制出版社,,2012.

[39] 虞浔,潘国华. 刑事司法改革制度创新研究[M]. 长春:吉林大学出版社,2012.

[40] 袁登明. 行刑社会化研究[M]. 北京:中国人民公安大学出版社,2005.

[41] 陈志海. 刑理论的多维探究[M]. 北京:北京大学出版社,2008.

[42] 谢德民. 我国社区矫正中的社会参与力量研究[M]. 长春:吉林大学出版社,2013.

[43] 沈建松. 论大众传媒与青少年价值观教育[M]. 郑州:河南大学出版社,2009.

[44] 许福生. 刑事政策学[M]. 北京：中国民主法制出版社，2006.

[45] 张飞飞. 论刑法的公众认同[M]. 重庆：西南政法大学出版社，2014.

[46] 王大伟. 英美警察科学[M]. 北京：中国人民公安大学出版社，1995.

[47] 杨一海，葛志山，刘知音. 社区警务[M]. 北京：中国人民公安大学出版社，2005.

[48] 杨文旭. 中国社区警务建设研究[M]. 上海：复旦大学出版社，2007.

[49] 王东亮. 社区警务建设研究：以苏州为例[M]. 北京：苏州大学出版社，2014.

[50] 周媛. 现阶段我国社区警务建设初探[M]. 济南：山东大学出版社，2009.

[51] 熊一新，王太久. 最新社区警务工作指南[M]. 北京：群众出版社，2003.

[52] 贾春增. 外国社会学史[M]. 北京：中国人民大学出版社，2000.

[53] 季卫东. 宪政新论——全球化时代的法与社会变迁[M]. 北京：北京大学出版社，2005.

[54] 黄宗智. 华北的小农经济与社会变迁[M]. 北京：中华书局出版社，2000.

[55] 贺雪峰. 乡村治理的社会基础——转型期乡村社会性质研究[M]. 北京：中国社会科学出版社，2003.

[56] 折晓叶. 村庄的再造——一个超级村庄的社会变迁[M]. 北京：中国社会科学出版社，2003.

[57] 毛丹. 一个村落共同体的变迁——关于尖山下村的单位化的观察与解释[M]. 北京：学林出版社，2000.

[58] 费孝通. 中国绅士[M]. 北京：中国社会科学出版社，2006.

[59] 王名. 社会组织论纲[M]. 北京：社会科学文献出版社，2013.

[60] 卢建平. 刑事政策与刑法变革[M]. 北京：中国人民公安大学出版社，2011.

[61] [法]米海依尔·戴尔马斯—马蒂. 刑事政策的主要体系[M]. 卢建平，译. 北京：法律出版社，2000.

[62] [英]洛克. 政府论（下册）[M]. 叶启芳，译. 北京：商务印书馆1964.

[63] [德]黑格尔. 法哲学原理[M]. 贺麟，译. 北京：商务印书馆1995.

[64] [德]齐美尔. 货币哲学[M]. 陈戎女，等译. 北京：华夏出版社，2002.

[65] [德]弗兰茨·冯·李斯特. 德国刑法教科书术[M]. 徐久生，译. 北京：法律出版社，2000.

[66] [法]埃米尔·涂尔干. 社会分工论[M]. 渠东，译. 北京：生活·读书·新知三联书店，2000.

[67] [美]费正清. 美国与中国[M]. 北京：世界知识出版社，2000.

[68] [美]帕特南. 使民主运转起来[M]. 王列，赖海榕，译. 南昌：江西人民出版社，2001.

[69] 孙莹. 社会工作职业发展的基本要素分析[M]//王思斌，主编. 社会工作专业化及本土化实践. 北京：社会工作文献出版社，2006.

[70] 胡位钧. 中国基层社会的形成与政治整合的现代性变迁[M]//复旦政治学评论（第2辑）. 上海：上海辞书出版社，2003.

[71] 林尚立. 集权与分权：党、国家与社会权力关系及其变化[M]//复旦政治学评论（第1辑）. 上海：上海辞书出版社，2002.

[72] 刘少杰. 新形势下中国城市社区建设的边缘化问题[M]//陆学艺，主编. 中国社会建设与社会管理：对话·争鸣. 北京：社会科学文献出版社，2011.

[73] 王辅贤，王启智．试论我国社会工作的专业化、职业化和社会化［C］//转型期的中国社会工作——中国社会工作教育协会2001年学会论文集．上海：华东理工大学出版社，2003．

二、论文

[1] 王学沛．刑事政策学刍议［J］．法学季刊，1987（4）．

[2] 甘雨沛．我国刑法学科学体系中的刑事政策学［J］．社会科学战线，1987（1）．

[3] 陈兴良．刑事政策视野中的刑罚结构调整［J］．法学研究，1998（6）．

[4] 周振想．论刑事政策［J］．中国人民大学学报，1990（1）．

[5] 汪明亮．基于社会资本解释范式的刑事政策研究［J］．中国法学，2009（1）．

[6] 郭理蓉．和谐社会的刑事政策与公民参与［J］．北京师范大学学报（社会科学版），2011（1）．

[7] 王立胜．论中国农村现代化的社会基础——一个分析框架［J］．科学社会主义，2006（4）．

[8] 刘仁文，焦旭鹏．风险刑法的社会基础［J］．政法论坛，2014（3）．

[9] 王宗礼，龙山．论政治权威的社会基础［J］．甘肃社会科学，1999（5）．

[10] 周叶中，李炳辉．社会基础：从宪法到宪政的关键条件［J］．法商研究，2012（3）．

[11] 孙育玮，张善根．法治现代化与社会基础之重构——从乡土社会向市民社会转型的法理学思考［J］．政治与法律，2003（3）．

[12] 王绍光．政治文化和社会结构对政治参与的影响［J］．清华大学学报，2008（4）．

［13］陈劲松．传统中国社会的社会关联形式及其功能［J］．中国人民大学学报，1999（3）．

［14］贺雪峰．论村庄社会关联：兼论村庄秩序的社会基础［J］．中国社会科学，2002（3）．

［15］冯卫国，储槐植．刑事一体化视野中的社区矫正［J］．吉林大学社会科学学报，2005（2）．

［16］闵学勤．社区自治主体的二元区隔及其演化［J］．社会学研究，2009（1）．

［17］雷晓明．市民社会、社区发展与社会发展——兼评中国的社区理论研究［J］．社会科学研究，2005（2）．

［18］符平．“嵌入性"：两种取向及其分歧［J］．社会学研究，2009（5）．

［19］刘旺洪．国家与社会:法哲学研究范式的批判与重建[J]．法学研究，2002（6）．

［20］唐士其．"市民社会"、现代国家以及中国的国家与社会的关系［J］．北京大学学报（哲学社会科学版），1996（6）．

［21］郑杭生，洪大用．现代化进程中的中国国家与社会[J].云南社会科学，1997（5）．

［22］严励.问题意识与立场方法:中国刑事政策研究之反思[J].中国法学，2010（1）．

［23］辛科．社会治安综合治理：问题与对策［J］．中国政法大学学报，2011（3）．

［24］汪明亮．刑事政策制定过程中的公民参与［J］．华东政法大学学报，2009（6）．

［25］姜春娇．试论治安实体主体化［J］．北京警察学院学报，2016（4）．

［26］莫兰,邹顺康．公民参与公共政策制定的价值与障碍[J]．人民论坛，2015（5）．

［27］邓和军．报案、举报与控告［J］．贵州警官职业学院学报，2003

（3）．

［28］汪明亮．积极的刑事政策论纲［J］．青少年犯罪问题，2012（5）．

［29］周国强．社区矫正中的社会力量参与［J］．江苏大学学报（社会科学版），2009（4）．

［30］谭豪慧．关于志愿者参与社区矫正工作的几点思考［J］．法制与社会，2011（13）．

［31］黄京平，王烁．论刑事政策的评估——以建立指标体系为核心［J］．中国刑事法杂志，2013（7）．

［32］宋全成．欧洲难民危机中的德国难民政策及难民问题应对［J］．学海，2016（4）．

［33］俞可平．中国公民社会研究的若干问题［J］．中共中央党校学报，2007（6）．

［34］周光权．公众认同、诱导观念与确立忠诚——现代法治国家刑法基础观念的批判性重塑［J］．法学研究，1998（3）．

［35］扬加半．社区警务战略与勤务制度改革［J］．人民公安报，2001年3月6日第3版。

［36］沙万中．关于西方国家社区警务理论与实践的探讨［J］．上海公安高等专科学校学报，2001（2）．

［37］郝树源．我国社区警务的现状及对策探究［J］．黑龙江省政法管理干部学院学报，2014（6）．

［38］刘作翔．转型时期的中国社会秩序结构及其模式选择——兼对当代中国社会秩序结构论点的学术介评［J］．法学评论，1998（5）．

［39］吴理财．民主化与中国乡村社会转型［J］．天津社会科学，1999（4）．

［40］张鸿雁，殷京生．当代中国城市社区社会结构变迁论［J］．东南大学学报（哲学社会科学版），2000（4）．

［41］于燕燕．社区和社区建设（二）——城市社区的界定及类型［J］．

人口与计划生育，2003（8）.

[42] 魏姝. 中国城市社区治理结构类型化研究［J］. 政治学研究，2008（4）.

[43] 李汉林，王琦，王颖，方明，孙炳耀. 经济发展与社会变迁——转变时期中不同类型城市社区发展的社会学分析［J］. 社会学研究，1988（5）.

[44] 徐文星，刘晓琴. 21世纪背景下的公众参与［J］. 法律科学，2007（1）.

[45] 祝天智. 当代中国政治参与模式的演进［J］. 广东行政学院学报，2005（2）.

[46] 谢来位，钱婕. 重庆市主城区普通市民公共参与意识现状及培养路径研究［J］. 重庆理工大学学报（社会科学版），2016（6）.

[47] 孟天广，马全军. 社会资本与公民参与意识的关系研究——基于全国代表性样本的实证分析［J］. 中国行政管理，2011（3）.

[48] 余敏江、梁莹. 政府信任与公民参与意识内在关联的实证分析——以南京市为例［J］. 中国行政管理，2008（8）.

[49] 唐亚林、陈先书. 社区自治：城市社会基层民主的复归与张扬［J］. 学术界，2003（6）.

[50] 叶南客. 中国城市居民社会参与的历程与体制创新［J］. 江海学刊，2001（5）.

[51] 陈鹏. 社会转型与城市社区的重建［J］. 重庆社会科学，2011（7）.

[52] 高鉴国. 社区意识分析的理论建构［J］. 文史哲，2005（5）.

[53] 陈福平，黎熙元. 当代社区的两种空间:地域与社会网络［J］. 社会，2008（5）.

[54] 桂勇，黄荣贵. 社区社会资本测量：一项基于经验数据的研究［J］. 社会学研究，2008（3）.

[55] 夏学銮. 中国社区建设的理论架构探讨［J］. 北京大学学报（哲学

社会科学版），2002（1）.

［56］曾正滋. 重建"双轨政治"与社区社会组织参与社会治理［J］. 甘肃理论学刊，2014（6）.

［57］张善根，李峰. 法治视野下公民公共参与意识的多因素分析——基于上海数据的实证研究［J］. 北方法学，2015（2）.

［58］李鸣，张强. 当代中国公民政治参与意识的培育［J］. 大庆社会科学，2010（6）.

［59］王士如，郭倩. 政府决策中公众参与的制度思考［J］. 山西大学学报（哲学社会科学），2010（5）.

［60］冯卫国，刘莉花. 论我国犯罪信息公开制度的构建［J］. 河南公安高等专科学校学报，2007（2）.

［61］郝丽. 社会矛盾化解视域下公民有序政治参与机制探析［J］. 中国行政管理，2015（10）.

［62］陈东，刘细发. 社会管理的公众参与机制及其路径优化［J］. 湖南社会科学，2014（3）.

［63］申锦莲. 创新社会管理中的社会参与机制研究［J］. 行政与法，2011（12）.

［64］程琥. 公众参与社会管理机制研究［J］. 行政法学研究，2012（1）.

［65］王思斌. 体制转变中社会工作的职业化进程［J］. 北京科技大学（社会科学版），2006（1）.

［66］尹保华. 社会工作职业化概念解读［J］. 社会工作，2008（4）（下半月）.

［67］李迎生. 我国社会工作职业化的推进策略［J］. 社会科学研究，2008（5）.

［68］武玉红. 我国社区矫正队伍专业化建设探究［J］. 北京联合大学学报（人文社会科学版），2016（3）.

［69］赵君. 和谐社会建设中社会工作专业化、职业化的功能分析［J］.

河南社会科学，2009（5）.

[70] 叶兴华. 社会工作职业化专业化过程中的政策选择[J]. 华东理工大学学报(社会科学版)，2003（3）.

[71] 周爱萍，孔海娥. 社区矫正专业化的现实困境与路径选择[J]. 中南民族大学学报（人文社会科学版），2013（1）.

[72] 孙昌伟. 浅论社区警务[J]. 大观周刊，2012（28）.